뿌리깊은나무의 생각

뿌리깊은나무의 생각

한창기 지음

윤구병 · 김형윤 · 설호정 엮음

휴머니스트

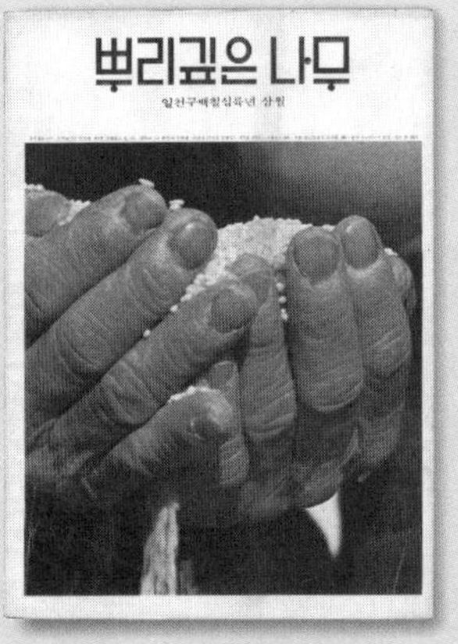
뿌리깊은 나무

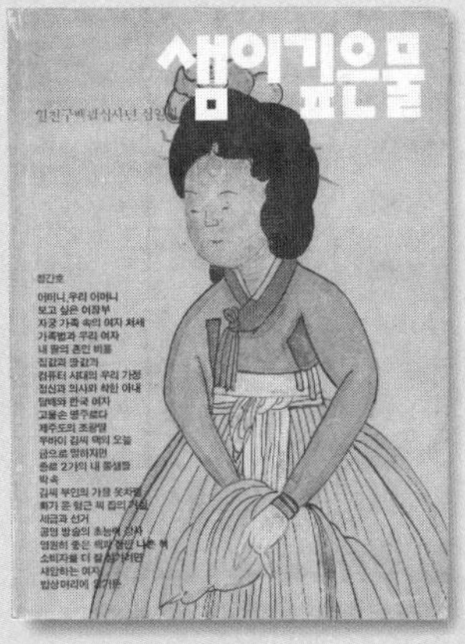
샘이깊은물

배움나무
11

한창기라는 사람,

울며 떼 쓰기를 잘 해서 별명이 앵보였던 아이,

논두렁 위에서도 학교에서 배운 좌측 통행을 고집하던 아이,

청소년기의 그이는 라디오의 단파 방송을 들으며 혼자 영어를 터득했다.

대학에서 법대를 다녔지만 고시 공부 같은 데엔 관심이 없었다.

젊은 시절의 그이는 미군을 상대로 영어 성경책을 팔고 비행기표를 팔다가

브리태니커 백과 사전을 파는 회사를 만들었다.

이윽고 뿌리깊은나무라는 잡지를 만들었다.

판소리와 민화와 한국 민속에 깊이 빠져서

판소리 전집도 만들고 민요 음반도 만들고

찻그릇도 만들고 차도 만들고 반상기도 만들고 옹기도 만들었다.

군사 정부의 손에서 뿌리깊은나무가 폐간된 뒤로 한국의 발견을 만들었고

뒤이어 샘이깊은물을 내기 시작했다.

사람들은 그이를 멋쟁이로 기억하고 한국어와 한국의 문화 예술을

남달리 깊이 알고 사랑한 사람으로 기억한다.

천구백삼십육년에 태어난 그이는 천구백구십칠년에 예순한 살로 세상을 떠났다.

좀 일찍 떠났다.

엮은이의 말

한창기의 생각,
그 작고 가느다란 것들의 아름다움

한창기 씨는 생전에 말도 많이 하고 글도 많이 썼다. 세상 떠난 뒤로는 어디서 어떻게 지내고 있는지 모르지만 우리 곁에 있던 때의 그는 말하고 글쓰기를 즐겨 했다.

우리는 그와 밥 먹는 시간을 그다지 좋아하지 않았다. 밥은 늘 그가 샀지만 밥을 먹는 동안 그의 말상대가 되어 주는 일이 반드시 즐거운 것은 아니었다. 그는 유머 감각도 있었고 우스갯소리도 곧잘 했다. 그러나 대개 그가 꺼내는 화제들은 밥 먹는 자리에서 나누기에는 좀 까다롭고 진지했다. 진지했지만 좌우 이데올로기나 남북 통일 또는 한미 관계 같은 굵고 큰 것은 아니었다. 우리말에서 '서릿발', '나잇살' 할 때의 사이시옷의 문제, 왜 하필 그것이 디귿이나 지읒이 아니고 시옷이냐 하는 문제, 소나무는 소나무이되 홍송은 왜 홍송이며 해송은 왜 해송이며 그것들은 어떻게 다른지 하는 문제를 그는 이야기하고 싶어했다. 그는 이렇듯 사람들이 평소에 잘 거들떠보지 않는 작고 가느다란 것들을 늘 머릿속에서 궁굴리고 있었고, 그것들로 밥 먹는 동안만큼은 먹는 일에 몰두하고 싶어하는 우리의 욕구를 방해했다.

다르게 말하자면, 그 자신은 보통 사람들이 무심코 넘어가는 일상의 수많은 것들로부터 방해를 받고 살았던 듯하다. 거리의 벽에 붙은 벽보 한 장, 청계천 고가 도로 밑에 둥지를 튼 비둘기들, 새벽의 학교 운동장에 어슬렁거리며 모여드는 민방위 대원들 따위로 그의 머리는 늘 와글와글 붐비었던 듯하다. 그는 그런 것들을 이야기로 꺼냈고, 이야기하는 것만으로는 모자라 글로 썼다.

우리는 그가 많은 글을 쓴 줄은 알았다. 그러나 '이토록' 많이 썼다고는 생각지 못했다. 이 책을 준비하면서 참으로 많이 썼구나 하는 느낌을 가지게 되었다. 천구백칠십년에 창간한 잡지 《배움나무》에서 시작해서, 천구백칠십육년에 창간한 《뿌리깊은나무》, 그리고 천구백팔십사년에 등장한 《샘이깊은물》을 거치며 이 세 잡지를 중심으로 썼던 그의 많은 글들이 이제 책 세 권에 묶인다.

원래 그의 글들을 책으로 내자고 했을 때 모든 글을 다 싣기보다는 추리고 가려서 두 권쯤으로 낼 생각을 했었다. 그러나 글들을 읽어 본 휴머니스트 출판사의 선완규 주간을 비롯한 편집자들이 글을 하나도 버리지 말고 한꺼번에 다 담은 책으로 만들었으면 좋겠다는 의견을 냈다.

"이 책을 펴내는 것은 눈앞의 이익을 좇는 우리 사회에 '삼십 년 전 한 문화인의 사유'를 던지는 것이다. 우리 시대가 잊어서는 안 될 '소중한 가치'를 담은 책으로 만들어야 한다. 글은 대부분 괜찮다. 당시에 세계인이었던 한창기 선생님의 사유는 지금도 여전히 유효하고 흥미롭다."

이는 휴머니스트의 편집자들이 이 책의 출판을 결정하며 만든 기획서의 내용이다. 우리는 한창기 씨가 남긴 글들에 대해 우리가 품고 있는, "지금도 여전히 유효하고 흥미롭다"는 생각을 오늘의 젊은 편집자들이 같이 가지고 있다는 사실에 감동했다. 그래서 모든 글을 세 권에 나누어 담자는 그들의 제의에 기쁜 마음으로 따랐다.

이 책 세 권은 각각 '뿌리깊은나무의 생각', '샘이깊은물의 생각', '배움나무의 생각'이라는 제목을 가지고 있다. 그렇다고 해서 세 잡지에 실렸던 글들을 잡지 이름에 따라 발표된 순서대로 나누어 묶은 것은 아니다. 어디에 발표되었든 '언어'에 대한 한창기의 생각을 담은 글들이 중심이 된 것이 《뿌리깊은나무의 생각》이다. 《샘이깊은물의 생각》은 전통과 민속과 문화를 다룬 글들로 엮었다. 《배움나무의 생각》은 문화 시평이라 할 글들을 중심으로 엮었다.

이 책 세 권은 우리 민족의 운명, 하다못해 한국 문화의 운명, 또 하다못해 한글의 운명 같은 큰 담론을 담고 있지 않다. 일상의 밥 먹는 자리에서 그가 꺼내기 좋아했던 작고 가느다란 이야기들로 가득 차 있다. 사람들이 모른다고 해서 당장에 아무 일도 일어나지 않을 것들, 그러나 만약에 알게 되면 사람들의 머릿속에 변화의 작은 불씨를 일으킬 것들, 그런 것들로 가득 차 있다.

이른 나이에 아쉽게 세상을 떠난 한창기 씨, 그가 아직 살아 있다면 틀림없이 오늘도 젊은이들과 밥 먹는 자리에서 어울려 그의 복잡한 머릿속을 비워 내지 싶다. 사람들은 이 책 속에서 그토록 부지런한 그를 만날 수 있다. 밥 먹는 자리가 아니라면 이 책 때문에 방해받는다는 생각이 결코 들지 않으리라. 오히려 고개를 자주 끄덕거리게 되리라.

이 책을 내는 일에 의욕을 내어 열심을 다해 주신 휴머니스트의 편집자들께 감사한다.

이천칠년 구월 윤구병, 김형윤, 설호정

차례

2. 말과 사물의 조화

3. 열매보다는 뿌리를 생각하는 마음

4. 넓은 세상을 응시하는 혜안

일러두기

1. 이 책에는 순수한 우리말과 우리글로 전통적인 아름다움과 올곧은 정신을 표현하는 데 평생을 바친 한창기 선생의 생각이 담겨 있습니다. 온전한 한글 표현으로 생각을 펼쳤던 선생의 뜻을 담아 한자와 외래어는 물론, 아라비아 숫자까지 모두 한글로 표기하였습니다.

2. 민중의 언어를 생동감 있게 전해 주는 토박이말과 사투리 표현은 그대로 살려서 표기하였습니다.

3. 비표준어일지라도 시대의 분위기를 전해 주는 말들은 그대로 살려서 표기하였습니다. '자꾸', '호테루', '금빳지' 들이 그런 예입니다.

4. 모든 글의 끝자락에 그 글의 출전을 표기하였습니다. 출전을 알 수 없는 글은 표기하지 않았습니다.

1

변화를 만나는 슬기

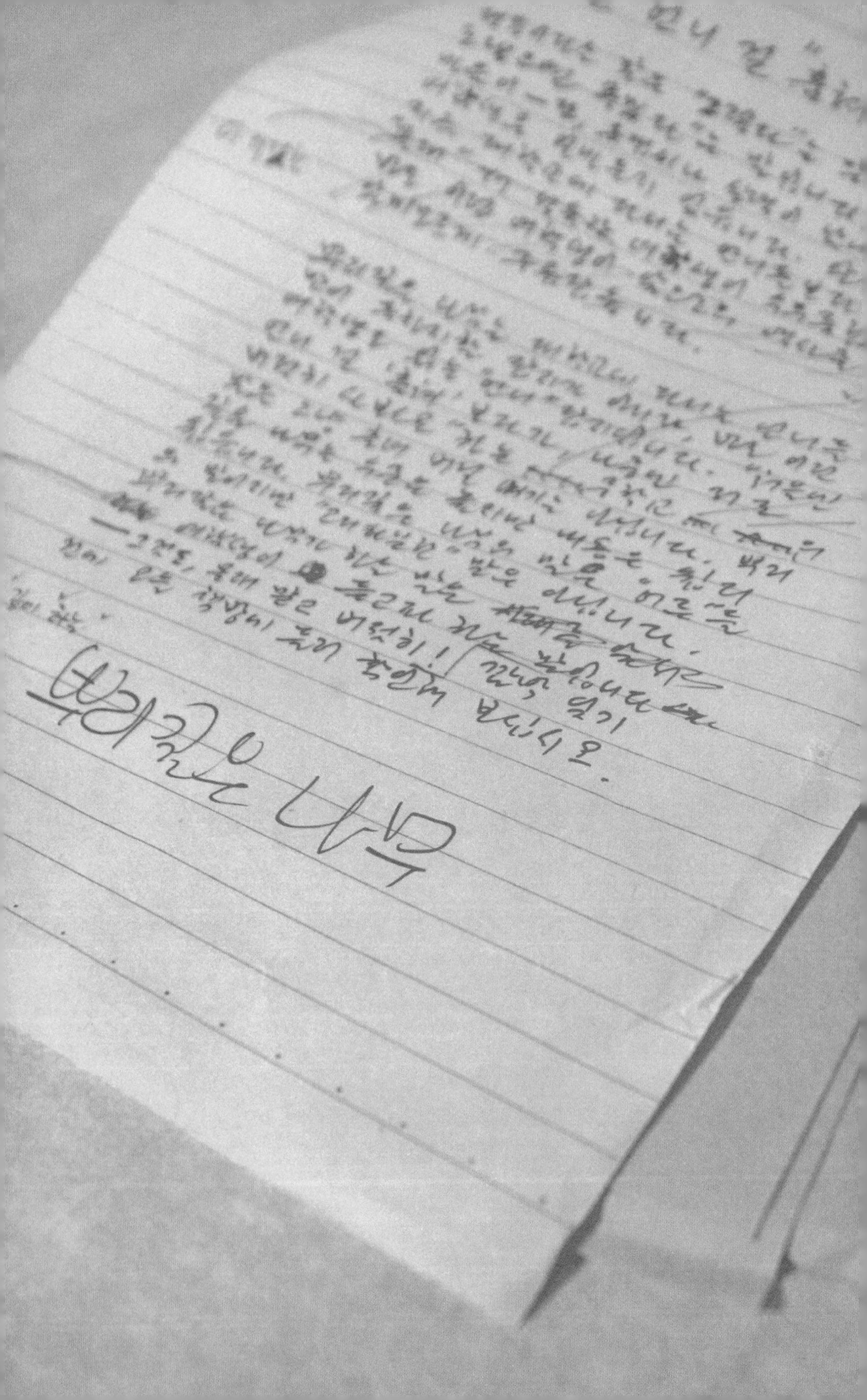
뿌리깊은 나무

'인간적'이 주는 기쁨과 슬픔

'인간적'이라는 낱말의 뜻을 사전에서 찾아보면 "인정에 관한 일"이라고 풀이되어 있다. 비록 그 뜻의 풀이에 쓰인 글자 수는 여섯 개에 불과하지만, 나는 그토록 적은 풀이말을 갖고 있는 '인간적'이라는 말이 풍기어 주는 끝없는 아름다움에 대해서 늘 자랑을 하며, 그러한 풍김을 주는 아름다운 말을 우리의 글과 말로써 이용할 수 있음을 기쁘게 여긴다. 나는 '인간적'이라는 말에서 우리 한국인의 인간을 사랑할 줄 아는 순박한 마음을 느끼고 티 묻지 않은, 깨끗하기만 한 참모습을 본다. 기계 문명의 발달이 주는 달갑지 않은 선물로 가득 찬 이 세상에서, 그래도 그 말을 쓸 줄 알고 간직할 줄 아는 우리 대부분의 마음 넓은 한국인이 참말로 자랑스럽기만 하다. 서로 시기하고 다투던 사람들도 '인간적'이라는 말이 사용됨으로써 어느덧 막혔던 벽이 무너짐을 느끼고 곧 화해할 수도 있으며, 나아가서는 서로 따뜻한 인정을 느끼기도 하고, 또한 인정에 관한 일을 서로 의논하고 돕는다.

그러나 나는 그 인간적이라는 말의 사나운 휘둘림도 본다. 온순하고 아름답기만 하던, 그래서 내가 한국인임을 자랑스럽게 느낄 수 있도록 해 주던, 그 말의 난폭한 횡포도 느낀다. '인간적'이라는 말의 뜻이 얼마나 아름다운 것이냐! 그러나 그것이 그렇게 아름답기만 한 것은 아니라고 지금은 누가 말 못하랴?

'인정에 관한 일'이라면 누구 못지않게 사랑할 줄 아는, 우리말에 능란한 어느 외국인이 한번은 꽤 어리둥절해져서 끝내는 씁쓸하게 웃고 만 일이 있다. 그래서 그 다음부터는 한국인을 다루는 기술이 정말 한국인보다도 더 뛰어나게끔 된 일이 있다. 지성인임을 자처하는 어떤 관리 한 사람이 큰 잘못을 저지르고 난 후 그를 찾아와, 그 외국인이 갖고 있는 이른바 '빽'이라는 것을 빌려 달라고 간청을 하며, "인간적으로 잘 좀 해 봅시다"라고 이야기했기 때문이다. 그 외국인에게는 그러한 경우에 왜 '인간적'이라는 말이 그처럼 중요하게 사용되어야 하는지 도대체 이해되지 않는 일이었다. 그러나 그는 오래지 않아서 우리 땅에서 흔하게 일어나고 있는 '인간적'이라는 말의 쓰임을 알게 되었으며, 따라서 한국인과 어떤 힘든 거래를 할 때에는 그 말을 서슴지 않고 사용할 수 있게 되었다. 물론 그 말의 쓰임은 동시에 금전의 쓰임과 같이 일어난다는 것도 알게 되었다.

나는 지금 우리 사회가 왜 그렇게 '인간적'이라는 말의 잘못 쓰임으로 더러워져 있는지 그 이유를 따지고자 하지 않는다. 다만 '인간적'이라는 말의 잘못 쓰임이 얼마나 우리들의 도덕과 사회를 썩이고 있는가를 속속들이 파헤쳐 놓고 싶을 뿐이다. 그리고 우리들의 사회와 정신이 앞으로 어떻게 발전되어야 할 것인가를 생각하기보다는, 앞으로 어떻게 예전의 참모습으로 되돌아갈 것인가를 생각하고 싶을 뿐이다.

맡은 일에 책임감을 갖고 열심히 주어진 일을 수행하려는 사람은 '인간적'이라는 말을 사용하지 않는다. '인간적'의 뜻을 바꾸어 버린 사람들은 대개 책임감의 무거움과 깨끗한 마음의 중요함을 모르고 있는 사람이거나, 혹은 적어도 알긴 알되 수행 능력이 없는 사람들이다. 그들은 남이 땀 흘리고 있을 때에 편안히 있으면서 '인간적'으로 해결하려는 그들 나름의 기쁨에 도취되어 있다. 엄격한 이성으로 해결해야 할 일을 그들은 해이한 감정으로 해결하려 한다. 본디 갖고 있는 뜻이 아닌, 느닷없는 감정의 행사는 차례차례 쌓아 올린 질서를 무너뜨려 버린다. 어렵게 하지 않아도 '인간적'이라는 칼 한 자루만 갖고 있으면, 그리고 약간의 금전만 있으면, 혹은 약간의 연줄만 있으면, 그들은 편안한 열매를 얻을 수가 있다. 그 덕분에 사회의 모든 질서가 무질서로 변하며 책임감도 사라지고 진정한 의미의 땀도 없어진다. 아래에서부터 위까지 모든 계층의 자리가 모두 그 사나운 칼의 부림을 받아서, 처음에는 어색하기만 하던 "인간적으로 합시다"도 이제는 그 말을 쓰지 않음이 더 어색한 것같이 되어 버렸다. '인간적'은 부정과 부패의 원흉이며, 모든 사이비의 모태이다. 그리고 참된 인간성을 거짓으로 가득 찬 인간성과 혼동시키는 특공대 역할을 한다. 하다못해 가정에서조차도 자식이 어버이한테 그 말을 사용하니, 이것은 딱할 정도가 아니라 소름 끼치는 일이다. 그렇게 인간의 정에만 호소해야 할 만큼 그러한 '인간적'의 행사를 받아야 할 일이, 과연 이성만으로는 이루어질 수 없다는 것이었을까?

지금 쓰이고 있는 '인간적'이라는 말은 감정이라고 일컬어질 수 없다. 따라서 '인간적'이라는 칼의 휘둘림을 받고자 하지 않는 사람은 '인간적이 아니다'라는 일컬음을 받지 않아야 하며, 따라서 '감정이 없는 사람'이라는 비방도 받지 않아야 한다. 그러한 사람은 또한 남에게 "인간적으로 해 봅시다"라는 말을 쓰지 않는다. 배움의 혜택을 입은 사람이든 못 받은 사람이든, 제 할 일을 성실히 끝내고 책임지려는 마음을 갖고 있을 때는 '인간적'의 피해도 받을 필요가 없고, '인간적'의 피해를 남에게 주지도 않는다. 이러한 생각을 갖는 사람이 다만 한 사람씩만이라도 더 많아짐은, '인간적'의 횡포를 즐기는 사람들이 서 있을 수 있는 자리를 단 한 치씩만이라도 없앨 수 있다. 그렇게 되는 날엔 더 이상 '인간적'의 거짓됨을 놓고 이야기하지 않아도 되며, 오히려 우리는 참된 인간을 찾게 된다.

한글 백과 사전에 나오는 '인간적'이라는 낱말의 뜻풀이는 정말 아름다운 '인정에 관한 일'이어야 하며, 또 그럴 수 있어야 우리글 백과 사전을 찾아보는 기쁨을 되돌려 찾을 수 있다. 우리는 그때 서로 기쁜 마음으로 '인정에 관한 일'을 주고받을 수 있게 된다.

'인간적'이라는 낱말은 참으로 얼마나 아름다운 말이냐!

천구백칠십일년, 엉겅퀴

바빠서 못 읽는 사람

글은 사고의 거울인 말의 시각적인 기록입니다. 독서는 이 기록을 사고 속으로 회수하기 위한 수단입니다. 글을 씀은 필자의 사고를 종이에 쏟기요, 글을 읽음은 종이에 쏟아진 필자의 사고를 독자가 머리에 담기입니다. 글은 인간이 제 손으로 만들어 낸 가장 두드러진 의사 소통의 도구입니다. 과학과 기술이 발달하여 글을 통하지 않고도 직접적으로 소리를 재생하는 녹음이 있으나, 글과 그것을 담는 책과 편지는 그 필요성이 역사의 흐름과 함께 점차로 더 늘고 있습니다.

집필과 독서는 글의 존재 이유요, 글이라는 한 존재의 두 얼굴입니다. 적히지 않은 글은 존재할 수 없고, 읽히지 않은 글은 있으나마나입니다.

사람은 글을 통하여 남의 사연을 알게 되고 남에게 사연을 전합니다. 그는 글을 통하여 지식과 지혜를 교환합니다. 그는 글을 통하여 역사와의 대화를 누립니다. 그는 집필을 통하여 자기 생각의 잘잘못을 남에게 암시하거나 과시하거나 노출시키고, 독서를 통하여 남의 생각의 잘잘못을 음미하거나 수긍하거나 비판합니다.

글에 대한 불평이 많습니다. 아니, 집필과 독서에 대한 불평이 많습니다.

사람은 죽어도 글은 남아서 누적되기 때문에, 그리고 한 번만 적은 글이 인쇄와 등사와 복사의 도움으로 새끼 치기 때문에, 특수한 경우를 빼놓고는 글이 양적으로 모자람에 관한 불평은 드물다손 치더라도, 필자가 앎과 슬기가 모자라서 잘못 적음, 양심이 얽어서 비틀려 적음, 주눅이 들고 기가 꺾여 덜 적음, 그리고 게을러서 더디게 적음에 대한 불평이 많습니다. 독서에 대한 불평은 더욱 많습니다. 우리는 우리 나라 사람이 책을 충분히 읽지 않음에 대해서 흔히 한탄합니다. 또 그들이 책을 분별심이나 식별력을 가지고 비판하는 눈으로 읽지 않음에 대한 탄식이 있습니다.

그럼에도 먼 옛날부터 학문은 바로 글공부였습니다. 그러나 모든 공부가 글공부였을 만큼 글이 강조되던 서당에서의 공부는 우리글의 공부가 아니요, 한문이라고 하는 외국글의 공부였습니다. 책에 적힌 것은 '완벽한' 중국 성현의 고전이요, 따라서 그 형식이나 내용은 비판의 대상이 될 수가 없었습니다. 책에 적힌 것은 반드시 옳은 것이요, 뜻을 알아차리지 못하는 것은 독자의 모자람 때문이라는 생각이 백성의 머릿속에 팽배했습니다.

지난 사분세기의 학교 교육도 근본적으로, 일본 식민주의 교육에서처럼, 진학과 시험을 위해서 교과서와 해답을 외워야 하는 만큼, 옛 서당 공부의 연장이었습니다. 중학교나 고등학교에서의 국어 공부를 돌이켜 봅시다. 어떤 유명한 필자가 쓰신 수필을 국어 시간에 읽으면서, 선생과 학생은 어려운 한자 단어를 풀이하고 표현의 매끄러움을 음미하고 마치 기독교 신도가 《성서》를 읽을 때처럼 그 글의 말씨나 내용이 도전을 받을 수 없다는 무의식 속의 전제 아래에서 그 '심오한' 뜻을 이해하려고 했지, 그것을 비판하려고 시도한 적이 자주 있었습니까? 작문이라고 하는 과목이 있었습니다. 이 공부는 이른바 '문학 소녀'가 좋아할 관형사와 형용사와 매끄러운 표현의 동원을 공부하는 시간으로 전락하고, 생각과 표현의 논리적인 전개를 팽개쳤습니다.

가장 중요한 공부는 생각하기 공부이지 외우기 공부가 아닙니다. 외우는 사람에겐 인쇄된 것이 다 옳지마는, 생각하는 사람에겐 옳은 것도 있고 그른 것도 있습니다. 외우는 사람에게는 어떤 책이 마음에 들거나 들지 않을 따름이지 그 내용이 자기의 이성에 맞거나 어긋나지는 않습니다. 생각하는 사람에게는 책의 올바른 지식이나 지혜나 거짓이 아름답거나 질서 있게 또는 서툴거나 무질서하거나 모호하게 표현된 것입니다.

외우기 공부에만 젖은 사람은 글을 읽으면서 내용이나 말씨를 비판하지 않습니다. 독자가 비판하지도 않을 글을 쓰는 사람은 글쓰기에 무책임해집니다. 그는 자기가 쓰는 글에 모호성이나 양의성이 있는지를 따지지 않을 뿐만이 아니라, 자기의 사고가 글이라는 이름의 매체를 통하여 체계적으로 전개되는지를 따지지 않습니다. 생각을 전달함이 으뜸의 사명이어야 할 글이, 얼핏 읽어서 모호성을 띤 뜻이 심오한 것으로 착각케 하는 느낌만 주면 충분한 것으로 전락합니다. 신문을 읽으면서 다섯 가지 뜻으로 해석될 수 있는 문장을 한 가지 뜻이 있는 것으로 착각하고, 잡지를 읽으면서도 거창한 용어의 동원에도 불구하고 말도 되지 않는 문장을 자기의 지성이 모자라서 못 알아듣는 것으로 오해합니다. 사람들은 가장 자주 보이는 것이 가장 마땅하다고 잘못 여깁니다. 그래서 무책임한 필자가 쓴 글의 홍수는 독자로 하여금 무책임한 글이 잘 된 글이라고 잘못 생각하도록 만듭니다. 그러니 필자와 독자는 글로써 서로의 그릇된 사고방식에 부채질을 할 수도 있습니다.

적어도 오늘날엔 우리 나라 사람들은 책을 충분히 읽지 않습니다. 책은 고사하고 일반적으로 학생이 아닌 사람은 글을 멀리합니다. 다른 나라의 경우에 글로 이루어질 많은 의사 소통이 여기에선 말로 이루어집니다.

그토록 소중히 여기는 땅을 팔거나 사기 위한 계약서에서마저도 중요한 줄거리만 포함하고 나머지 세부 사항은 말과 '신의'로 매듭 짓습니다. 그러다가도 나중에 분쟁이 붙으면 서로 원수가 됩니다.

교양 잡지나 돈벌이에 직접적인 관계가 없는 책을 사서 읽는 것을 한가한 사람이나 할 하찮은 일로 우리는 잘못 생각합니다. 기껏 읽는 것은 신문이나 주간지요, 일에 '바빠서' 독서를 하지 못한다고 우리는 한탄합니다. 이런 우리에겐 독서가 학교 졸업장과 함께 끝납니다. 그러나 세상에서 아무리 바쁜 사람이라도 더 바쁜 일을 제쳐 놓을 수 있을 만큼 바쁘지는 않습니다. 사람이 독서할 시간은, 독서가 그에게 중요한 만큼 할애될 수 있습니다.

관공서나 회사나 단체의 높은 분들은 대부분이 자기들이 스스로 글을 읽거나 쓰기에는 자리가 너무나 높다고 생각합니다. 읽기도 쓰기도 밑바닥 서기의 일이요, 자기가 할 일은 도장이나 찍기라고 여깁니다. 이제는 회사들에서까지도 지도자의 직업과 연관되는 최고 형태의 독서가 브리핑 차트를 보고 아랫사람에게서 막대기 설명을 듣는 것이 되었습니다.

서양이 어찌 모든 일에 우리의 표준이 되어야 하겠습니까마는, 수천 사람을 아래에 거느리고 있는 한 회사의 대표가 직업과 연관해서 독서하는 모습을 소개하지요. 그는 자기 아래에 있는 스물이 넘는 부사장과 십여 나라를 대표하는 여러 지점장들과 편지와 보고서와 지시서로 의사 소통을 합니다. 그는 이 여러 아랫사람들이 보낸 글을 몸소 다 읽고 그들에게 보낼 글을 몸소 씁니다. 그는 자동차와 비행기 안에서 편지를 쓰거나 녹음기에 구술합니다. 집에 가방을 들고 가는 것은 멋에서나 사물이 들어 있어서가 아니라, 사무실에서 못다 읽은 서류들을 저녁이나 주말에 읽기 위함입니다.

그는 아랫사람에게 말로 지시하지 않고 개인 편지와 같은 긴 산문투의 사연을 적어 보냅니다. 우리의 생각에는 지극히 쩨쩨하고 사소한 일도 지도자가 하는 일에 포함되어 있습니다. 그가 속하는 사회에서는, 우리 나라에서는 전화나 방문으로 이루어질 사업과 연관되는 여러 사항들이 같은 도시 안에서도 편지로 이루어집니다. 우리 나라에서는 글이 최종 결정의 형식화이지마는, 그가 속하는 사회에서는 글이 최종적인 형식화일 수도 있으나 과정의 매체이기도 합니다.

우리 나라에서는 글이 더욱더 쓰이고 읽히어야 합니다. 남이 읽지 않는다고 한탄하는 순간에 스스로 읽어야 합니다. 읽어야만 더 잘 알게 되고, 슬기롭게 되며, 더 잘 알고 슬기로운 사람의 사회가 번영과 행복을 더 누립니다. 글을 적어야만 우리의 사상이 이웃과 미래에 전달됩니다. 그러나 비판자의 눈을 기대하고 내용이나 말씨가 되도록 올바르고 질서가 있도록 심각한 마음으로 써야 합니다. 책에 적힌 것을 최종적인 완성물로 받아들이는 대신에 비판하는 눈으로 읽어야 합니다. 비판은 잘못을 끄집어내는 행위뿐만이 아니라 옳은 것을 끄집어내는 행위를 포함합니다. 책에 적힌 글은 신성불가침의 《성서》가 아니라, 미완성인 인간 사상의 표현일 따름입니다. 유명한 분의 글이 가장 훌륭한 글일 필요는 없습니다.

출근길의 버스 안에서 노동자가 교양 잡지를 읽는 것을, 사업가가 집에서 예술 서적을 읽는 것을, 기관의 지도자가 부전지 말고 서기가 읽어 온 긴 서류들을 스스로 읽는 것을, 학생이 교과서의 내용을 비판적인 태도로 읽는 것을, 저명 인사가 자기의 연설문을 스스로 작성하는 것을, 그리고 무엇보다도 읽는 것이 할 일 없는 하찮은 사람의 소일거리나 아랫자리 사람이나 학생만의 의무로 전락하지 않음을 더 자주 목격할 수 있는 날이 그립습니다. 바빠서 못 읽는 사람은 있을 수가 없습니다. 내용이 어렵거나 쉽거나, 또는 교육적이거나 오락적이거나, 더 심각한 붓으로 쓴 글이 책방에서 더 자주 발견되는 날을, 그리고 필자가 자기의 글이나 그것이 담은 사상의 상대성을 인정하고 독자나 편집자의 비판을 더 너그러이 재촉하는 날을 하루 바삐 기다립니다. 아무도 자기의 글이 너무나 위대해서 달리 적힐 수가 없다고 우길 수는 없습니다.

천구백칠십사년, 배움나무

따지면서 읽는 버릇

우리는 스스로가 글을 우러러보는 백성이라고 우쭐댄다. 글을 읽고 짓는 것이 학문의 전부였던 근세 조선의 흐름을 되새길 때에, 이는 우리가 학문을 받든다는 것을 뜻하기도 한다. 그런데 우리가 글을 받듦은 현대의 상황에서는, 실제로 인쇄된 것을 받듦을 뜻한다. 인쇄된 것을 받듦은 인쇄된 것을 믿음이요, 인쇄된 것이면 옳다고 인정하는 것이다. 그만큼 현대 사회에서 우리는 인쇄된 것의 독재를 받고 있다.

글을 우러러보는 우리는 학문을 숭상하는 백성이면서도, 동시에 따지면서 읽는 비판과 식별의 힘을 앗긴 백성일 수도 있다. 예컨대, 우리가 이름을 떨치는 학자가 쓴 책을 읽는다고 치자. 우리가 이분의 책에서 자주 알아볼 수 없는 '어려운' 구절에 마주칠 때에 우리는 스스로도 모르는 사이에 그 탓을 우리의 지성의 모자람이나 학식의 짧음에 돌린다. 그런데 사실은 그 '어려움'이 저자가 그 뜻하는 바를 짜임새 있고 이치에 맞게 펼치지 못했기 때문일 수도 있다. 그런데도 흔히 우리는 그 저자의 글을 '완벽의 화신'으로 잘못 믿고 알아보지 못한 것을 '내 탓'으로 돌린다.

'신문에서 봤다'라는 소리를 우리는 자주 듣는다. '그러니 그것이 사실일 것이다'라는 생각의 흐름이 그 말 밑에 깔려 있다. 그러나 우리 생활에 가까이 있어서 잘 아는 일에 대한 보도를 보면, 그것이 얼마나 정확하지 못하고 진리의 한 부분밖에 되비치지 못하고 뜻이 모호하며, 기자의 감정에 따라 염색된 것인지를 알게 된다.

따지면서 적는 것이 글을 쓰는 사람들과 인쇄물을 만드는 사람들이 할 일이라면, 이 임무가 잘 지켜지지 않는 현실 속에서 독자가 길러야 할 습관은 따지면서 읽는 일이다. 글을 우러러보는 전통은 올바른 글을 두고 이야기할 때에만 자랑거리이다. 올바르지 않을 수도 있는 글은 꼼꼼히 따지고 읽어야 한다. 이름난 학자가 적은 글이라고 해서, 또 인쇄된 글이라고 해서 반드시 덮어놓고 믿어도 될 만큼 올바르지만은 않을 수도 있겠기 때문이다.

천구백칠십오년, 동아일보

나는 항아리를 하나 샀다

나는 얼마 전에 꽤 힘에 겨운 값을 치르고 예술 애호가가 보기에는 하찮을 조선 백자 항아리를 하나 샀다. 그 몸에 긁혀 적힌 "춘촌너 연연 녹기요"라는 한글 글씨 때문, 아니, 내가 더듬은 그 낙서 뒤의 사연 때문이었다. 이 글씨는 물론 "춘초는 연년 녹이요(봄풀은 해마다 푸르르고)"라는 한시를 양반들이 소리를 가다듬고 읊는 데에 대한 반발심에서 조선의 무식한 도공이 '나도 한번 유식해 보자' 하고 갈긴 낙서이다. 이 글씨는 적어도 나에게는 조선 시대 상민이 느꼈을 서글픔의 상징이다.

"태초에 말씀이 있었다"라고 기독교 《성경》이 우리에게 일러 준다. 이것은 처음부터 말이 있었다는 가르침일 뿐만이 아니라, 인류에게 역사의 열림에서부터 사상이 있었다는 일깨움이다. 말이 생각의 표현 수단일 뿐만이 아니라, 생각의 감옥이요, 생각 그 자체라고 깨친 근대 언어철학자들이 흘린 학문적인 땀의 수확을 우리가 받아들일 때에 이 풀이는 더욱 옳다.

옛 조선의 형성을 훨씬 더 거슬러 올라가서 이 땅에 인간이라는 형태의 목숨들이 모여 살기 시작했을 적부터 그들에게 말이 있었고 생각이 있었다.

이것이 한국말과 한국 사상의 뿌리이다. 한국말과 한국 사상은 이 원시

시대부터 꾸준히 자주적으로 발전했다. 그러나 불행스럽게도 이웃 중국에서처럼 진화된 형태의 글을 갖지 못했다. 글이 필요하되 없었으므로 중국 것을 빌려 썼다. 한글이 생기기까지는 근본적으로 모든 역사와 생활의 기록이 중국 글자로 이루어졌다. 한국말과 중국말은 물과 기름만큼 서로 달랐으니, 이 민족은 중국 글자를 여러 천 년 동안이나 빌려서 사용했어도 중국말이 한국말에 미친 영향은 기껏, 그리고 근본적으로 명사적 표현의 유입에 불과했다. 이것은 반드시 한국 사상의 자주성에서라고 하기보다는 한국말과 중국말 사이의 근원적인 이질성 때문이었으리라.

거의 모든 사람이 중국 글자만을 지식 보급과 의사 소통의 유일한 수단으로 여기고 있을 때에, 시대를 앞질러 우리말에 알맞은 글자의 필요성을 내다본 분이 바로 세종 대왕이었다. 그분과 그분의 학자들이 만든 한글의 탄생은, 백성으로 하여금 장님의 처지에 계속해서 불쌍히 머물러 있지 않게 하려고 하는 부정적인 수단으로서뿐만이 아니라, 역사 속에서 맨 처음으로 한국인으로 하여금 한국인의 말과 생각을 가장 올바르고 쉽게 글로 구체화하게 하는 민족 문화 융기의 긍정적인 촉진제로서, 가장 큰 뜻이 있었다.

그러나 사람에게는 현상 유지의 본능이 있다. 사람은 흔히 자기가 경험해 온 바가 가장 마땅하다고 여긴다. 최만리를 비롯한 한글 반대 무리가 한글을 마다했음도, 마다한 이유 중 하나로 한글이 너무나 쉬워서 선비가 가까이할 바가 아님을 우겼음도, 우리가 지금 생각하기에는 어리석지만 어릴 적부터 글공부를 중국 글자로만 했던 그들에게는 양심에서 우러난 의견이었겠다. 다만 그들에게는 어려움을 깊이와, 그리고 쉬움을 가벼움과 혼동하는 무분별이 있었고, 모든 슬기와 앎의 샘이 중국이라고 믿는 사대 사상이 있었고, 글이 특수 계급의 전유물이어서는 안 된다고 보는 미래 지향적인 눈이 없었고, 과부 사정은 아랑곳없이 지아비 품에 안겨 느끼는 아내의 안락이 있었을 뿐이다.

역사여, 슬프구나! 세조에 이르기까지 줄기찬 출판 사업이 한글 보급을 겨냥했고, 그 다음으로도 조선 시대의 여러 선각자들이 지식 계급으로부터 모진 매를 맞으면서도 한글 연구와 출판을 했건마는 여러 백 년에 걸쳐서 한글은 '언문'으로 전락했다. 소갈머리 없는 지식 계급은 모호한 중국 글자 표현에 한국말의 명료성을 보태는 데마저 우리글을 제쳐 놓고 이두 한자로 토를 달았었다. 이처럼 볕에서 중국 글자가 '마땅한' 글자로 활개를 치는 동안에도, 한글은 그늘에서나마 여자들과 상민들 사이에서 '숨어 있는' 글자로 뿌리를 뻗었다. 조선 시대의 그 유명한 서예의 대가들조차 우리글로 된 글씨를 남기지 않은 채로 한 왕조가 끝났으나, 여자들은 먼 곳의 아들에게, 딸에게, 그리고 사돈집에 적어 보내는 사연을 한글로 적었다. 입으로 전하는 그 많은 이야기와 소설을 낱낱이 한글로 손으로 베껴 돌려 읽고 읽힌 사람들도 바로 이 아낙네들이었다.

'마땅한' 중국 글자의 속박에서 벗어나 한국어와 '숨어 있는' 한글에서 잠재하는 질서를 찾아내어 문법을 발견하려는 시도가 이루어졌으니, 개화기 이후의 유길준, 서재필 및 주시경과 같은 분의 갸륵한 국어 연구가 바로 그것이다. 선각자 서재필은 그때 모든 지성인의 꾸중을 고사하고 그가 펴낸 《독립신문》을, 써야 '마땅할' 한문 말고 사람들이 입의 의사 소통에서 실지로 사용하는 말의 구현인 한글로만 썼다. 그가 《독립신문》 맨 첫 호의 사설(논설)에서 "우리 신문이 한문은 아니 쓰고 다만 국문으로만 쓰는 거슨 상하귀쳔이 다 보게 홈이라. 쏘 국문을 이렇게 쩨여슨 즉 아모라도 이 신문 보기가 쉽고 신문 속에 잇는 말을 자세히 알아보게 홈이라. 각국에서 는 사룸들이 남녀 막론ᄒᆞ고 본국 국문을 몬저 배화 능통ᄒᆞᆫ 후에야 외국글을 ᄇᆡ오ᄂᆞᆫ 법인ᄃᆡ 조선셔ᄂᆞᆫ 조선 국문은 아니 ᄇᆡ오드ᄅᆡ도 한문만 공부하는 ᄭᅡ닭에 국문을 잘 아는 사람이 드므니라"라고 울부짖었음은 아마도 민족 문화가 길이 기록할 반체제 지성의 소산이었으리라. 그런데 슬프게도 일본의 통치는 한국말과 한글을 불사르려고 했다. 최현배와 같은 국어학자들을 감옥에 가두었다.

해방이 되고 난 다음의 신문, 잡지, 서적 및 방송과 같은 대량 매체들은 근본적으로, 그리고 여러 의미에서 오늘에 이르기까지 일본 전통을 이어받아 왔다. 매체의 체제도 편집도 일본에서 배웠기 때문이다. 통틀어서 말하자면, 일본인이 쓰던 일본말에서 토만 한글로 바꾸어 쓴 흔적이 수두룩하다. 지금의 우리 생활 주변을 살펴보자. 일본에 무슨 신문이 있으면 우리에게 비슷한 신문이 있어야 하고, 일본에서 무슨 잡지가 성공하면 한국에서도 그 흉내를 낸 잡지가 나온다.

이들 대량 매체들을 통하여, 그리고 한자의 촉매 작용으로, 일본스런 새 표현들이 가속적으로 우리말에 등록되어 가고 있다. 그러나 우리를 가장 한탄하게 하는 것은 이처럼 한국말의 밥에 섞인 명사적인 뉘뿐만이 아니다.

우리를 가장 서글프게 하는 것은 한국말이 일본말에 동화되는 것이다. 말은 곧 사상이고 말과 글이 서로 부채질하고 구속하는 것이 진리이니, 글은 우리의 사상을 지배한다. 우리의 말과 글이 일본 것들에 동화되는 만큼 한국과 한국인은 일본화된다. 흔히 사람들이 내세우는 민족의 주체성은 한국인의 '자기임'밖에 아무것도 아니다.

우리가 문화적으로 건전하게 진화하는 '한국임'이 중요하다면, 우리를 우리로 만드는 으뜸 요소는 우리가 이어받은 신체적인 핏줄이 아니라 우리가 조상에게서 물려받은 사상이라는 진리와, 역사가 우리에게 문화적인 노예가 주인에게 가장 잘 복종함을 가르쳐 주었다는 사실을 명심해 둠 직하다.

관광 사업이 국가적인 깃발의 나부낌 아래서 도처에서 번성하고 있다. 일본 사람들이 쓰고 가는 돈이 우리 나라에 필요하다고 한다. 그러나 우리는 한국 속으로 연장된 일본을 그들에게 보여 주는 대신에 한국의 한국다운 모습을 보여 주어야 한다. 토산품 판매소 이름은 죄다 한자로 적히어서 일본인들이 일본 소리로 읽게 하고, 가게 주인은 명함에 자기 이름을 한자로 적어 이를 받는 일본인들로 하여금 실질적인 '창씨 개명'을 강요하도록 장려한다.

우리 나라의 관광 호텔들은, 누구에게서인지는 몰라도, 이름이 한자로 적힌 명찰을 종업원들로 하여금 달고 일하게 하라고 하는 지시를 받았다. 일본 관광객의 편의를 위해서라고 한다. 그러면 일본 사람들이 이 한자 이름을 보고 한국 소리로 그들을 부를 수 있을까? 최근에 묵은 부산의 어느 호텔 현관의 안내 벽보에는 '어 안내'라고 일본식 표현이 적혀 있더라. 슬프다! 한국의 대중 문화는 한자의 중매로 백화점 광고부터 서양 영화의 제목이나 대중 음식점의 젓가락 포장지 인쇄에 이르기까지 속속들이 일본화되어 가고 있다. 그리고 더욱 슬프다! 일본인들이 이제는 임진왜란이나 한일 합방 때와는 달리 한국 침략의 욕망에서 벗어나서, 한국을 강탈하려는 수작과 같은 것은 과거 역사의 수치로 돌리고 있는 터일 이때에, 한국의 일본화는 한국인의 손으로 채찍질되고 있구나!

천구백사십오년 팔월부터 한국의 언어적 질서는 대체로 두 가지 줄기로 뻗어 왔다. 해방 이후에 학교 교육을 받은 이른바 '한글 세대'는 일제 시대에 감옥에 갇히는 신세의 고통을 받은 국어학자들이 세운 한국어의 체계와 논리화에 바탕을 둔 언어 교육을 받아 왔다. 이들은 꺾쇠표가 아닌 따옴표로 남의 말을 자기의 글에서 인용하는 훈련을, 그리고 붙여서 세로쓰기 대신에 띄어서 가로쓰기의 습성을, 말이 감정의 표현뿐만이 아니라 이성의 표현도 된다는 교훈을, 그리고 어려운 한자말 표현 대신에 처음엔 좀 생소하나마 곧 귀에 익숙해질 토박이말을 사랑하는 슬기를 받아들인 세대이다. 이들에겐 어려운 한자 용어를 포함한 글이라도 한글로만 적히었을 때에 더 빠른 이해가 온다. 이들에겐—실로 기성세대에게도 그러하지마는—'학교'라는 말이 '배움집'이 아니라 '학교'라고 하는 두 음절의 시각적인 또는 청각적인 기호가 머릿속에 심어 주는 영상의 객체이다.

또 하나의 줄기의 주체는 일제 시대에 일본말로 학교 교육을 받은 기성세대에 속하는 많은 사람들이다. 그들은 한자가 새까맣게 섞인 일본글로 교육을 받았으므로, 읽을거리에 한자가 섞여 있지 않으면 이해가 더디어 못 견딘다. 그들은 사람들이 입으로 말하는 대로는 '한강 다리'인 것에 '한강교'라고 이름을 붙여야 속이 시원하고, 신라 시대의 옛 무덤에서 파낸 '말 그림'을 '천마도'라고 불러야 하고, 흔히 어려워서 스스로 이해하지도 못하는 동양화 속의 한시를 보고 "글씨 잘 썼다"라고 감탄한다. 그들은 '앙고재'라고 제목이 적힌 서류철을 받아야만 권위 있는 사무를 본다고 느낀다. 그들 중 어느 한 분은 최근 어느 교양 잡지에 신문이 일본 수상의 이름을 한자로 '전중'이라고 적지 않고 '다나카'라고 한글로 적어서 낯설다고 '양심적으로' 투덜댔다.

한글 세대와 기성세대는 한글 세대가 학교 밖의 세상으로 자신을 노출시킴과 함께 부딪친다. 학생이 사회 일에 관심이 있어서 신문이나 잡지나 전문 서적을 접근할 때마다 어려운 한자말이나 일본식 한자를 만난다. 학교에서 배운 대로가 더 편하고 마땅하다고 여기지마는, 자기에게는 사회 질서를 바꿀 힘이 없다. 취직이 되어 자기에게 '일용할 양식'을 주는 직장 상사가 '앙고재'를 고집하므로 억지 무식쟁이 신세를 모면하려고 처음에는 울며 겨자 먹기로 '앙고재'를 쓰다가, 나중에는 반복의 마력 때문에 자기에게도 '앙고재'가 당연하여, 스스로도 모르는 사이에 체제에 합치하게 된다.

작년의 '대한민국 미술 전람회'에 입선된 수많은 서예 작품 가운데에서 관람자가 알아보는 한글로 적은 작품은 세 개뿐이었으니, 이는 우리 나라의 수많은 젊은 서예 예술인들이 스스로도 잘 모르는 한문을 그토록 사랑해서가 아니라, 한문을 더 알아주는 기성세대 예술인의 비위를 맞추기 위함에서가 아니었다고 우기면 누가 대들 수 있을까?

또다시 한글날을 맞는다. 한글 전용 문제는 옳거나 그름의 문제가 아니라, 슬기롭거나 어리석음의 문제이다.

한글 전용이 가져올 부작용이 많다고 한다. 한문 고전 해독력의 결핍이 그 하나요, 동음이의어 사용이 가져올 혼동을 또 하나로 흔히들 내세운다.

그러나 한글 전용을 부르짖는 사람들은 한자 말살을 우기지 않는다. 고전을 해독하기 위해서는 전문가를 기르고, 그 많은 한자 고전을 민족적인 사업으로 우리말로 옮기자고 한다. 또 이와 같은 작업의 기초를 위해서 학교 과정에서 한문 시간을 따로 두자고 한다. 실로 한자에 익숙한 기성세대 중에서도 어려운 고전을 해독할 수 있을 만큼 한자에 능통한 사람이 몇이나 되는가? 그러니 고전 독파의 필요성은 한자 혼용을 정당화하지 못한다.

둘째로, 동음이의어의 혼동에 관한 걱정은 언어가 스스로의 문제를 스스로 해결한다는 진리 앞에서는 사라져야 한다.

인쇄와 출판 문화의 전문인들에게 물어보아라.

한글 전용이 얼마나 많은 인쇄물과 정기 간행물과 출판물을 더 싼값으로 더 빨리, 이 지식 폭발의 시대에, 우리에게 전달해 줄 수 있을지를 차근차근 설명해 줄 수 있으리라.

사무 기계의 전문가에게 물어보아라.

한글 전용이, 그리고 거기에 따른 한글의 기계화가 우리 나라의 현대화에 그토록 요청되는 능률과 속도와 정확성을 가져올 수 있을지를 귀띔해 주리라.

한글 전용을 꾸짖는 분에게는, 그들이 부르짖는 한글 전용의 해독에 앞서서 한글 전용이 여태까지 그들이 경험해 온 바가 아니라는 점에서 그르고, 따라서 그들에게 낯설고 불편하다는 점에서 그르다. 이것은 마치 최만리가 세종 대왕께 '양심적으로' 저항했던 것과 비슷하다.

그러나 한글의 창제 말고도 수많은 업적이 있어서 조선 시대의 역사에 가장 어진 임금으로 받들렸을 세종 대왕이 체제에 속하는 지식인의 저항을 무릅쓰고 앞을 내다보고 한글 사업을 기어이 추진했던 것처럼, 그리고 서재필이 시대의 조류를 뒤엎고 《독립신문》을 한글로만 썼던 것처럼, 우리는 우리의 편의에 앞서서 미래 세대의 번영을 의중에 두고 하루빨리 전면적인 한글 전용의 꿈을 이루어야 하겠다.

다르다고 해서 반드시 그르지는 않다.

실로 한글 전용은 많은 사람들이 생각하는 것만큼 혁명적인 일은 아니다. 왜냐하면 우리도 모르는 사이에 우리는 이미 한글 전용 시대에 들어왔기 때문이다. 많은 사람들이 한글 전용으로 된 글을 못 읽겠다고 우김에도 불구하고, 그들이 나날이 불편 없이 읽는 신문의 사회면이 제목과 이름과 숫자를 빼놓고는 한글로만 쓰였고, 정치면과 사회면에도 특수 단어를 뺀 대부분의 표현이 한글로 되었기도 하고 한자로 되었기도 하니, 그들은 한글 표현을 나날이 불편 없이 받아들이고 있으면서도 불편하다고 잘못 생각하는 자기 속임에 희생되고 있다.

우리 나라의 한글 전용 촉진에는 처음에 소개된 기독교《성서》와 문헌의 한글 전용이 크게 공헌하였다. 그리고 아까 말했듯이 조선 시대의 아낙네들이, 오늘에 우리가 쓰는 한글 전승에 크게 이바지했다. 오늘의 기독교 여성이야말로 이 두 전통의 후계자이다. 한글 전용의 촉진은 기독교 여성이 짊어진 무거운 짐이다. 그러나 그렇게 무겁지는 않다. 우선 자기 스스로의 일상 생활에서 스스로 쓰는 일체의 국문 글을—편지에서부터 논문에 이르기까지—한글로 쓰기로 다짐하는 것으로 충분하다. 그리고 어디에서나 적어도 자기의 이름만은 한글로 적자.

나는 이제는 아름다워 보이기만 하는 이 항아리의 몸을 자주 어루만진다. 그리고 그 조선의 도공이 갈긴 서투른 글씨를 보며 비뚤린 문화적 시대 정신이 억울한 희생자를 내는 사회가 얼마나 많은 슬픔을 빚어냈는지를 돌이켜 본다. 나는 그 글씨 속에서 그 도공이 만일 오늘에 태어났다면 한자적인 표현을 한글로 적었다고 해서 무식한 사람이 될 필요가 없을 것임을 생각하며 이미 저세상으로 가신 여러 '무식한' 선조의 서글픔에 울먹인다. 나는 이 글씨를 보면, 세종 대왕과 한글이 오늘까지 전수되는 데에 공헌한 조선 시대의 아낙네들, 그리고 여러 문화적인 선각자들의 땀에 고개가 숙여진다.

온 나라에 일고 있는 새 이름 바람

경제 기획원이 천구백칠십오년 시월 일일에 조사하여 최근에 발표한 통계에 따르면, 이 나라 인구의 이십일점구 퍼센트가 김씨요, 오십 퍼센트가 김, 이, 박, 최씨의 네 성에 든다. 게다가 이 통계에 따르면, 전체 가구 수는 육백칠십오만을 넘고 인구는 삼천사백육십만 명을 넘는데, 성은 이백마흔아홉 가지밖에 없다. 남산에서 돌을 던지면 어쩌더라는 옛말이 있다. 이제 신식으로 말하자면, 누구를 '미스 김'이라고 부르는 것은 '여보세요'나 '한국 여자님' 하고 부르는 것이나 크게 다름이 없게 됐다. 성에다가 이름을 덧붙여서 '김정자' 하고 부르더라도, 성의 가짓수가 많은 나라에서 누구를 성만으로 부르는 경우보다는 어느 사람을 정확하게 가리키는 표현이 되지 못한다. 서울 특별시의 전화번호부에 올라 있는 '김정자'의 수효만도 삼백아흔여섯 개에 이르니, 서울에 있는 김정자의 수효가 몇이겠으며, 대한민국에 사는 김정자는 얼마나 많을까!

이름이 한자로 적히면 이 혼동이 없어지리라고 믿는 분들이 있는 것 같다. 그러나 '자' 자가 두루 일본 사람들이 이름에 쓰는 글자로 소개해 준 '아들 자' 자임은 그만두고라도, 이름에 흔히 쓰이는 '정' 소리를 내는 한자가 몇 자에 지나지 않고, 게다가 그중에서도 서너 자가 대부분을 차지하니 혼동의 문제는 그대로 남게 된다. 또 이름을 한자로 적어서 혼동의 문제가 풀린다고 치더라도, 그것은 눈으로 보는 문제의 해결이지 귀로 듣는 문제의 해결은 아니다. 언어학자들은 언어의 비중이 구 할이 넘게 입으로 말하고 귀로 듣는 데에 있고, 그 나머지가 손으로 쓰이고 눈으로 읽히는 데에 있다고 한다. 따라서 김정자라는 이름은 한글의 '김정자'나 한자의 무슨 글자로 적히어서 김정자가 되기보다는 '김정자'라고 소리가 나기 때문에 김정자가 된다.

《이름》이라는 책의 저자 이규현의 조사에 따르면, 우리 나라 사람들의 이름에 쓰이는 한자의 수효는 별로 많지 않고, 그에 대응하는 한글 음절의 수효는 훨씬 더 적어서 삼백 개쯤밖에 되지 않는다. 이 삼백 개쯤밖에 안 되는 한도 안에서 한두 음절을 골라다가 지은 것이 우리의 이름들이니, 서로 비슷하지 않을 수가 없게 된다. 게다가 항렬에 묶여 많은 형과 아우 들이 엇비슷한 이름을 가져야 하니, 이름에 독창성이 더 줄어들 수밖에 없게 됐다. 서구 사회에서는 이름의 수효가 성의 수효보다는 적지만, 이 이름들이 독창성이 있어서 흔히 서로 닮지 않았다.

한국 사람들의 성명에 개성을 주고 그 성명을 사용하는 사람들에게 식별력을 주기 위해서는 우선 모든 사람들에게 이녁이 바라는 대로 성을 갈게 하자던 이규현의 《이름》이라는 책에서의 주장이—김씨 성을 금씨로 간 《월간 음악》의 금수현과 그의 아들 금난새와 그의 아우 금무영과 같은 이들에게서 실제로 실천되기는 했으나, 족보를 거룩하게 여기는 보수파가 달갑잖게 여길 것이 뻔하다—그리 터무니없는 말은 아닐지도 모르겠다. 또 어느 사람의 이름이 남의 이름과 구별되어 그것이 되도록 그 사람만을 가리키는 것이 바람직하다면, 근래에 아이들의 이름이 거의 항렬을 무시하고 지어지는 것이나, 또 한 걸음 나아가 소리가 한자음에 갇히지 않는 토박이말로 지어지는 현상이 부쩍 느는 것은 어쩔 수 없는 시대의 요청일지도 모른다.

나는 이 나라 사람들의 이름이 토박이말로 되돌아오는 현상을 반가워한다. 여기에서 '돌아온다'고 말을 하는 데에는 그런대로 뜻이 있다. 내가 나서 자란 시골 동네에서는 '양반'이거나 '상놈'이거나 사람이 태어나면, 셋째 아들이라고 시째, 시월에 낳았다고 해서 시월쇠, 또 낳은 아들이라고 해서 또바구(또 바위), 그리고 무슨 뜻인지는 모르지만 싹심이와 같은 이름이 자동으로 지어졌다. 이름을 호적에 올릴 때엔 '문자 하는' 사람들에게서 그럴싸한 이름을 받아다가 따로 올리지만, 또 장가들거나 시집가거나 하면 택호 같은 것이 따로 생기지만, 근본적으로 이 흙냄새 나는 이름들은 평생 동안에 걸쳐서 사람들의 가슴에 가장 깊이 맺혀 있었다. 이런 토박이 이름들은 그 손바닥만 한 마을과 그 언저리에 골고루 붙어 있던 쥐지땡이, 짚은수통이, 갈라쟁이, 샘터, 괴불쑤, 잿바탕, 섬설밭, 절꼴, 여시골짜기, 성저꿀, 담안, 큰동네, 굴치, 북수꿀, 산정몰, 송장고개, 샘골과 같은 땅 이름들과 함께, 여러 천 년 전의 이 땅과 이 땅 사람들과 오늘의 이 땅과 우리를 잇는 문화의 탯줄인지도 모른다. 본디 이 나라 사람들의 이름들은《삼국사기》나《삼국유사》에 나온 '거칠부'나 '기파랑'처럼 토박이말 홑이름이었다가, 삼국 시대와 고려 시대와 조선 시대에 걸쳐서 '성과 이름'으로 된 중국식 성명이 널리 퍼지게 되었고, 일본 제국주의 시대에는 강제로 성을 갈고 한자로 적힌 성명을 일본 소리로 불러야 했다. 이런 중국 문화의 영향이나 일본 문화의 강요 속에서도 민중은 거의가, 아까 말한 우리 마을의 경우처럼, 족보나 호적에 올리는 외국식 성명과는 따로 이녁이 입으로 하는 토박이말로 아들딸의 이름을 지어 불렀다. 그러니 오늘날 아들딸에게 지어 주는 토박이말 이름은 비록 그 단어 선택의 경향이 좀 달라졌다고 하더라도 되돌아온 것일 뿐이다.

이름은 그것이 가리키는 대상이 아니다. 그 대상의 상징이요, 딱지일 뿐이다. 그 대상은 듣는 사람에게 의미 연상을 주는 뜻이 있을 때에, 또 특히 그 뜻이 그 대상의 속성과 연결이 되어 있을 때에 대체로 잘 기억된다(그러나 의미 연상은 잘 불러일으키지 못할망정 아주 독특하고 볼가져서 잘 기억되는 이름이 없는 것은 아니다). 따라서 예뻐서 또는 예쁘다고 쳐서 '예쁜이'라고 부르는 아이의 이름은 예쁘다는 개념의 도움으로 더 잘 기억된다. 이런 점에서 한자 이름은 참 불리하다. 엇비슷한 개념인 '아름다운 계집'이라는 뜻의 '미희'라는 여자 이름을, 한자를 모르는 사람이 기억하려면 아무런 뜻도 없는 그 소리를 무턱대고 외우는 수밖에 없으며, 한자를 아는 사람에게도 의미 연상이 자동으로 되는 것이 아니라 '아름다울 미, 계집 희'라는 풀이의 과정을 거쳐야만 한다. 이 나라 '어른'들이 처음으로 인사를 주고받을 때에 말소리로 들은 이름은 기억하기가 어려워서 '함자'를 물어보고 명함을 주고받아야 하는 까닭이 여기에서 밝혀진다(또, 이 경우에 명함을 받아 이름의 뜻을 캐 보더라도 그 사람의 속성하고는 멀리 떨어진 과장된 것이기 쉽다). 따라서 남이 빨리 알아차리고 기억해 줄수록 좋은 것이 이름이라면, 토박이말로 이름을 짓는 일은 꼭 서울대학교 국어 학생회 같은 단체의 '고운 이름 자랑하기' 같은 행사에 참가하기 위해서 할 일이라기보다는, 오히려 잇속을 차리기 위해 해야 할 일인지도 모른다.

지난 두세 해 동안에 사람들의 이름뿐만이 아니라 업체들의 이름으로도 이런 토박이말이 온 나라에 얼굴을 내밀기 시작했다. 서울에 주식회사로

'바른손'이 나왔는가 하면 술집 '모퉁이'가 생겼다. 부산에는 다방 '지붕'이 있고, 대구에는 양장점 '그 자리'가, 광주에는 음식점 '겨울 나그네'가 들어섰다. 육십년대까지만 해도 누가 가게 이름을 '예쁘다 양장점'이라고 짓고 싶어도 용기가 안 나서 이두식 한자를 사용하여 '예부다 양장점'이라고 했던 것이 고작이었고, 가장 크게 마음먹고 지은 토박이말 이름이라야 다방 같은, 데에 붙기 쉬운 '아리랑'이나 '샛별'이나 '샘터'나 '가람'이나 '도라지' 같은, 곱거나 예스럽거나 그럴싸해서 사람들이 당연히 쓰기 좋아하는, 꽤 진부한 이름들이었다. 내가 서울에 유학 왔던 오십년대의 서울 거리에 나붙은 업체의 토박이말 간판이 있었다면, 위와 같은 다방 간판 말고는 뒷골목의 '솜틀집'이나 '기름집'이나 '방앗간'이나 '삯바느질집' 같은 것이 고작이었던 것 같다. 따지고 보면 일본 제국주의 시대와 개화기에 앞서서야 이 나라에 무슨 간판이 흔했을까! 궁이나 절이나 정자나 양반집 사랑채에 여느 사람은 못 알아보는 한문으로 집 이름을 적은 현판이라는 판때기가 고작이었고, 장사라야 닷새 만에 하루씩 여닫는 장터에서 이루어졌으니 시설의 표지가 필요하지 않았으며, 서울 같은 도읍에서도 '여기가 밥 파는 데요' 하고 알릴 필요가 있는 경우에도 간짓대 끝에 종이 장식을 달아서 만들었다던 꽃대를 대문 앞에 꽂아 두는 것이 고작이었다.

이 나라의 신식 상업은 일본의 지배 밑에서 싹이 텄다. 따라서 일제 시대나 해방 후에 이 나라 모든 도시의 길거리에 새로 나붙은 상업 업체나 그 상품의 이름은 흔히 한자로 된 일본말을 직역한 것일 수밖에 없었다. 일본 사람들이 소개한 '가부시키가이샤'의 개념은 '주식회사'가 되고, 그전에는 쇠를 다루어 연장을 만드는 집을 '대장간'이라 했는데 그것에 엇비슷한 시설을 일본 사람들이 '뎃고조'라고 불렀으니 그것이 직역되어 '철공소'가 되었고, 방앗간은 그들이 '세이마이쇼'라고 했으니 '정미소'가 되었고, 옷집과 밥집은 일본 사람들이 '라샤텐'과 '쇼쿠도'라고 했으니 '나사점'과 '식당'이 되었다. 길손이 묵어 가는 집은 일본 사람들이 등급에 따라 '료칸'과 '호테루'라고 했으니 '여관'과 '호텔'이 되었다. 그리고 술을 만들어 팔던 술도가를 일본 사람이 시킨 대로 '양조장'이라고 불렀다. 또 이런 업체에서 파는 상품의 이름도 일본식 한자 이름을 직역한 것이 곧장 쓰였다. '식당' 안에서 파는 음식이나 '진지'는 일본 사람들이 '쇼쿠지'라고 했으니 '식사'가 되었고, 마침내 '상은 어떻게 차릴까요?'가, '젓가락으로 하지요'가 대답으로 안성맞춤인 '식사는 뭘로 하시겠어요?'로 바뀌었다. 청주는 일본 사람들의 술 상표이던 '마사무네'가 직역되어 아직도 '정종'이다. 공장에서 만들어 내는 '발동기'나 '모터'도 일본 사람들이 한자말로 지어서 쓰면 직역해서 썼고, 서양말로 지어서 쓰면 그들이 시킨 대로 서양말을 썼다. 해방이 되고 서른세 해가 지난 최근에도, 이 업체들은 이 버릇을 못 버리고 새 상품을 만들어 소개할 때마다 이름은 거의 예외 없이 일본식으로 달았다. 이를테면 얼음틀은 일본 사람들이 '레이조'라고 했으니 '냉장고'라고 해야 했고, 서양 사람들이 에어컨디셔너라고 부르는 공기 조절기는 일본 사람들이 '에아콘'이라고 하니 그대로 '에어컨'이 되었고, 중국 사람들은 '번개 보기'라는 뜻으로 '전시'라고 이름 지었지만 일본에서는 그냥 '테레비'라고 했으니, 서양 사람들이 '텔레비전'이라고 이름 지은 문명의 이기에 그 일본 이름을 붙였다.

특히 한일 국교 정상화 뒤로 이 나라에 일본 문화의 영향이 다시 거세게 불어왔으니, 일본 사람들이 '오미야게'라고 읽는 한자 표현 '토산품'이 한국말로 둔갑하여 '토산품점'이 생겨났는가 하면, '도쿄 은행'이 서울에 지점을 차리고 "반도인들이 우리가 가르쳐 준 대로 이것을 '도쿄 긴코'라고 읽어 주는 것은 당연하겠지"라고 생각하기나 한다는 듯이 한자로 '동경 은행'이라고 적은 간판을 내걸었다(이런 점에서는, 서울 지점의 간판을 한글로 내건 '후지 은행'은 훨씬 더 어질다).

근본적으로 이런 일본식 발상이 이 시대 관리들의 사고방식에까지 뻗치어서, 서울역에서 청량리까지 뚫어 놓은 굴은 일본말을 직역해서 지하철이라고 하고, 비무장 지대에 북녘 사람들이 뚫어 놓은 나쁜 굴은 땅굴이라고 했다. 육십년대 말기에 건설부 사람들은 서울과 부산 사이에 자동차를 위한 '빠른 길'을 새로 닦아 놓고, 그런 길을 일본에서는 '고소쿠도로'라고 하니 직역해서 '고속도로'라고 했으며, 또 흔히들 이 고속도로를 '경성'과 부산 사이에 놓인 고속도로라고 여기어 '경부 고속도로'라고 부르며, 작년인가 그러껜가 철도청에서 서울과 부산 사이에 더 빨리 달릴 수 있도록 곧 놓겠다고 하던 '신간선'은 일본에서 그런 철도에 붙인 '신칸센'이라는 말을 직역한 것이다.

일본 손님들이 한국에 와서 길거리의 한글 간판을 못 읽어 관광 산업의 진흥에 방해가 되니 일본 손님들이 읽을 수 있도록 한자 간판을 되살려 달라는 철부지 장사꾼들의 건의를 여러 해 전에 정부가 받아들여 잠시나마 한자 간판을 부활시킨 일이 있다. 깃발 아래에 모여 줄 서서 다니는 일본 관광객이 이 나라에 온 목적은 딴 데에 있었지, 한국 길거리의 간판을 보러 온 것이 아닐 터임은 말할 나위도 없다. 또 이 간판들을 한자로 바꾸어 놓자마자 거기에 적힌 글이 일본 사람들의 눈엔 일본말로 비치게 될 것이고, 따라서 한국의 거리가 그만큼 일본 거리를 닮게 될 것이다. 일본에서 실컷 본 일본 풍물이 한국에 전개되어 있으면 과연 그것이 훌륭한 관광 자원일까? 이런 것을 보는 일본 사람들은 오히려 풍물이 신기해서 감탄하기는커녕, "과연 이 반도인들이 일제 시대에 우리가 글공부를 시켜 준 대로 잘 실천하는구나. 이 길거리의 간판들을 읽어 보니, 은행도 지하철도 비행장도 백화점도 식당도 고속도로도 주식회사도 다 우리가 가르쳐 준 일본말로 쓰여 있네" 하면서 자기들이 문화의 스승인 양 뽐낼 것이다. 일본 침략자들이 남긴 문화의 찌꺼기를 안고 있는 것도 분한데, 그들의 눈을 달래기 위해서 한자 간판을 부활시키자던 것은 국가 이익을 구실로 내세워 국가 이익을 해칠 뻔했던 생각이었다.

일본 제국주의 시대부터 지금까지, 어느 업체의 이름이 '무슨 서점'이면 그 서점이라는 말이 한자식 표현—게다가 흔히 일본식 표현(이 나라의 거의 모든 책 가게가 스스로의 이름을 서점이라고 하지만, 민중은 이를 아직도 책방이라고 부르는 것은 눈여겨볼 만하다)—이기 일쑤였다는 말은 이미 했거니와, 그 '무슨'에 해당하는 표현도 주로 한자식으로 된 것이었음도 지적해야 하겠다. 이 현상은 한자 표현을 받들던 조선 시대 지배 계급의 인습이, 그런 경우에 한자 표현을 쓰던 일본 습관에 접붙여져서 생겼다고 볼 수 있겠다. 이런 '무슨'의 한자식 표현도, 한자식으로 표현된 사람 이름의 경우와 마찬가지로 흔히 그 뜻이 소리로만 들어서는 저절로 이해가 되지 않으며, 누가 그 한자를 알아보더라도 풀이의 과정을 거쳐야만 이해가 되는 특징이 있고, 그 뜻이 허황하고 과장된 것이기 쉬운 특징이 있다.

먼저, 소리로만 들어서는 저절로 이해가 되지 않는 표현을 얘기해 보자. 일본 제국주의 시대에 '큰 빛'이라는 뜻이 좋아서 '태광' 여관—그때는 물론 '다이코 료칸'이라고 했음—을 차린 한국 사람이 해방 후에도 그 여관에 그 이름을 계속해서 쓰면서 '태광'이라는 소리가 흔히 보통 사람의 귀에 아무런 뜻도 전달하지 못한다는 사실에 관심을 쏟았을 턱이 없다. 이처럼 풀이를 거쳐야 뜻이 전달되는 한자식 표현의 습관은 큰 업체의 이름에도 거의 그대로 뻗치었다. 이를테면 한자로 적어 놓고도 그 뜻이 '조화로운 믿음의 산업 주식회사'인지 '조화와 믿음의 산업 주식회사'인지가 분명하지 않던 '와신산교 가부시키가이샤'라는 일본 제국주의 시대의 민족 자본 회사는 해방이 되어서도 그 한자 표현의 소리만이 바뀌어 그대로 '화신 산업 주식회사'가 되었으며, 별이 셋이 모여 '물산'을 한다는 뜻인지는 몰라도, '세 별'이나 '별 셋'의 뜻이 있는 한자 표현인 '삼성'이라는 표현이 들어간 '삼성 물산 주식회사'가 나와서 국민에게 모자라던 옷감도 설탕도 대야 했다. 그런데 문제는 이런 한자 조어 표현이, 아까 말했듯이, 민중에게 설사 뜻을 전달한다고 하더라도 직접적으로 전달하지 못한다는 데에 있다. 민중은 초저녁의 하늘을 쳐다보면서 "별 셋이 보이는구나" 하지, "삼성이 보이는구나" 하지 않는다. 이런 점에서 해방 후에 이 나라의 기업들이 퍼뜨린 업체들의 이름이 민중의 사고 체계에 얼마쯤은 이중 질서를 부채질해 왔다고도 할 수 있겠다.

더구나 자유당 시절부터 계속해서 정부와 한글학회 같은 단체에서 밀어 온 간판의 한글 표기 촉구로 이런 억지 한자 조어들은 거의 완전히 뜻 없는 소리로 전락하여 사람들이 외기에 아주 불편한 실속 없는 이름이 되어 버렸다. 이를테면 '혁진 교복 상회'라는 가게의 간판에서 '혁진'이라는 말의 뜻을, '영보당'이라는 보석 가게의 간판에서 '영보'라는 말의 뜻을, '수경당'이라는 가게의 간판에서 '수경'이라는 말의 뜻을 자동으로 알아듣고 외워 주는 사람이 드물 것은 뻔하다. 그러나 이런 한글 간판은 적어도 민중이 소리만은 낼 수 있었다는 관점에서 한자 간판보다 나았다. 또 때때로 한글로 적혔을 적에도 민중이 읽는 소리만 낼 수 있을 뿐만이 아니라 그 뜻까지도 알아들을 수 있는 한자식 이름도 생기기는 했다. 이를테면 전자 제품을 잘 만들어 파는 '주식회사 금성사'의 '금성'은 태양계의 아홉 유성 중 하나인 샛별 또는 개밥바라기, 곧 서양 사람들이 비너스라고 부르는 별을 뜻하는 한자식 한국말이다. 그러나 막상 이 회사에서 그 이름을 영어로 번역한 것을 보면 '주식회사 황금 별'의 뜻을 지닌 '골드 스타 컴퍼니 리미티드'이니, 그들이 그 이름을 지을 적에 이미 개념화된 한국말인 '금성'의 뜻을 모르고 또는 무시하고, '쇠 금' 자와 '별 성' 자를 따로따로 여겨서 '금으로 된 별' 생각을 했던 것이 아닐까?

여기까지의 얘기에서, 우리는 일본의 전통을 이어받아 한자말로 된 업체 이름이나 간판이 한자로 적힐 때에는 어려워서 민중이 읽지 못해 불리한 것이고, 한글로 적힐 때에는 전남 광주에 있는 '또 오는 집'이라는 뜻의 한자 이름을 한글로 적은 '우래옥'처럼 뜻하고는 연관이 없는 소리를 여러 번 되풀이해서 익혀야 외울 수 있는 실속 없는 이름이 된다는 사실을 주로 살펴보았다. 이런 점에서, 상주에서 올라온 괴팍한 할머니가 운영하는 음식점이라고 해서 '상주집'이라고 이름 지은 경북 대구의 그 유명한 미꾸라짓국집은 칭찬을 받을 만하다. 그러니 근래에 온 나라에 일고 있는 새 이름 바람, 토박이말로 업체의 이름을 짓는 경향은 우선 합리 경영의 원칙으로 봐서도 이로운 일이다.

자, 이제는 한자식 이름에 흔히 두드러지게 나타나는 특징 중 또 하나, 곧 그 허황됨과 과장됨을 얘기해 보자. 흔히 한자로 지은 이름은 그 뜻이 그것이 가리키는 대상의 '몸'보다도 더 '크다'는 말이다. 이것은 본디부터 한자 이름이 흔히 맞붙은 현실을 나타내기보다는 저만큼 멀리 떨어져 있는 이상이나 소망을 상징하기 쉬운 것하고 상관이 될지 모른다. 또 이 나라의 신식 상업 질서 속에 '큰' 이름들이 번진 것은 그것을 이 나라에 소개한 '대일본 제국'이라는 작은 나라에서 나온 한 권짜리 책이 '대백과 사전'이 되기까지 했던 사실에서 영향을 받기도 했다고 봐야 한다. 아무튼 조그마한 구멍가게가 '아세아 식품 상회'가 되고 손바닥만 한 대장간이 '한국 기계 공업사'가 되는 현상은 전통 속의 이 나라 토박이 이름들이, 대추가 많이 나던 벌판이 '대춧벌'이었던 것이 풀이하듯이, 그 지칭하는 대상을 겸허하고 정직하게 설명했던 것하고는 꽤 좋은 대조를 이룬다. 오늘날 그토록 많이 찍혀 나오는 사람들의 명함에 적힌 그 작은 회사들의 거창한 이름들을 눈여겨보자. 실지로 커야지 말로만 커서 무엇할까! 이런 생각을 하노라면, 우리 나라의 이름도 차라리 '대한민국'보다는 '한나라'였으면 얼마나 더 당당하게 들렸을까 하는 느낌도 들고, 스스로 공업 입국에 공헌하고 있다고 광고로 자주 우리에게 알려 주고 있어서 우리의 눈에 익은 '대우 실업'의 이름도 그 뜻이 '큰 우주의 실업'인지 '큰 누구의 실업'인지는 몰라도 너무 '크다'는 생각이 든다. 그리고 오늘날 서울에서 발간되는 동아일보, 중앙일보, 조선일보, 한국일보, 경향신문 및 신아일보의 이름들도 그 하는 일에 견주어 그 뜻이 너무 '크다.' 이런 점에서 조선 시대의 학자, 추사 김정희가 전라도의 가난한 선비 황 처사의 집에 갔다가 쌀이 없어서 아욱에다가 수수 몇 톨을 넣어 끓인 죽을 얻어먹고 감격해서 그 집의 이름을—역설적으로 그 시대의 습관 때문에 한문으로 적기는 했으나—'푸른 아욱과 노란 수수의 집'이라고 지어 주었던 것에서 우리가 배울 바가 많다. 몸보다 더 큰 이름을 지닌 사람이나 단체나 상품은 그 이름값을 하기가 어렵다. 따라서 이름은 그 뜻이 지칭하는 대상의 몸에 맞아야 한다(그러나 이름은 천으로 된 옷과는 달라서 나중에 몸이 커지면 저절로 커진다). 그러니 오늘날 급속도로 되살아나고 있는 '작은' 토박이말 이름은 이 과제를 저절로 해결하고 있는 셈이다.

업체들의 한자식 이름들이 판을 치는 속에서도 해방 후에 서양 사람들이 이 나라를 드나들게 되고, 육이오 전쟁을 계기로 해서 미국 병정들이 이 나라에 몰려와서 서양 입김을 이 나라에 불어넣음과 함께 서양식 이름들이, 기지촌 언저리에 있는 가게들의 경우에는 생존의 수단으로 생겼으려니와, 도시에 있는 업체의 경우에는 멋과 일의 상징으로 하나씩 둘씩 얼굴을 내밀기 시작했다. 그리고 이 현상은 바로 그때에 많은 구세대 한국 사업인들이 섬기던 '문화적인 형님'의 나라 이웃 일본에서 그런 바람이 불었던 것하고 깊이 맺혀 있다. '르네상스'니 '돌체'니 하는 음악 감상실이 생겨났고, 미국 도시에는 사돈의 팔촌도 없으면서도 '뉴욕 제과'니 '시카고 제과'니 하는 빵집이 나왔고, '노라노'라는 서양식 이름으로 성명을 간 여자의 양장점이 생겼고, '불루 룸'이라는 술집이 생겨 한량들을 꼬이고, 누가 현대식 가수로서 인기를 얻으려면 '쟈니 아무개', '글로리아 아무개'라는 이름표를 붙이고 나와야 했다. 제약 회사에서 만들어 내는 약품에도 서양식 이름이 날조되어 새롭다고 해서 '네오톤'이요, 인삼과 녹용의 효과가 있다고 해서 '삼용톤'이었다. 맥주 같은 상품에 '크라운'이니 '오비'니 하는 이름을 붙였던 것은 말할 나위도 없다. 마침내 이 나라에 처음으로 제대로 된 치약을 만들어 낸 '럭키 화학 공업 주식회사'와 같은 큰 회사의 이름에까지도 서양말이 등장했다. 이 회사는 '럭키'라는 상표를 치약에 붙여 시중에 팔면서 스스로의 이름은 '즐거울 락' 자와 '기쁠 희' 자를 써서 '낙희 화학 공업 주식회사'라고 짓고, 민중에게는 리을 소리를 말 첫머리에 내기 싫어하는 우리말의 두음법칙을 무시하고 '럭키' 상표의 소리와 비슷하게 '락희 화학 공업 주식회사'라고 읽어 주기를 기대했었다. 그러다가 나중에는 아예 이름을 '주식회사 럭키'로 갈았다. 또 일본에서 훌륭한 껌을 만들어, '롯데'라는 서양 소설 여주인공의 이름을 붙여 팔아 크게 성공한 재일 교포 실업인이 이 나라에 와서도 '롯데 제과'를 세워 같은 '롯데' 껌을 팔았다(이처럼 큰 회사들이 서양 이름을 걸고 나오는 것도 야속한데 그들은 하필 오천 년을 다진 문법의 질서인 두음 법칙에 거슬리는 이름을 들고 나왔었다). 또 이 회사는 '롯데 공업'이라는 회사를 차려 일본에서 유행하던 '라면'이라는 이름의 국수를 이 나라에 보급시켰으니, 이 회사는 우리말의 두음 법칙하고는 원수 사이인지도 모르겠다. 다행히 이 '롯데 공업'은 뉘우침이 좀 있었는지 근래에 만들어 팔던 '농심 라면'의 상표에 발맞추어 그 이름을 '주식회사 농심'으로 갈았다.

이런 분위기 속에서, 육십년대와 칠십년대에 들어와서 이미 한자식 이름이 번져 있는 온 나라에 서양 이름 바람이 따로 불어올 만도 했다. 오늘도 서울 명동이나 부산 광복동 같은 데에 나가 보면 그야말로 서양 이름 천지이다.

이런 업체들의 서양식 이름은 대체로 세 갈래가 있다. 첫째로, 유명한 서양 회사의 이름이나 상품 이름을 '훔쳐다가' 버젓이 내세운 것이다. 서울 명동과 그 언저리에 있는 에스콰이아 양화점, 세레느 구두점, 리나리치 양품점, 씨어스 양품점, 란빈 양품점, 쿠치 양품점과 부산 광복동에 있는 가르댕 양장점, 맥심 테일러 같은 이름들이 그것이다. 이들의 대부분이, 서울 소공동에 있는 '지큐 양복점'이 미국 '지큐 잡지사'의 허락을 얻어 정식으로 서양 이름을 쓴 것하고는 달리, 이름뿐만이 아니라 흔히 이름이 적힌 글씨체와 마크까지도 서양 회사의 것을 베껴 쓰고 있다. 이것들은 거의가 국제적으로 특허가 등록된 상호와 상표인데, 문화적으로 성숙한 나라 사이에서는 그 독점적이고 배타적인 권리를 인정하고 남이 빌려다가 쓰는 일은 정식으로 계약해야 가능하도록 되어 있다. 따라서 이토록 우리 나라 업체들이 '훔쳐다' 쓰는 서양 이름들은 실지로 우리 나라의 국제적인 얼굴에 침을 뱉고 있는 셈이다. 둘째로, 일본에 있는 유명한 업체들이 사용하는 서양식 이름들을 베낀 것이다. 서울 다동에 있는 술집 '코파카바나', 서울 관수동에 있는 술집 '라틴쿼터', 서울 충무로에 있는 양품점 '논노'가 이 축에 든다. 또 좋은 시설로 서울의 여기저기에서 성공하고 있는 새 다방의 본보기 '준'의 이름도 알고 보면 일본에서 청소년에게 '바람난' 스타일의 옷을 만들어 파는 업체의 상호이다. 셋째로는, 굳이 누구의 흉내는 아닐망정, 그저 그럴싸한 서양 단어를 내세워 지은 이름들이다. 이런 이름에, '프린스'니, '킹'이니, '파라다이스'니, '그랑프리'니, '비너스'니, '엠파이어'니 하는 고리타분하고 촌스럽기까지 한 이름들이 끼어드는 것은 어쩌면 당연하다. 근본적으로 이런 발상이 연장되어 한 나라 언론이라는 잡지 매체조차도 '엘레강스'니 '나나'(그들은 이것이 '나와 나'를 뜻하는 한국말이라나!)니 하는 이름을 내세운다.

이런 서양식 이름에 대한 불평은 단순히 국수주의스런 태도의 반영만은 아니다. 만일에 서양의 '힐튼 호텔'이라는 업체가 서울에 지점을 차리고 그 이름을 세계의 다른 도시에서처럼 '힐튼 호텔'이라고 짓는다면 이를 나무랄 사람은 아무도 없을 것이다. 또 서양의 '아이비엠'이라는 사무 기계 회사가 한국에서 영업을 하면서 본디 이름을 그대로 쓰는 것도 다 이해해 줄 것이다. 그러나 서울 퇴계로에 있는 '퍼시픽 호텔'이라는 데서 '나이트 클럽' 이름으로, '서울에서의 휴일'이라는 뜻이라고 발뺌을 할지 몰라도, 미국의 유명한 대중 호텔 이름인 '홀리데이 인'을 흉내내어 '홀리데이 인 서울'이라는 표현을 쓴 것이나, 그 호텔 안에 있는 술집 이름으로 사용한 것이 일본 건달들이 모이기로 유명한 도쿄의 술집 이름 '무겐'을 슬쩍 떼어다가 붙인 것임으로 들통이 나는 경우에는, 어느 국적의 사람들이나 별로 좋아하지 않을 것이다.

다시 말해서 이 나라가 해방된 때부터 오늘까지의 '체제'에 속하는 업체들의 이름—곧 제국주의 시대에 일본말로 교육을 받은 사십대, 오십대, 육십대의 사람들이 지난 서른세 해 동안에 걸쳐서 일군 사업체들의 이름은, 아까 말한 대로 적어도 얼마쯤은 일본의 입김을 쐰 한자식 이름이기 일쑤였을 뿐만 아니라 이처럼 서양식 이름이기 쉬웠다. 특히 서양식 이름이 온 나라에 번지기 시작하는 현상은 마침내 '보건 사회부'나 '서울 특별시'와 같은 관청의 눈에 띄어, 근래에는 그 규제가 있어 왔다. 새로 내는 가게의 이름도 새로 만드는 약이나 화장품이나 술의 이름도 국어—한자말을 포함함—가 아니면 허가를 안 내준단다. 오래오래 '잘못'을 저질러 온 사람의 '죄'는 봐주고 새로 막 잘못을 저질러 온 사람의 '죄'는 못 봐주겠다는 투의 조처다. 아무튼 이 조처가 이 나라의 상품 이름과 업체 이름으로 서양말이 마구잡이로 쓰이는 경향을 좀 바로잡고 있기는 하는 모양이다. 그러나 이 자리에서 이 구세대 사업가들의 서양 문화 숭배 사상을 다시 한 번 검토해 보자. 이들이 지은 국어 이름으로는, 귀에 서양말같이 들리도록 하여야 하겠다는 끈질기게 충성스런 결심을 단단히 하지 않고서는 도저히 생각해 낼 수 없는 억지 한국말, 이를테면 베리나인, 길벗(길버트), 아이미, 마주앙, 유니나, 드슈, 우아미, 탐나바, 아만나, 기차바, 바밤바 같은 이름들이 마구 쏟아져 나왔다.

그러나 세상은 점점 바뀌고 있다. 해방 후에 초등학교 때부터 국어로 교육을 받은 주로 삼십대, 이십대인 젊은 세력이 이제 가장이 되기도 하고 가게 주인으로 등장하기도 하고 실업계의 결정권자가 되기도 했다. 이 젊은 세력의 힘은 지난 십 년 동안에—따라서 정부 기관이 뒤늦게 업체의 상품이나 이름에 눈을 돌리기 훨씬 앞서서부터—이 나라의 구석구석에서 불길처럼 번지는 언어 혁명을 일으켜 왔다. 아까 말했듯이, 토박이말로 아들딸 이름을 짓고 상표와 상호의 이름을 짓는 혁명 말이다.

작년에 수도 여자 사범 대학의 김명숙과 이금엽이 〈우리말 조어의 조사 연구〉라는 논문을 쓰기 위하여 서울의 종로와 충무로와 무교동과 신촌에 가서 토박이말로 된 상호와 상표를 눈에 뜨이는 대로 수집해 봤더니, 그 한정된 지역에서만도 자그마치 천십 가지가 발견됐다고 한다. 올해엔 작년보다도 이런 이름이 훨씬 더 눈에 많이 뜨이고 있다. 그리고 이 현상은 서울뿐만이 아니라 지방에서도 마찬가지이다. 온 나라의 업체와 상호와 상표의 이름이 거의 다 토박이말로 될 날이 정녕 다가오고 있는지도 모른다.

산업 사회의 접근과 함께 광고학이 학문으로 등장하여 그 중요성이 커 가고 있다. 무릇 학문의 법칙은 현실의 관찰에서 발견되는 것이지, 제정되거나 창조되는 것은 아니다. 누가 한국의 상황 같은 문화 조건 속에서 광고학을 깊이 탐구하여 이름—광고학에서 보는 이름은 곧 '상표'요, '딱지'다—의 법칙, 곧 이름을 잘 지어 이름 노릇을 제대로 하게 하고 이름으로써 효과를 되도록 많이 내게 하는 법칙을 제대로 발견하였다면, 그의 이론에는 아마도 고리타분하거나 진부하거나 흔해 빠졌거나 '당연한 말씀'이거나 '크거나' 고답적이거나 어렵거나 아리송하거나 알쏭달쏭하거나 풀이를 거쳐야 뜻이 전달되는 이름보다도 싱싱하고 참신하고 '작고' 좀 엉뚱하지만 눈이나 귀에 거슬리지 않고, 어머니 젖을 먹으면서 배운 말로 되어 있어서 저절로 알아듣고, 독창적이고 개성 있고 잘 기억되는 이름이 얼마나 더 이로운지가 자상히 밝혀져 있을 것이다. 바로 이런 이치로, 토박이말로 아이의 이름을 짓고, 가게의 이름을 짓고, 상품의 이름을 짓는 바람이 이제 온 나라에 일고 있다. 그러나 막상 이 바람을 일으킨 이 나라의 젊은 세력이 이름의 법칙을 이론으로 발견해서 이런 공적을 이룬 것은 아니다. 이 나라에서 일본 제국주의자들이 물러선 다음에 이들이 국어로 받은 교육이 저절로 합당한 이자를 치렀을 뿐이다.

천구백칠십팔년, 뿌리깊은나무

탈 붙은 전화 번호

"'열여덟번' 테이블 빨리 치워라!" 얼마 전에 한 대중 음식점에서 한 젊은 종업원 '아가씨'가 외치던 소리입니다. '십팔번 테이블'을 그리 부른 것입니다. 그 첫소리를 되게 내다가는 욕으로 오해받을까 그랬을까요? 아니올시다. 지난 네댓 해 동안에 음식점에서 굳이 '십팔번'이 아니더라도 식탁 번호를 그리 부르는, 이를테면 '열두번 테이블', '세번 테이블' 하는 풍조가 크게 번졌습니다.

왜 그런 바람이 일었을까요? 그렇게 말하면 상대방이 더 잘 알아듣기 때문일 것입니다. 아니, 잘못 알아듣는 수가 줄어들기 때문일 것입니다.

국어와 영어를 함께 쓰는 호텔 교환원에게 몇 호실, 이를테면 '삼백이십일호실'이나 '삼이일'을 바꾸어 달라고 하면 흔히 되묻습니다. 같은 사람에게 그 대신에 '쓰리, 투, 원' 하면 당장 옳게 대 줍니다. 영어만을 주로 쓰는 사람이어서 국어로 대는 방 번호를 들으면 낯설어서 그럴 터이라고요? 아닙니다. 주로 국어만을 사용하는 전기 통신 공사의 교환원도 걸고 싶은 장거리 전화의 번호를 대면 흔히 되물어 확인합니다. 그리고 확인하려고 그쪽에서 반복해 주는 번호를 들으면 더러 틀립니다.

이 글을 쓰면서 서울 전화 번호 '101'을 걸어 '대시 장거리' 전화 교환원인 채영희 씨에게 물어보았습니다. 이쪽과 저쪽이 잘못 알아듣고 서로 혼동하는 숫자로 채 씨는 '일'번과 '이'번을 들었습니다. 이를테면 '삼천육백오십이번'이나 '삼육오이'가 '삼천육백오십일번'이나 '삼육오일'로 오해되고, 또 그 반대도 사실이라는 말이겠습니다. 채 씨는 또 '육번'과 '백번'의 잦은 혼동이 있고, 더러 '삼'과 '사'의 혼동도 있다고 했습니다. 아니나다를까, 곰곰이 생각해 보니, 집이나 사무실의 전화 번호에 그런 숫자들, 특히 채 씨 말대로 '일'이나 '이'가 들어 있을 적에 전화가 가장 자주 잘못 걸려 왔던 성싶습니다. 잘못 듣고 적어 놓은 번호를 돌렸기 때문일 줄로 압니다.

다들 아시듯이, 우리가 쓰는 '일, 이, 삼, 사'는 '이, 얼, 산, 스' 하는 중국말을 한국화한 것입니다. 한자를 빌려 와 쓰면서 '하나, 둘, 셋, 넷' 하는 대신에 그 중국말을 한국식으로 한 것이 '일, 이, 삼, 사'입니다. 일본 사람들도 '히토쓰, 후타쓰, 밋쓰, 욧쓰' 하는 대신에 중국말을 일본식으로 해서 '이치, 니, 산, 시' 했으나, 서로 혼동되기 쉬운 소리는 그 안에 다행히 없습니다. 그 전화 교환원이 저에게 설명해 준 것이 증명하듯이, 중국 사람 시늉하다가 한국 사람들만 손해를 보았습니다.

문제는 그뿐만이 아닙니다. 한반도 사람들은 부지런히 '중국말'로 셈하다가 제 말로 세거나 셈하는 방법도 크게 잊어 먹어 버렸습니다. '온'이 '백'이었고 '즈믄'이 '천'이었음을 요새 알고나 있는 이가 흔합니까? 아직 남아 있는 토박이말 숫자도 머지않아 다 잊히지 않을까 걱정됩니다. 요새 누가 '삼월 십이일' 하지, '삼월 열이튿날' 합니까? 텔레비전에 나오는 '농촌 후계자'도 요새 '소 십이 두'이라고 하지, '소 열두 마리' 하던가요? '마흔네 마리' 소리는 고사하고 '사십네 마리' 소리만 더러 들어도 반갑습니다. 그러니 앞에서 소개한 '열여덟번 테이블' 같은 음식점 사람들의 외침이 저 같은 사람의 귀에 얼마나 반갑게 들렸겠습니까?

그래도 육이오 난리 전까지만 해도—그리고 도시 말고 농어촌에서일수록— '하나, 둘, 셋, 넷'의 '일, 이, 삼, 사'에 대한 비율은 훨씬 더 높았습니다. 그러나 이른바 발전과 근대화가 들이닥침과 함께 '하나, 둘, 셋, 넷'의 세력이 점점 더 움츠러들어 왔습니다. 이른바 '문명'을 대표하여 우리의 생각 속으로 파고드는 '기계속'을 다루는 이들이 비판 없이 이번에는 '이치, 니, 산, 시' 하는 일본 사람 시늉을 해 왔기 때문일 줄로 압니다. 전화 번호로 말하더라도 이렇습니다. 전화가 실지로 이 나라에 보급되기 시작한 일정 시대에, 일본 사람들이 그 '덴와 반고'를 '이치, 니, 산, 시'라고 대지 않았습니까? 그 말은 한국말로 하자면 '일, 이, 삼, 사'이지요. 그리하여 해방 뒤로 오늘까지 전화 번호는 으레 이를테면 '삼천사백이십일번'이나 '삼, 사, 이, 일'인 것으로 되어 왔습니다. 아예 처음부터 또는 해방 때부터라도 '셋, 넷, 둘, 하나' 했던들, 그토록 자주 잘못 알아듣는 번호를 줄이고 그토록 밉거나 짜증나게 잘못 걸려 오는 전화를 덜어서, 요샛말로 하자면 에너지 절약, 시간 절약을 해서 국력 낭비를 막고, 민주주의 되고 안 되고 해서 이미 골치 아파 하는 민중의 마음 더 고달피 되는 것 막을 수 있었을 터입니다.

앞에서 소개한 '열여덟번 테이블'은 '일, 이, 삼, 사'를 강요하는 지배 계층의 소리가 아니라 밑바닥 민중의 소리입니다. 체신부와 전기 통신 공사의 고관들은 '일, 이, 삼, 사'를 당연한 것으로 여겨 교환원 채영희 씨와 전화 신청인들이 겪고 있는 거국적인 혼동이 있는지도 모르고 있을 즈음에, 밑바닥 음식점 종업원은 스스로 '하나, 둘, 셋, 넷'의 필요성을 발견하고, 곧 '십이번'이 혹시라도 '십일번'으로 오해되면 안 될 터임을 알아차리고 이미 '하나, 둘, 셋, 넷'을 실천하고 있습니다.

진리는 저 드높은 하늘에 있지 않고 오히려 한 치 발바닥 밑에 있습니다. 체신부와 전기 통신 공사에서는 비싼 기계 사다가 설치한 그 디디디의 기계 속 자랑하기 전에, 온 국민이 그걸 더 검약스럽게 쓸 수 있도록 하루빨리 '하나, 둘, 셋, 넷'을 전국의 전화 사용자들에게 장려함 직하다고 봅니다. 그러나 토박이말의 숫자들이 두 음절로 된 것이 있어서 번호 대기에 시간이 더 걸린다고는 혹시라도 오해하지 마십시다. 그렇지 않습니다. 흔히 사람은 글자 수효에 맞추어 말을 하지 않고, 마음속의 장단에 맞추어 말을 합니다. 그리하여 '일, 일, 사' 하는 시간이나 '하나, 하나, 넷'이나 길이는 마찬가지입니다. '하나, 둘, 셋, 넷' 하는 시간이 '일, 이, 삼, 사' 하는 시간하고 똑같듯이.

천구백팔십칠년, 샘이깊은물

가로질러 가기도 하는 사람

카네기는 처세술의 가르침에서 서양 사람들한테 잘라서 말하지 말라고 가르쳤다. 곧 '합니다'라고 하지 말고, '하는 듯합니다'라고 말하라고 타일렀다. 그는 또 말을 바로 내뱉지 말고 돌려서 나타내라고 하였으니, '좋습니다'라고 말하지 말고, '좋지 않습니까?'라고 물으라고 했다.

그가 제의하는 언어는 불쑥 들이대는 언어가 아니요, 살살 밀어 넣는 언어이다. 그가 살살 밀어 넣는 언어를 가르치려고 했음은 아마도 그의 생활 주변에서 들리는 언어가 짤막하고 단정적이기가 일쑤여서, 살살 밀어 넣는 우회적인 언어가 메말랐기 때문이었기도 하겠다. 이미 있는 사항을 있어야 한다고 강조함은, 마치 사람은 배꼽을 달고 다녀야 한다고 우기는 말처럼 사유하는 사람이 맑은 정신으로 뇌까리는 말이 아닐 터이기 때문이다. 오죽해서, 신사에 해당하는 젠틀맨이라는 말이 '순한 사람', '숨 죽은 사람', '길든 사람'의 뜻을 가졌으랴! 순하지 않은 사람은 말을 단정적으로 내뱉고, 숨 죽지 않고 길들여지지 않은 사람의 행동은 우회적이라기보다는 직접적이다.

카네기가 제시하는 언어의 사고방식은 여러 가지 의미에서 한국인의 것이다. 한국인이 카네기의 스승이 될 수도 있겠다는 말이다. 나에게 은혜를 많이 베풀어 온 한 절의 스님에게 며칠 전에 털저고리 하나를 사다가 드린 일이 있다. "맞지 않으면 바른 치수의 것으로 바꿔다 드리지요" 했더니, "예, 아주 꼭 잘 맞습니다. 그런데 중 옷 위에 입으려면 좀 더 넉넉해도 무방합니다"가 대답이었다. 이 스님이 이 대답을 하기 위해서는 카네기의 처세술을 탐독할 필요가 없다.

개인이 주인인 조직화되지 않은 가게에 가서 물건 값을 물으면, 흔한 대답이 "한 오천 원 됩니다", "글쎄요, 적절히 내놓고 가시죠", "이삼천 원이지요", "경기도 좋지 않고 하니, 오만 원 안팎에 팔까 해요", "주시고 싶은 대로 놓고 가져가세요", 또는 "말씀만 잘 하시면 공짜이지요"인 것은 손님으로 하여금 돈을 쓰게 하고도 흥정 끝에 승리감을 구가하도록 하는 상술의 소산이라고 치더라도, 자기가 바라는 것이 무엇인지를 정확하게 알려야 할 손님마저도 "사과 여남은 개 주세요", "달걀 서너 줄 주세요", "맥주 두세 병 가져오세요" 한다.

한국인의 언어 습성이 비록 서양인의 눈에는 배울 것이 있어 보일망정, 이는 그토록 많고 잦은 비능률과 시간 낭비의 원인이 되기도 한다. 물건 값이 이삼천 원이라고 말한 가게의 주인은 오랜 실랑이 끝에 값이 이천 원이라고 나중에 말해야 하고, 달걀 서너 줄을 바라던 손님은 자기가 바라는 것이 네 줄이 아니라 세 줄뿐이라고 돈을 치르기 전에 이야기해야 한다.

사람에겐 나서부터 주검으로 흙에 묻히기까지 거칠고 딱딱한 베도, 곱고 부드러운 명주도 필요하다. 이와 마찬가지로 우리에겐 사회 생활에서 직접적이고 단정적인 언어도, 간접적이고 우회적인 언어도 골고루 있어야 한다. 우리가 조상에게서 간접적이고 우회적인 언어를 배웠다면, 그리고 이 언어가 만든 사고방식이 우리의 체질에 배어 있다면, 우리가 추가로 익혀야 할 언어는 직접적이고 단정적인 것일 수도 있겠다. 돌아서 가기만 하지 말고 가로질러 가기도 하는 사람이 되자.

천구백칠십오년, 배움나무

마당쇠와 예쁜이

한국에서 인정되는 예술의 갈래에 동양화와 서양화와 서예가 끼어 있다. 언제부터인지는 몰라도, 동양화를 그리는 사람은 자기 작품에 한자로 서명하고, 서양화를 그리는 사람은 자기 작품에 영어 글자로 서명하는 전통이 우리 나라에 세워졌다. 그런데 공교롭게도 한국의 근대 서양화가 중에서 죽은 다음에 작품의 값이 오른 유일한 세 분인 박수근, 이중섭 및 이인성은 그들 작품의 대부분에 한글로 서명했다. 누가 어느 나라의 글이나 기호로 자기의 이름을 쓰는지는 지극히 그 사람이 결정할 문제이기는 하다. 그러나 한국 화가가 한국에서 한국인의 시선을 위해서 그린 그림에 한국 글자로 된 이름을 찾을 수 있음이 적어도 나에게는 가장 마땅하고 자연스럽게 여겨진다. 그래서 나는 한국의 예술인들이 예술 작품 속의 서명 또는 도장 속의 이름을 한국 글자로 쓰거나 파기를 호소한다. 중국 글자로 해 봤자, 한국인들이 한국 글자보다도 더 잘 알아들을 리가 만무할 뿐만이 아니라, 중국인이나 일본인이 읽을 때에는 자기네들 발음으로 읽기 때문에 마침내는 이름을 가는 결과밖에 되지 않는다.

일본이나 대만에 입국하려면 공항에서 입국 서식에 필요한 사항을 적어

바쳐야 한다. 이 서식에는 이름을 영어와 한자로 적도록 되어 있다. 나는 흔히 모르는 체하고 영어로만 적는다. 출입국 관리는 거의 예외 없이 한자 이름 공란을 가리키면서 한자 이름을 적으라고 한다. 나는 한자 이름이 없다고 우긴다. 그러면 거의 예외 없이 내 여권의 한글 이름 다음의 괄호 속에 있는 한자 이름을 가리킨다. 나는 그것이 내 나라에서 쓰이는 내 이름이 아니라, 내 이름의 소리를 나타내는 선택적인 기호에 지나지 않으며, 그 앞글자가 내 이름이라고, 그리고 그 글자는 영문으로 이렇게 소리 난다고 영문 이름을 가리킨다. 그래도 괄호 속에 한자를 적어 넣으라고 우기면 나는 이 한자를 한번 그 나라 말로 읽어 보라고 부탁한다. 이 세 글자는 일본에서는 일본식으로, 대만에서는 대만식으로 소리 난다. 나는 그것이 내 이름의 소리가 아니라고 하면서, 그리고 그 나라에서 내 이름을 함부로 갈 권한이 없다고 하면서, 그러나 공손하게 한자 이름란에 한글로 이름을 적는다.

대만 출입국 관리의 머릿속에 '우리가 가르쳐 준 한자를 제쳐 놓고 무슨 수작이냐'는 비웃음이 떠오르지 않는다는 보장이 없다. 일본 출입국 관리의 무의식 속에, 한국인의 이름은 한자로 적어서 자기식으로 읽으면 된다는, 그래서 따지고 보면 우리 이름이 일본어에 동화되기를 요구하는 사고방식이 도사리고 있지 않다는 보장도 없다. 그의 사고방식 속에는 아마도 '한국에서 온 놈이 무슨 외국인이라고 영어로만 적고 한자 이름을 적지 않아!'라는 아니꼬움이 도사리고 있을지도 모른다. 그러나 그가 이 경우에 아니꼬워하는 마음을 가졌다면, 이는 그들의 마음속에 한국인은 일본에 동화됨이 마땅하다는 생각이 미리 잠재해 왔음을 뜻한다. 그들의 이 기대에 저항하지 않으면, 아니, 그들의 사고방식에 문제가 있음을 일깨워 주지 않으면 그들의 마음속에 이러한 생각이 영속하리라.

실로 우리 이름이 우리 이름임은, 비록 한자로 적혔더라도, 첫째로 특정하게 소리가 나기에 우리 이름이다. 획수가 몇인 특정 글자를 써야 우리 이름인 것은 둘째 문제이다. 얼핏 생각해서 그렇게 여겨지지 않는 것은 인습의 마술 때문이다. 사람들이 남의 이름을 소개받을 때에 굳이 한자를 따지는 것은 단순한 언어적 습관에서가 아니면, 한국말로 발음할 때에 같은 소리가 나는 여러 중국 글자 중에서 한 글자를 골라내어 그 글자의 뜻을 연상함으로써 그의 이름을 더 잘 기억하려는 시도에서이다. 이는 마치 우리가 영어를 배울 때에, 남새를 뜻하는 '베지터블(vegetable)'이라는 말을 기억하려고 '배추 다발'을 연상하는 것하고 통한다. 그러나 만일에 우리가 소리로만은 뜻을 못 이루는 한자 이름 대신에 '차돌이' 같이 한국어로도 뜻이 있는 이름을 가지면, 남이 우리의 이름을 기억하려고 딴 수단을 동원할 필요가 자동적으로 없어진다.

사람의 이름은 모국말로 적힐 때에 가장 뜻이 있다. 그리고 모국말로 지어졌을 때에 가장 큰 뜻이 있다. 그래서 '철수'보다는 '마당쇠'가, 그리고 '영희'보다는 '예쁜이'가 나는 더 좋다. 내가 존경하는 어느 어른은 최근에 그의 호를 '죽포' 대신에 '대밭'이라고 하기로 거의 결정했다고 한다. 앞으로 한국의 많은 위대한 예술 작품에 적힌 작가의 이름 가운데에 마당쇠나 예쁜이가 보였으면 좋겠다. 이름 자체가 마음에 들어서뿐만이 아니라, 마당쇠가 되기가 부끄럽지 않은 작가에게서 마당쇠다운 작품이 나올 것이 틀림없을 듯해서이다.

어버이에게서 흙냄새가 풍기는 이름을 얻은, 젊거나 어린 사람들이 요즈음에 여기저기에서 엿보인다. 나는 외국 공항에서 자기 이름이 아닌 이름을 자기 이름으로 내세울 필요도, 무슨 한자로 적는지를 남에게 설명할 필요도 없어지는 소극적인 이유에서뿐만이 아니라, 자기 이름이 한국말로 무엇을 뜻하는지를 외국인에게 설명해 줌으로써 소개받는 그 사람의 기억에 그 이름이 오랫동안 살아남을 수 있다는 적극적인 이유에서도, 이러한 이름을 얻은 사람들이 우리 주위에 가득 차기를 바란다.

천구백칠십삼년, 배움나무

경상도 사투리

소설 속의 인용문에서가 아니면 우리 나라의 모든 인쇄물에 찍혀 나오는 글은 서울말로만 되어 있다. 부산의 신문 기자도, 광주의 수필가도 말은 경상도말로, 전라도말로 하지만, 글은 서울말로 쓴다. 이것은 서울말을 표준말로 보급하려는 교육 정책과 깊이 연관이 되어 있다.

부산의 방송국에서도 아나운서가 되려면 서울말을 티 없이 할 수 있어야 한다. 그와 대담하는 부산의 유지는 바로 몇 분 전까지는 그의 식구와 부산말을 했으면서도 아나운서 앞에서는 서울말 시늉을 해야 한다. 이와 같은 서울말 우대 정책은 지방 '사투리'를 어미말로 사용하는 사람들에게 흔히 열등 의식을 심어 왔다.

얼마 전까지도 서울의 버스 안에서 말을 주고받는 경상도 사람들은 말하는 대신에 소곤거렸다. 경상도 사투리 열등 의식 때문이었겠다. 그러나 근래엔 이변이 일어났다. 서울의 경상도 사람들은 이제 더 이상 소곤거리지 않는다.

그들은 이제 남이 듣거나 말거나 경상도 사투리로 '소신껏' 이야기한다. 서울에 와서 성공한 경상도 사람들이 많아져서 소외감을 덜 느끼기 때문일지도 모른다.

이것은 참 좋은 현상이다. 모든 지방 사람들이 객지에 가서도 열등 의식이나 소외감 없이 소신껏 제 고장 말을 할 수 있는 날은 빨리 올수록 더 좋다.

지난 서른세 해 동안의 교육 정책은 그런대로 국어의 통일에 상당한 공헌을 했다. 그러나 바로 이 정책으로 말미암아 역사가 물려준 훌륭한 어휘를 오로지 서울에서 쓰이지 않는다는 이유로 따돌렸는가 하면, 논리적인 사투리 표현을 업신여기고 일본 제국주의자들이 오염시킨 서울말 표현을 부산히 떠받들기까지 했다.

국어는 더 통일되어야 한다. 그러나 획일화보다는 융합으로 통일되어야 한다. 표준말이 '으'와 '어' 같은 모음이나 자음의 음가에 보편적인 소리를 보급하는 것은 좋은 일이다. 그러나 '자기'라는 뜻의 '이녁' 같은 어휘를 사투리라고 해서 무턱대고 내팽개치고, '했습니다' 대신의 '했심더'와 같이 더 발전된 언어 형식일지도 모를 서술어의 활용을 얕잡아 보는 것은 옳지 않다. 지방말의 어휘나 표현이나 형식을 과감하게 양성화하여 자랑스런 한국말의 일부분으로 등록해야 할 날이 올 성싶다.

천구백칠십팔년, 국제신보

그들은 이렇게 먹고 입고 산다

조선 왕조 말기부터 서울의 지도층 사이에서 외치기 시작한 개화 사상과 이 나라를 강점하여 지배한 일본 제국주의자들의 한국 문화 말살 정책은 목적이야 서로 달랐지만 신식 숭배 바람을 이 나라 민중의 머릿속에 불어넣기로는 마찬가지였다. 그리하여 일본 제국주의자들이 저희들의 속셈을 채우느라고 한반도에, 서울에 재촉한 변화와 그전부터 개화주의자들이 이 땅 사람들에게 받아들이자고 당부하였던 변화가 적어도 겉으로는 크게 일치하여, 일본화와 일본식의 서구화가 큰 저항 없이 서울에서 득세하였다. 그러는 동안에, 신식 문물이 비판 없이 받아들여지고, 구식 문물은 좋은 것마저도 부끄러운 것으로 치는 풍조가 일었으니, 서울에서 전통 문화가 와해되기 시작한 때는 이마적이 아니라 일본 제국주의 시대였다.

서울 사람을 지배하는 문화 형태

팔일오 해방을 누리고 육이오 난리를 겪은 뒤로 서울 사람들은 미국 문화와 미국식 문화를 새로운 생활 규범으로 받아들이기 시작했다. 그 뒤로 '조국의 근대화'의 깃발이 나부끼며 온 나라의 땅거죽이 파헤쳐지고 자본주의 경제가 거대한 생산 기구를 낳기 시작하던 육칠십년대부터, 한일 국교 '정상화', 대량 생산, 대량 소비, 교통과 통신의 발달, 도시화에 따른 인구 집중, 그리고 무엇보다도 텔레비전의 보급으로 이 도시에 이른바 대중 문화가 본격적으로 성장하기 시작하였다.

대중 문화란, 천구백오십칠년에 디 맥도널드가 〈대중 문화 이론〉이라는 논문에서 발표한 서양 문화의 풀이에 따르면, 지배 계층이 누려 온 고급 문화와 민중 사이에서 저절로 꽃핀 토박이 예술과 구별되는 문화로, 자본주의 경제 체제의 여러 힘들이 미친 현대 사회에서 대량 매체의 부채질을 받아 '위'가 '아래'에게 먹인 것이고, 기업인과 기술인이 제작한 것이며, 그 수용자, 곧 시키는 대로 말 잘 듣는 소비자의 등질화된 문화이다. 이런 문화의 분류를 이 나라에도 적용하려면, 우선 그 '토박이 예술'의 개념을 '토박이 문화'로 확대하여야 할 듯하다. 민중 사이에서 저절로 꽃피었기는 하되 예술의 영역에 갇히지는 않은 것, 이를테면 티야 많이 묻었지만 '한국말' 같은 것이 전통 문화 유산의 중요한 몫으로 엄연히 남아 있기 때문이다. 그리하여 왕조 시대의 양반, 식자, 부자가 누리던 중국식 문화 소산, 곧 현대 사회에까지 남아 있는 유교 윤리, 사서 삼경, 궁중 음악 같은 것이 고급 문화의 소산이고 굿거리와 판소리와 지은이를 알 수 없는 고대 소설이 이 토박이 문화의 유산이라면, 팔십년대에 이 나라의 젊은이들에게 소리의 영웅이 된 조용필 씨는, 비록 그가 부르는 노래 〈못 찾겠다, 꾀꼬리〉의 이름이 이 나라의 민속 놀이인 숨바꼭질에서 나왔을망정 대중 문화의 아들이라고 할 수 있겠다.

그러면 일본 제국주의 시대에 서울에 심긴 일본 문화와 일본식 서구 문화, 팔일오 해방 뒤로 오늘날에 이르기까지 줄곧 서울에 번진 미국 문화, 또 한일 국교 정상화 뒤로 스며든 새 일본식 서구 문화가, 그리고 팔일오 뒤로 번진 미국 문화가 ―토박이 문화는 분명 아닐 터이니 그 갈래는 제쳐 놓고 묻자면―서울 사람들에게 고급 문화의 구실을 하였을까, 대중 문화의 구실을 하였을까? 일본 제국주의 시대에 이 도시에 접붙여진 일본 문화의 몇몇 양식이 조선 왕조 시대의 중국 문화를 대신하여, 또는 거기에 덧붙여져서 서울의 새 고급 문화 양식으로 등장하였을 터임도, 이 도시에 버려진 미국 문화 꾸러미 속에 고급 문화 양식인 서양의 고전 음악, 새 고급 문화 규범으로 등장한 서양식 예절 같은 것이 들어 있었음도 사실이다. 그러나 개화기 때부터 오늘까지 주로 이 두 나라에서 들어온 외래 문화는 흔히 서울에 다다라 포장이 풀리기 전에 이미 제 나라에서 대중 문화의 딱지가 붙은 것들이었다. 이것들이 더러는 과분하게 고급 문화 대접을 받기조차 하면서 이 도시에 그대로 번졌고, 고스란히 새끼를 치거나 튀기를 낳거나 변신을 하거나 하면서, 오늘날에 번진 서울의 대중 문화의 큰 몫을 차지하게 된 것만은 사실이다.

아무튼 여기까지 살핀 세 형태의 문화 유형이, 곧 고급 문화와 토박이 문화와 대중 문화가 오늘날에 서울 사람들이 사는 세상살이의 어떤 국면에 정확히 해당하고, 정확히 어떤 비율로 요즈음 서울 사람들의 생각과 느낌과 행동을 지배하는지는 아무도 모를 일이다. 다만 과거의 상류 사회에서 주로 누리던 고급 문화와 과거의 민중 사이에서 저절로 형성된 토박이 문화가 오늘날까지 그 목숨을 이어 온 것이야 사실일망정, 그것들이 육칠십년대부터 본격으로 성장하여 팔십년대에 더 빠른 속도로 확산되어, 어쩌면 오늘날 서울에 번진 변화의 원인도 되고 결과도 될 대중 문화보다는 서울 주민들이 누리거나 겪는 삶의 겉모습에서는 덜 두드러져 보이는 것만은 분명할 듯하다. 팔일오 때부터 팔십년대 초기까지의 서울 사람들이 사는 세상살이를 다루는 이 이야기에서 주로 서울 사람들에게 번진 대중 문화의 영역이, 또 그것과 크게 얽히고설킨 여러 변화가 다루어질 터임은 그 때문이다.

잃어버린 도포

팔일오 해방이 되고 사십 년도 채 안 지난 오늘날의 서울에서 한복은 극히 소수만이 입는 옷으로 지위가 떨어졌다. 일본 제국주의 시대부터 길들여진 대로 '부끄러운' 한복을 벗어 던지려는 풍조가 줄곧 이어져 왔기 때문이다.

서울에서 한복을 입는 남자는 이제 가뭄에 난 콩이 되었다. 우선, 늘 한복만 입는 이로는 주로 노인밖에 없다. 대부분이 취직한 아들딸 따라 시골에서 서울로 올라온 이들이기 쉬운 그들은, 여름에는 주로 중의 적삼에 조끼만, 그리고 나머지 철에는 바지저고리 위에 마고자만 입기 십상이고, 두루마기를 입더라도 공장에서 나온 화학 섬유로 만든 기성복이기 쉽다. 이들은 대개 머리를 빡빡 깎거나 하이칼라 머리를 하고, 그것도 흔히 '양복쟁이' 장년이나 노인이 그러하듯이 검정색 물을 들인다. 그리고 육십년대까지도 보이던 다른 유형의 '한복쟁이', 곧 더러 짙은 양복천으로 지은 두루마기에나마 제대로 지은 한복을 받쳐입고 중절모자를 눌러쓴 청년이나 장년은 팔십년대에는 별로 보이지 않고, 이런 나이의 남자들이 비록 명절 같은 날에 한복을 입더라도, 뜯어서 다듬이질할 필요 없이 통째로 빨아서 입는 화학 섬유 바지저고리에 야하게 짙은 빛깔—주로 짙은 옥색, 분홍색, 자주색 또는 고동색—의 조끼와 마고자를 입기가 고작이다. 그러기에 무슨 텔레비전 노래 자랑 대회 때면 거기에 참가하는 외국 남자들이 진정코 제대로 된 한국 옷차림인 줄로 오해하고 그 '애국적인' 꼴을 하고 나온다. 그러니 팔십년대의 서울에는, 계룡산에서 올라온 소수 종교 교주나, 시골에서 손자 찾아온 고집 센 노인이나, 무대에서 판소리를 하는 박동진 씨가 아니면, 바지저고리 위에 마고자와 도포를 입고 망건과 갓을 쓰고 행전 친, 당당한 한국 남자의 정장을 한 사람은 거의 한 명도 없다고 보아야 하겠다.

눈부신 치마저고리

서울 여자들의 한복도 운명이 남자 한복하고 크게 다르지 않다. 다만 남자의 경우보다 더 많은 노인이 양장을 마다고 치마저고리를 고수하기는 한다. 그러나 이 노인들도 대체로 전통이 전해 준 우아하고 가라앉은 옷 빛깔을 마다고 공장에서 나온 요란한 빛깔의 옷으로 지은 한복을 입고, 양장한 노인들도 그러기 쉽듯이, 흔히 하얀 머리에 검정물을 들인다. 그리고 이 도시에는 한복을 입는 '아주머니'들도 한복쟁이 '아저씨'보다는 더 많다. 그러나 젊은 처녀나 젊은 부인들은 거의 다 한복하고 담을 쌓았다고 봐야 할 듯하다. 이 젊은 여자들은 기껏해야 명절 때나, 사은회 때나, 고궁에 떼 지어 가서 사진 찍을 때에 되도록 원색에 가까운 눈부신 옷감으로 치마저고리를 지어 입고 나들이를 할 따름이다. 또 팔십년대에 서울에서 한복을 입는 여자들은 고무신 제조 회사들이 만들어다 시장에 부려 놓고 신으라고 '분부'

한 대로 구두처럼 뒷굽이 높은 고무신이나 신식 꽃신을 흔히 사다가 신는다. 일제 시대에 갖신의 몸을 받아 나왔던 고무신이 칠십년대 말엽까지 서울의 거의 모든 여자와 남자 노인의 한복에 따라가는 '조선 신' 구실을 하다가, 가치 기준이 크게 서양식이 된 오늘날에 와서 키 열등감에 걸린 현대 한국 여자의 비위를 맞추려는 장사꾼들의 속셈에 따라 굽이 높아지기 시작한 것이다.

팔십년대 초에 번진 여자 한복에 나타난 특징이 몇 가지 있다. 저고리로 말하자면, 동정이 좁아졌고, 양장을 한 서양 여자들처럼 되도록 가슴팍을 많이 드러내려는 이들의 소원대로 깃이 길어졌으며, 소매를 쳐들면 겨드랑이가 보일락하게 진동 밑의 길이가 짧아졌다. 치마로 말하자면, 서양의 플레어 스커트처럼 아래쪽이 깔때기 꼴로 펑퍼짐하게 보이도록 치마폭을 사다리꼴로 만들고, 전통의 홑치마와는 달리 안감을 대어 겹치마나 세 겹 치마로 만든 것이기 쉽다. 게다가 서로 빛깔이 다른 천을 수평으로 여러 층 엮어 만든 치마까지도 나왔다. 그리고 옛날에 머리와 어깨 위에 걸치던 나들이 겉옷인 쓰개치마, 장옷 또는 처네의 몸을 이어받아 일제 시대부터 사일구까지 유행하던 여자 두루마기는 오일륙 혁명 무렵부터 점차로 사라지기 시작하여 근래에는 완전히 없어지다시피 했다.

물들인 군복과 비싼 헌 옷

서울 사람들의 양복은 한복에 역비례하여 보편화되었다. 또 일정 시대부터 이런 역비례의 변화가 이 나라에서 가장 빠른 속도로 번진 곳이 서울이다. 일정 시대에는 근본적으로 군복인 '국방복'이 신사복과 함께 남자들 사이에 번지더니 팔일오 해방이 되고 나서는 양복감이 드물어 마카오 밀수꾼과 줄이 닿지 않은 서민은 무명천, 삼베 같은 것으로도 양복을 지어 입기도 하다가, 육이오 난리 뒤로는 화학 약품으로 탈색시키거나 검정물을 들인 미국 군인들의 군복이, 또는 그것들을 뜯어 새로 짓거나 고쳐 만든 옷이 보통 남자의 양복으로 둔갑하였다. 그러나 오십년대 후반부터 있는 사람들은 밀수꾼의 손과 피엑스에서 흘러나온 외국 천으로 양복을 많이 지어 입었고, 보통 사람들은 국산 양복 천으로 지은 양복 또는 좀 더 비싸나마 미국 구호물자로 들어온 헌 양복을 즐겨 입었다. 그러다가 육십년대부터 국산 양복감의 품질이 현저하게 개선되고 기업체들의 광고로 소비가 부추겨져서 많은 서울 남자들이 말쑥한 양복 차림을 할 수 있게 되었다. 다만 많은 노동자들과 대학생들은 계속해서 물들인 군복을 평상복으로 입었다. 그 뒤로 칠십년대 후반기에 들어 큰 기업체에서 국산 기성복을 만들어 팔기 시작하였으니, 사람들은 몸에 꽤 잘 맞는 신사복과 막옷을 가게에서 사 입기 시작하였다.

서울 사람들은 일정 시대부터 육이오 난리 뒤까지는 주로 깃이 넓은 양복 저고리를 입다가 육이오 난리가 끝난 뒤부터는 깃이 좁은 양복 저고리를 입었다. 이처럼 깃이 좁은 양복 저고리는 어깨가 자연스레 처지고 품이 펑퍼짐한, '내추럴'이라고 부르던 것으로 좁은 넥타이를 매고 입는 상의였다. 그러다가 육십년대 중반부터 깃과 넥타이가 점차로 다시 넓어지기 시작하고 어깨가 올라오고 품이 잘록한 양복 저고리, 곧 콘티넨털이 번지더니, 팔십년대부터는 다시 깃과 넥타이가 좁아지기 시작했다. 이런 저고리들이 그 동안에 등이나 옆구리가 트이기도 하고 막히기도 하고 앞 단추가 세 개 달리기도 하고 두 개 달리기도 하는 변화를 겪었던 것은 말할 나위도 없다. 그리고 이런 양복 저고리의 변화와 함께, 그 동안에 바지도 변화가 다양했다. 오십년대 중반부터, 특히 젊은이들 사이에 나팔바지, 곧 허벅지는 꼭 째고 무릎 아래는 나팔처럼 확 퍼진 바지가 유행하더니, 그 뒤로 가랑이 좁은 홀태바지가 유행하기도 했다. 바짓가랑이가 길어지기도 하고 짧아지기도 했다. 허리춤이 높아지기도 하고 낮아지기도 했다. 허리춤에 주름이 접혀지기도 하고 없어지기도 했다. 또 가랑이 끝에 '가후라'를 넣기도 하고 없애기도 하다가 팔십년대 초기에는 거의 모든 서울 남자의 바짓가랑이에 가후라가 없어졌다.

오십년대 말엽까지 서울 남자들이 입는 양복은 색깔이 거의 다 회색, 검정색 또는 남색이었다. 이 전통은 육십년대부터 점차로 무너져 가라앉은 중간색이 보편화되었다. 다만 공무원과 국영 기업체의 직원만은 보통 사람들보다 더 짧게 깎은 머리와 함께 아직도 회색, 검정색 또는 남색의 양복을 고수하고 있어, 어디에서나 그 정체가 금세 드러나기 쉽다.

이토록 신사복 차림이 흔해졌음에도 아랑곳없이, 서울에는 늘 이녁의 모습이 남들의 모습과 일치하는 것을 마다는 집단들이 있어 왔다. 이를테면 일정 시대부터 미술인들은 무늬 있는 허름한 양복 저고리를 넥타이 없이 입고 '빵모자'를 쓰고 담배 파이프를 물고 다니는 이가 많았다. 잘 차려입기를, 아니, 잘 차려입은 듯이 보이기를 마다는 이 사람들은 흔히 텁수룩하게 보이려고 애써 미제 '골덴' 양복을 구해 입기도 하여, 잘 차려입기에 드는 돈보다도 더 비싼 지출을 하기가 십상이었다. 이들의 이 '선구자다운' 풍습은, 반체제, 반기성세대, 반전쟁 사상의 깃발을 들고 머리 길게 기르고 누더기 입고 아기 낳아 등에 업고 맨발로 다니던 미국 히피 세대의 지원을 주로 일본을 통하여 뒤늦게 받아, 큰 기업체들이 기성복을 시장에 내다 팔기 시작하던 칠십년대 후반부터 이 도시의 남자 사이에 번진 격식 없는 옷차림으로 발전하였다. 그리하여 그전에는 형사들이나 입고 다니는 것으로 알려졌던 '잠바(점퍼)'나 육십년대의 재건복을 닮은 사파리 재킷이, 미국 군복을 닮게 만들어진 양복 바지저고리가, 바지하고 저고리가 서로 빛깔이 다른 '콤비네이션'이 유행하고, 또 젊은이들 사이에 가슴팍과 등에 되는 소리, 안 되는 소리의 영어 글자를 박아 넣은 티셔츠와 미국식 쪽색 바지인 블루진이, 그것도 오래 입어 무르팍이 바래고 가랑이 끝이 해진 듯이 만들어져 나온 미국 제품이나 그 한국형 동생이 번졌다. 그러니 검약스러워 보이려고 돈 지출을 많이 해 온 세대가 오늘의 젊은이인 셈이다. 그들은 기성세대의 형식을 벗어나려고 시도하여 또 하나의 형식을 낳은 셈이다. 이런 형식 탈피의 시도가 다른 형식주의를 낳는 현상은 젊은이들의 옷가지에 국한된 것도 아니다. 평소에는 신사복을 차려입는 서울의 장년과 노인 들도 주말에 골프장에 갈 때에는 반드시 호주머니가 특수하게 달린 골프 바지와 왼쪽 가슴팍에 악어 수를 놓은 골프 셔츠를 입고 테 좁은 골프 모자를 써야 하는 것으로 알고 있고, 등산길에 나서려면 거의 한결같은 등산복과 등산 장비를 갖추고 나서야 하는 것으로 알고 있다. 그러니 오늘날에 서울 남자들의 복장은 겉으로 보면 매우 다양한 듯하면서도 들여다보면 이처럼 획일화해 있는 것이다.

몸뻬와 배기 팬츠

서울 여자들의 양장도 일정 시대로 그 뿌리가 거슬러 올라간다. 그러나 주로 '신여성'들이 시작한 양장 차림은 일제 시대에는 소수만이 즐기던 호사였다. 이런 여자들이 이런 신식 호사를 즐길 적에, 서울의 많은 서민 계층 여성들은 노동복으로 일본식 '몸뻬' 바지를 입었으니, 이 습관은 오늘날의 서민층에까지 이어져 오고 있다.

양장이 서울에 더 많이 번지기 시작하기는 팔일오 해방 뒤부터였다. 유별나게 잘 차려입는다 해야 '유똥'과 '비로드'로 한복을 지어 입던 여자들 사이에 용감하게 양장 차림을 시작한 신식 여자들이 불어났던 것이다. 그리고 특히 육이오 난리 뒤로 거세게 불어온 미국 바람이 서울 여자들에게 양장 차림을 재촉했던 것은 말할 나위도 없다. 이때 서울에 양장을 본격적으로 번지게 한 진보주의 여성 세력은 두 파였으니, 하나는 부유층과 지배 계층의 부녀자들이었고, 또 하나는 주한 미군에게 몸을 파는 여성들과 그밖의 바람난 처녀들이었다. 지배 계층의 부녀자들은 일본과 미국의 밀수품과 닿는 이런저런 연줄로, 그리고 몸팔이들은 미군들의 수고로 외제 옷을 얻어 입을 수 있었으니, 이들의 차림새와 미팔군에서 흘러나온 시어스로벅 카탈로그 또는 여러 일본 잡지에 나오는 여자 옷차림새가 서울에 번진 미국식 양장의 본이 되었다. 그리하여 요즈음의 수준으로 보면 보수적이지만, 그때의 수준으로 보아서는 엉덩이 튀어나오고 젖가슴 도드라져 보이게 하여, 보수 기독교인의 용어를 빌리자면 '말세'의 도래를 재촉하는 여자 복장이 서울에 번졌다. 그때의 여자들은 대체로 굽이 높은 뾰족구두를 신었으며, 여름철이면 한복을 입은 여자들도 흔히 그랬듯이, 파라솔을 쓰고 나들이를 했다.

이런 양장도 그 뒤로 시대에 따라 유행이 바뀌었다. 대체로 그전까지는 치마의 길이가 무릎부터 아랫다리 중간까지의 사이를 왔다 갔다 하던 '미디' 이더니 육십년대 말기부터 점차로 허벅지까지 드러내 놓는 짧은 미니 스커트가 유행했고, 칠십년대 초반에는 갑자기 길이가 복사뼈에 이르는 '맥시' 치마와 외투가 번졌다. 그러다가 팔십년대 초기까지 미디, 미니, 맥시가 공존해 왔다. 한편으로 여자의 아랫도리 옷으로는 바지도 있어 왔다. 대체로 오십년대까지는 요즈음의 수준으로 보면 보수적인 바지와 허리춤부터 가랑이까지가 몸에 찰싹 달라붙는 맘보바지가 유행하였다. 그리고 육십년대부터 여러 가지가 들락날락했으니, 칠십년대 초기에는 가랑이가 남자 팬티보다 더 짧은 '핫팬츠'도 나왔고, 칠십년대 중엽에는 허리부터 허벅지까지는 꽉 끼고 그 아래의 가랑이는 팔랑팔랑하게 벌어진 '판탈롱'이 나왔는가 하면, 칠십년대 말엽부터 오늘날까지에는 허리춤과 가랑이 끝은 꽉 째고 그 중간은 바람을 불어넣은 듯이 펑퍼짐한 '배기 팬츠', 곧 디스코 바지가 유행해 왔다.

칠십년대 후반부터 서울 남자들 사이에 번진 격식 없는 복장은 여자들 사이에도 번졌다. 그리하여 디스코 바지가 유행하는 오늘날에도 영어 글자 박힌 티셔츠에 블루진을 입은 젊은 여자의 수는 훨씬 더 많다. 한마디로 말해, 팔십년대 초기는 청년들이 입는 텁수룩한 것이면 처녀들이라고 해서 못 입을 것이 없다는 믿음의 시대이다. 그리하여 새 정부가 젊은 남자에게 머리를 길게 기르도록 허용한 오늘날에는 길을 걷는 두 남녀의 모습을 먼발치에서 보면 어느 쪽이 남자이고 어느 쪽이 여자인 줄을 얼른 가리기가 어렵게 되었다.

머리 염색과 성형 수술

쪽 찐 머리와 댕기 머리는 양장의 보급보다 더 빨리 없어졌으니, 비록 양장은 하지 않더라도 비녀 빼 던지고 머리 잘라 양머리를 한 여자의 수가 일찍이 육이오를 앞뒤로 해서도 양장한 여자의 수에 못지않았던 것으로 기억하는 이들이 많다. 이런 양머리도 일본 유행에 좀 뒤늦게 발맞추어 이리저리 바뀌다가 육십년대부터는 길고 짧은 '단발 머리'가 되어 유행하기 시작하더니, 부모가 세상을 뜬 때처럼 머리를 길게 풀어 뒤로 늘어뜨리는 여자들도 나왔다. 또 그때부터 뒤꼭지가 서양 여자들처럼 튀어나오게 보이도록 뒷머리를 부풀리는 귀부인들이 흔했는가 하면, 흰머리를 검게 물들이는 노인들과는 달리 검은 머리로 태어난 팔자가 부끄러워 머리카락에 노랑 물감을 들이는 여자도 많아졌다. 드디어 팔십년대 초기에는 이런 모든 머리가 공존한다고도 할 수 있으나, 무엇보다도—긴 머리는 긴 머리대로, 짧은 머리는 짧은 머리대로—속속들이 잘 지져져 새끼 양의 털처럼 곱슬곱슬하게 된 '퍼머' 머리가 가장 크게 유행한다고 볼 수 있겠다. 그리하여 머리를 치렁치렁하게 딴 처녀나 머리를 곱게 빗어 가르마 타서 뒤로 넘겨 곱게 틀어맨 부인은, 그런 머리 모양을 전통에서 이어받음 직한 서울의 신식 여자 사회에서보다는 오히려 양장의 본고장인 서구 사회에서 더 쉬 볼 수 있게 되었다.

서울 여자들이 옷을 양장으로 바꾸어 온 것에 비례하여 성형 수술이라는 의사들의 재주도 일본 의사들의 재주를 바짝 뒤쫓고 있다. 처음에는 민짜 눈두덩에 상처를 내어 꿰매 서양 여자 눈 위에 꼭 있는 쌍꺼풀을 내는 정도이더니, 그 뒤로 코가 서양 여자들처럼 더 우뚝하게 도드라지게 고치는 콧

등 수술, 눈이 또한 서양 여자들처럼 움푹 들어가 보이도록 눈두덩을 꺼지게 하는 수술도 있어 왔다. 이런 수술은 얼굴에뿐만이 아니라 가슴에도 했으니, 칠십년대 후반기부터 펀펀한 젖가슴을 부끄럽지 않게 생각하는 바람이 불어 브래지어의 스펀지 받침이 사라지기 시작할 때까지는 젖가슴을 부풀려 올리는 수술도 성했다. 드디어는 나이 든 여자들의 주름살을 펴려고 볼때기를 양쪽으로 밀어내어 남은 부분 도려내고 꿰매는 수술인, 이른바 페이스 리프팅까지도 드물지 않게 되었다. 이 모든 것들은 한편으로는 더 아름다워지려는 여자의 갈망에서 나왔다고 할 수도 있고, 또 한편으로는 이녁의 성적인 매력을 한껏 부풀리려고 하는 동물다운 욕망이 표출된 것이라고도 할 수 있겠다. 하기야 지난 열 몇 해 동안에 이런저런 얼굴 수술을 받은 이로 남자들도 많아졌고 그들 사이에는 자지의 살갗 속에 보석 같은 단단한 알갱이를 박아 넣어 오톨도톨한 촉감을 창조해 내는 수술을 받는 이들조차 있다고 하니, 이 도시에 대중 문화가 형성된 시기는 바로 성적 매력 확대의 시기라고도 할 수 있겠다.

너비아니가 가고 불고기가 왔다

사는 데에 필요한 세 가지 기본 요건 중에서 사람은 음식에서 가장 많이 보수성을 드러내기 쉽다. 아무리 세상에서 가장 좋은 것을 먹고 있는 사람도 그리워하는 것이 어릴 적의 고향 음식이다. 팔도 강산의 모든 사람이 저마다 제 고향의 김치가 가장 맛있다고 흔히 생각하는 것도 그 때문이겠다. 그리하여 팔일오 시절부터 오늘까지 옷도 집도 서양식으로 크게 바뀌었달 수 있는 서울에서도 음식만은 근본적으로 한식으로 남아 있다고 봐도 될 듯하다. 그토록 엄청난 생활의 변화에도 불구하고, 서울 주민 대다수가 아직도 수저로 밥 먹고, 밥과 국과 반찬으로 되어 있는 밥상을 받기 때문이다. 그러나 현대 서울 사람들의 먹는 모습을 좀 더 가까이서 들여다보면 거기에 엄청난 변화가 있었음을 알 수 있다. 그 까닭은, 첫째로 서울이 거대 도시가 됨과 동시에 생긴 인구 집중에, 둘째로 이런 인구 집중과 관련이 깊은 그 대중 문화의 형성에, 그리고 셋째로 농업과 수산업과 냉장-냉동 기술의 발달에 있다고도 할 수 있을 것이다.

팔일오 뒤로, 육이오 뒤로, 그리고 어느 때보다도 근대화와 개발의 바람이 세차게 불기 시작한 육칠십년대 뒤로, 서울은 북한과 남한의 여러 지방에서 고루 사람이 몰려든 곳이 되었다. 특히 영남과 호남으로부터는 성공이나 밥벌이를 하려고 인구가 대이동을 해 왔으니, 부자는 부자대로 또 서민은 서민대로 '남쪽' 문화와 그 생활 양식을 그만큼 서울로 끌고 올라왔다.

그리하여 바깥 인구가 늘어난 만큼, 서울 토박이들의 비율은 줄어들고 이 도시에 고유하게 전해 오는 생활 양식도 무게가 줄어들게 되었다. 따라서 이 도시는 다양한 출신의 주민들이 전주와 진주의 비빔밥도, 평양과 함흥의 냉면도 서로 함께 즐기는 화합의 처소가 되기도 하였지만, 대체로 서울 토박이들이 전통 사회에서 즐기던 덜 짜고 덜 매운 김치를 맛보기보다는 남쪽 사람들의 짜고 매운 '짐치'에 가까운 김치를—그것도 흔히 멸치젓국까지 넣은 것을—맛보기가 더 예사인 곳이 되기도 하였다. 그리하여 음식점에서 파는 것으로 말하더라도, 대구에서 올라온 '따로국밥'은 흔해도 무교동에서 팔던 '맑은장국'은 없어졌으며, 경상도의 '추어탕'은 많아도 서울 '추탕'은 드물고, 육이오 뒤로 전국의 음식점에서 파는 '곰국'의 이름을 제 이름에 동화시킨 '곰탕'은 드물고 '매운 곰탕'이 쌔고 쌨으며, 생선 찌개는 어디 가고 그 이름도 느닷없는 매운탕이 나왔다. 형편이 이런 터라 경상도식이나 전라도식의 '한정식'은 쉬 사 먹을 수 있어도 서울식 한정식을 파는 밥집은 없다시피 하게 되었다. 마침내 서울은, 본디 밥과 국을 더 많이 먹던 시골 출신 주민들이 밥보다 반찬을 더 많이 먹기 시작하고, 너비아니를 밖에 나가 새로 배운 대로 불고기라고 부르기 시작한 토박이들이 그 시골 이웃들의 밥상과 부엌에서 그전에는 못 보던 음식의 맛과 만드는 솜씨를 익히는 곳이 되었다.

이토록 도처에서 모인 서울 사람들은 비록 생활이야 크게 도시화했을지언정 마음의 뼈대만은 시골에서 굳힌 이들이다. 어찌 보면 돌확에다 확돌로 음식을 갈아 먹던 '신석기 시대'부터 산업 사회 시대까지 몇 천 년을 다 살아 봤다고 할 수 있고, 근본적으로 농경 사회의 아들딸인 이들은 삶의 지혜를 현대 과학에서뿐만이 아니라 흔히 흙에 더 가까웠던 옛날의 생활에서 찾는다. 그리하여 그들은 부자면 부자일수록, 병원에 입원하여서도 '양의사' 몰래 한약을 겸용하고, 공해와 속도에 시달린 도시 생활에서 몸보신과 '양기'를 위하여 그전에는 그저 말로만 들었기 쉬운 산삼, 인삼, 녹용, 사향, 또 물개의 자지인 해구를 구해 먹기도 하고, 뱀탕, 개소주, 흑염소, 토룡탕, 보신탕을 만들어 파는 집을 자주 찾고, 몸에 좋다는 온갖 신식 음식도, 이를테면 현미 식초, 율무, 들깨, 알로에 베라 같은 것들도 눈에 불을 켜고 사 먹는다.

빨리 먹고 빨리 뜨기

오늘의 '서울 시민'을 구성하는 사람들의 이질성에 이어, 서울 음식에 변화를 몰고 온 요소 또 하나로 대중 문화의 형성을 앞에서 들었다. 산업 사회의 분위기나 관료 조직의 입김으로 선택의 자유가 없이 주는 대로 받아먹고 등질화한 세상살이를 하는 사람들이 대중이다. 그리하여 누구나 모든 음식에 화학 조미료와 설탕을 치고, 가장 편리한 것이 가장 좋은 것이라고 믿는 가르침을 두루 받아 인스턴트 식품에 인이 박이게 되었으니, 일본식 라면이 그 빛나는 본보기가 된다. 똑같은 이치로, 대기업에서 일본의 공장 음식을 본떠 만든 공장 음식은 말할 것도 없고, 간장과 고추장과 된장과 밑반찬도 집에서 제 솜씨로 만드는 것이 아니라 흔히들 시장에서 구매하고, 팔을 휘두르고 함부로 다루어도 깨지지 않는 양은그릇, '스텐' 그릇, 플라스틱 그릇에 담아 먹는 세상이 되었다. 게다가 미국식 새것 숭배, 신식 숭배 바람이 불어, '새로 나온'이라는 표현이 생산 업체의 설득력 있는 광고 문안이 된 판이니, 제과 회사에서는 철철이 새 과자를 내놓고 있고, 가장 한국적인 음식을 판다는 기생집의 술상 위에도 햄과 소시지와 샐러드가 전이 헤벌레한 서양식 그릇에 부끄러움 없이 올라올뿐더러 조선 그릇으로 외상, 겸상 가려 상 차리는 법, 그 상 받아 수젓가락질 하는 법은 사라지고 양식기와 양음식의 이름을 외우고 나이프질과 포크질을 손에 익히고 집에 널찍한 홈바를 설치하여 여러 양주를 갖다 놓고 물에, 주스에, 콜라에 타 먹는 방법 터득하는 것이 새 상류 사회의 과제가 되었으며, 그와 함께 밖에 나가 사 먹는 고급 음식은 주로 호텔에서 파는 서양과 일본과 중국의 음식일 따름이게 되었다.

이와 같은 새것 숭배 바람은 이 도시에 많은 새 외국식 음식을 가져왔을

뿐더러 많은 새 서울식 음식을 창조시켰다. 텔레비전의 요리 강습이나 여성 잡지에 나오는 일본식 서양 음식 소개가 가정의 밥상에 놓이는 음식의 종류를 크게 변질시켰음은 말할 것도 없고, 옛날에는 집에서 싸 와 먹는 것이 더 경제적이었으나 이제는 밖에 나가 사 먹는 것이 더 경제적인 점심밥으로 월급쟁이들이 음식점에서 사 먹는 것으로만 하더라도 그전에는 듣도 보도 못했던 것들이 많다. 이것들은 대체로 빨리 나오고 빨리 먹어 치우는 음식이라는 데에 공통점이 있다. 주인 쪽에서 보자면, 품질은 안 보이는 것이니까 제쳐 놓고 우선 분량만은 많이 보이도록 하되 그릇 씻기 같은 데에는 되도록 적은 시간과 경비를 들여 되도록 싸고 빠르게 내놓아 어차피 성미가 급한 손님들에게 이것들을 빨리 먹어 치우고 가게 해야 그 자리를 다음 손님으로 빨리 채워 돈을 더 벌게 되는 것이다.

서울 토박이는 옛날에보다, 그리고 이 도시로 떠돌아 와 눌러 사는 사람들은 제 고향에서보다 잡곡이 훨씬 덜 섞인 밥을 먹는다. 비록 품질을 희생시키고 이룬 업적이기는 하지만, 오늘날 농촌 사회가 벼를 훨씬 더 많이 생산하기 때문이다. 이와 같은 농업의 발달을 수산업과 교통과 냉장, 냉동 기술의 발달과 함께 서울 음식이 크게 변화한 셋째 이유로 쳤다. 이런 발달로 옛날에는 제철에만 먹던 많은 음식과 그 재료가 한 해에 두루 먹는 음식으로 그 정체가 바뀌었다. 그리하여 이제 서울 사람들은 전국에 번진 온실 재배로 겨울에도 상추쌈을 즐기게 되었으며, 옛날에는 고립된 지역만의 별미이던 채소나 조개나 생선이 줄여진 시간과 공간을 타고 나는 듯이 이 도시 사람들의 부엌에 다다른다. 그리하여 서울 사람들은 팔도 강산의 거의 모든 음식을 철을 가리지 않고 누리면서도, 밥 먹기 전에 "일용할 양식을 주셔서" 고맙다거나 "물 한 방울에도 천지의 은혜가, 쌀 한 톨에도 만인의 노고가"

하는 기도 소리가 진정으로 허튼소리가 아닌, 독실한 기독교인이나 불교인이 아니면 오래 못 먹는 것이어서 반가운 음식, 고마운 음식이 그만큼 없어졌다. 그리하여 음식 고마워할 줄 모르고 "아, 배불러" 하는 아이를 꾸짖는 어른은 이제 눈을 비비고 봐도 드물다.

고대 광실의 도시

일정 시대부터 서울 사람들이 새 고급 문화의 상징으로 여겨 부러워했던 것이 일본식 주택과 양옥에 나타난 유리와 양철때기, 곧 함석이었던 듯하다. 그리하여 한옥의 대청마루와 툇마루 사이에 있는 분합문을 뜯어내고 툇마루 턱에 유리 미닫이를 달고 처마 끝에 양철 차양을 달기 시작했으니, 이것이 서울 사람들이 제 손으로 한 주택 개량 사업의 효시였을 것이다. 그리고 육이오 뒤부터 오늘날까지는 벽을 처마 끝까지 끌어내는 일, 바깥벽에 목욕탕 타일을 붙이는 일, 기둥, 도리, 들보, 서까래, 청널에 반짝이는 니스나 래커를 칠하는 일, 대문에 '스텐' 고리, '스텐' 못을 박는 일, 들보에 구멍 뚫고 샹들리에를 닮은 전등을 다는 일로 한옥 단장을 하였다.

이런 손질은 흔히 한옥을 부끄러워함에서 나왔으니, 사람들은 기회가 있기만 하면 이것을 헐거나 팔아 더 따뜻하다는 양옥을 짓거나 사려고 하였고, 관료 조직은 관료 조직대로 '한옥 무리'를 부끄러운 것으로 치는 수도 있었으니, 몇 백 년 묵었던 당주동의 아름다운 한옥 골목을 재개발 지구로 지정하여 헐어 내고 팔십년대 초에 거대한 아파트 건물을 세운 것이 그 한 증거이다. 그리하여 오늘날에 서울의 한길에서 한옥 지붕을 보기는 아주 어려워졌으니, 길가의 한옥에 무슨 전을 벌였다고 하더라도 그 처마 위에 큰 간판을 세워 그 시설의 한옥 됨을 가리고 있다. 마침내 서울은 거의 양옥으로 가득 찬 도시가 되었으니, 해방 뒤로 오늘날까지 한옥을 제대로 새로 지은 이는 홍지동에 살다 세상을 떠난 서예가 손재형 씨, 성북동의 화가 서세옥 씨뿐이다.

흔히들 꾸불꾸불한 서까래만 보고 한옥이 도나캐나 지은 집인 줄 잘못 알고 있으나, 이 조선집은, 특히 서울의 기와집은 근본적으로 오차를 허용치 않고 지은 집들이었다. 우선 한 푼의 오차라도 생기면 기둥과 도리의 사개가 맞지 않는다. 배가 죽어 굽어 보이는 들보의 곡선도 수없이 많이 친 먹줄의 정교한 기하학 직선으로 만든 것이다. 천장에 보이는 대범한 양감도, 문살에 나타나는 섬세함도 다 세련된 눈의 현대 감각에도 어울리는 요소들이다. 그러나 한옥의 도태와 함께 이렇게 한옥을 짓는 목수의 정교한 솜씨도, 한옥에 배어든 서울 사람의 심미안도 급속도로 사라졌다.

한옥의 구조는 치수가 엄격한 칸살의 제약을 받는다. 그러나 본디 일본 사람이 남기고 간 일본식 양옥과 미군의 군사 시설을 본으로 삼아 지었던 서울의 양옥은 칸살의 교통 위반을 하고 벽돌이나 콘크리트를 써서 근본적으로 어디에나 벽을 칠 수 있는 자유로운 구조의 건물이었다. 그리하여 오차가 생겨도 끝마무리만 적절히 하면 별로 들통이 나지 않는 그럴싸한 건물이 되었다. 그 유명한 날림집의 역사는 어쩌면 여기에서 비롯되었을지 모른다.

서울에 이런 양옥 바람이 드세게 불기 시작한 때는 아무래도 육십년대로 봐야 할 듯하다. 그전까지는 주로 벽돌집을 짓더니, 이때부터는 지붕이 펀펀한 콘크리트 집, 곧 이른바 슬래브 집이 크게 번지기 시작했다. 그리고 칠십년대부터는 그때에 대통령이던 이가 슬래브 집 천지인 서울의 경관을 나무라기도 했고 해서 물매 있는 지붕의 양옥, 곧 그 새마을 주택을 닮아 푸른 기와를 얹었고, 지붕이 '들 입' 자 꼴로 되어 용마루가 두 겹이고 어느 한 모퉁이가 두부모 잘리듯이 기역 자 꼴로 잘려 나간 집이기 쉬운 주택이 번지기 시작했다. 또 칠십년대 말기부터 오늘에 이르기까지는 바깥벽에는 흰 칠을 하고 지붕은 벽돌색 기와를 얹은 이른바 스페인 집이 유행하고, 건축인 김수근 씨가 설계하여 여러 해 전부터 선보인 집들의 영향을 받아 많은 새 집들의 모습이 회색 벽돌, 헌 벽돌, 빨간 벽돌로 되는 경향이 있는가 하면, 또 바깥벽과 담에 돌을 덧대는 경향도 생겼다.

이처럼 지난 스물 몇 해 사이에 서울에 지어진 양옥들의 안팎에는 두루 통하는 특징이 있다. 하나는 서로 싸우는 이질적인 재료들로 지어서 울긋불긋하고, 필요치 않은 치장을 너무 많이 해서 들쭉날쭉해 보여 얼른 보아도 분위기가 어지럽다는 것이다. 아름답게 보이게 하려고 애써 한 일 자체 때문에 많은 집들이 오히려 덜 아름답게 된 것이다. 그 특징 또 하나는 비록 집은 한 채이지만 그 내용으로 말하자면 한옥과 양옥 두 채인 셈이라는 것이다. 양옥으로 지었지만 신 벗고 들어가는 한옥이며, 바닥에 앉아서 생활하는 온돌방과 서서 또는 의자 위에서 생활하는 마루방, 식당, 부엌, 측간의 겹구조로 되어 있다는 말이다. 그리하여 의자에 앉아서 양식 식탁의 '겸상' 한식을 먹기도 하고, 온돌방 위에 침대를 들여놓기도 하는 것은 동서 문화를 융합하는 것이라고 할 수 있겠으나, 작은 마루방에라도 응접 세트는 꼭 들여놓고 싶어하는 이들의 욕심으로 주어진 공간 속에 한국식 세간, 서양식 세간이 병립되어 대체로 어지럽고 비좁다고 할 수 있다. 그 셋째 특징은 이 새집들이—부자의 것은 부자의 것대로, 또 서민의 것은 서민의 것대로—

흔히 천구백육십년 뒤로 최근까지 이 사회에 크게 번진 허우대 콤플렉스에 걸린 이들의 작품이거나 그런 이들의 욕심을 채우려고 지어진 것들이라는 것이다. 아무리 좁은 땅에 집을 짓더라도 그것이 어떻게 하면 더 비싸게 보일까 하고 외부 치장에 더 많은 돈을 쓰고, 높은 곳에 집을 짓더라도 어떻게 하면 더 높고 우람하게 보일까 하고 축대와 옹벽을 높이 쌓아 집의 몸을 들어올린다. 특히 언덕배기에 짓는 경향이 있는 부잣집의 건축에는 이 증세가 더 뚜렷이 나타난다. 옛날의 좋은 집터가 다소곳하게 감싸인 땅이었던 것하고는 달리 오늘의 부잣집 터는 '전망이 좋은' 곳이어야 하는 것으로 되어 있으니, 바로 이 전망이 좋아야 한다는 서양식 생각, 곧 많은 것을 굽어볼 수 있어야 한다는 생각이 본디 아름답던 서울 땅을 높이가 더러는 십 미터, 십이 미터까지 되는 추악한 콘크리트 옹벽으로 얼룩지게 만들었다. 이미 높은 땅을 메워 더 높여 부잣집 터를 만들기 위하여, 또 뒷집 터를 앞집 터보다 더 높이기 위하여, 서울의 흙은 연탄재와 쓰레기가 위에서 아래로 흘러 난지도에 정착하는 것하고는 달리, 아래에서 위로 역류하고 있다. 그들은 이렇게 돋운 높은 땅 위에, 인구는 적고 땅은 넓은 서구 사회에 들어선 집들처럼 침실이 큰 양옥을 흔히 짓는다. '고대 광실', 곧 '높은 대와 넓은 방'을 이 나라 민중이 이상으로 쳤던 것은 그것이 이 좁은 땅에 현실의 것으로 흔히 존재하지 않았음을 나타냈다고 할 수 있으니, 오늘날 남아 있는 조선 시대의 가장 격식 있는 주택에 드는 운현궁 안채의 안방도, 임금의 '서민 생활'을 위해 지었다는 창덕궁 후원이 있는 연경당 사랑채의 사랑방도, 현대 서울의 부잣집 둘째아들 방보다 훨씬 더 작아, 좀 부풀려 말하면, 됫박만 할 따름임에 견주어 보면, 많아야 두 사람이 들어가 길어야 하루의 삼분의 일도 못 보낼 방의 크기를 그렇게 크게 하려는 심리는 이 나라의 전통에 완전히 어긋나는 것이다. 좁은 땅에 인구가 빽빽하여 사정이 이 나라와 비슷한 이웃 일본의 상류 사회 주택을 살펴보면, 대체로 작은 집의 이구석 저구석에 삶의 질을 투영하려는 흔적은 있어도 집의 높이와 넓이로 허우대를 자랑하려는 낌새는 드물다. 그러니 무엇을 '규제한다', '닦달한다'는 소리가 나올 때마다 솜털마저 곤두세우고 싫어하는 민심을 모를 턱이 없었을 그때의 대통령이 칠십년대에, 비록 그것들이 흔히 합법적으로 지어진 것이었기는 하더라도, 부자와 특권층의 호화 주택을 크게 나무라자 고개를 끄덕거리는 이들이 많았던 것도 이해할 만하다.

서울로 시집오는 시골 나무

서울에 있는 양옥의 뜰은 흔히 일본식으로, 그것도 제대로 된 것이 아니라 조경 업자들이 변질시킨 형태로 꾸며져 있다. 우리 나라의 전통 정원은 울안의 좁은 공간에 대자연을 축소하여 넣는 일이 아예 불가능함을 알아차린 사람들이 비탈진 곳에는 화계를 쌓고 담 밑에는 화단을 일구어 만든, '부자연스럽게' 자연스러운 것이라면, 일본식 정원은 대자연을 축소하여 좁은 공간 속에 죄다 넣으려는, '자연스럽게' 부자연스러운 정원이라고 할 수 있겠다. 이처럼 '자연스럽게' 부자연스러운 일본식 정원이, 또는 그런 전통을 가진 일본 사람들이 일본화한 서양식 정원이, 일본 잡지를 교과서로 삼는 일부 조경 업자들의 손에 의해 서울의 양옥들에 번져 가고 있는 것이다. 그리하여 그것들이 마치 몇 천 년 전부터 그 자리에 있었다는 듯이, 그러나 그 서툰 솜씨 때문에 당장 들통이 나게, 산 돌을 트럭으로 실어다가 그 '고습도치' 돌벼랑을 만들기도 하고, 아름드리 냇돌로 반질거리는 돌 언덕을 앉히기도 한다. 심지어는 전기로 물을 끌어올려 폭포를 만들기도 하고, 난방이 되는 큰 못을 만들어 겨울에 비싼 '잉어님'이 얼어 죽지 않게 하기도 한다. 그리하여 많은 서울의 양옥 정원들은, 그 나름대로 가라앉아 보여 제 나라에서는 아름다워 보이는 일본 어미의 모습과는 달리, "이래도 눈에 안 띈다고 할래?" 하고 묻고 싶어서 만든 듯하게 보인다. 이런 뜰에 자주 나타나는 거대한 나무로 몽실몽실하게 이발된 향나무, 팔다리 무지막지하게 잘린 모과나무, 높은 산에서 파 온 통통하고 곧은 주목, 낯선 서울 땅에서 몇 해 동안은 비실거리며 목숨을 지탱하다가 마침내는 죽기 십상인 배롱나무 같은 것을 들 수 있다. 특히 여염집에는 별로 심기지 않던 향나무는 제국주의 시대에 일본 사람들의 뜰에 옮겨지기 시작하더니 이제는 뜰이 몇 뼘 있다 하면 으레 들어서는 나무가 되었다. 또 거대한 모과나무는 특히 칠십년대부터 서울의 양옥 뜰에 크게 번지기 시작했으니, 파서 실어 나르기에 편리한 위치에 있는 것들은 머지않아 거의 다 서울 같은 대도시로 시집오게 될 듯하다.

조경에 나타난 이런 경향들은 한국식 조경의 분위기가 바로 그때와 그 자리에 나타날 기회를 영원히 박탈하는 한국인의 자기 가치 부정의 풍조라고 할 수 있겠으며, 이 더 풍요롭다는 시대가 획일성과 등질성의 시대라는 관찰을 더 옳은 것으로 확인해 주는 섭섭한 현상이라고 할 수 있겠으니, 관청 사람들이 근래에 실시한 조경 사업을 두고 말하더라도, 남산과 삼청 공원의 몇 백 년 된 아름다운 임자, '저 소나무'는 관청에서 보배처럼 가져다 심었으나, 가을에 가장 추악하게 낙엽 지고 목재로는 곡괭이 자루밖에 못 만드는 별 볼일 없는 아까시나무에 눌려 흔히 죽어 가고 있고, 새 길 언덕배기라면 그 별 볼일 없는 개나리가 줄줄이 심겼다고 짐작하면 크게 틀리지 않는다.

아파트의 새 풍속

양옥 못지않게 서울의 중요한 주택이 된 것이 아파트다. 경제 기획원에서 천구백팔십년 시월에 한 '인구 및 주택 센서스 잠정 보고'에 따르면 나라 안에 아파트가 모두 사십만 구천팔백십삼 채가 있으며 그 사십칠점사 퍼센트가 서울에 있다. 그리고 공식 기록은 없으나 천구백팔십이년에 이르러서는 서울 아파트는 수로 보아 나라 안 전체 아파트의 절반에 가깝게 되었고, 서울 집 다섯 채의 한 채가 아파트이며, 서울 사람 아홉 명에 한 명이 아파트에 살고 있고 연립 주택까지 아파트로 치면 그 비율은 더 높아진다.

중앙 산업이 해방 뒤에 처음으로 성북구 종암동에 아파트를 지은 천구백오십팔년까지는 말할 것도 없고, 대한 주택 공사가 생겨서 그 첫 사업으로 마포구 도화동에 아파트를 지은 천구백육십이년까지만 해도 아파트 생활은 서울 사람에게 생소한 삶이었다. 그저 외국 영화 같은 것에서 서양 사람의 아파트 생활을 엿보고 간섭이 많은 식구들로부터 독립하기를 바라는 젊은 부부들이 동경하던 서구식 생활일 따름이었다. 그러나 칠십년대에 들어 영동과 잠실을 포함한 강남 땅에 대규모 아파트 단지가 조성되기 시작하자 아파트 생활은 잠깐 동안에 수많은 서울 사람의 현실적인 삶이 되었다.

이처럼 빠른 속도로 늘어난 아파트는 그 늘어나는 과정에서, 그리고 그 속의 삶에서 전에는 없던 여러 가지 새로운 생활 양상을 서울 땅에 펼쳤다.

그 하나가 아파트 투기다. 뒤에 다시 말하겠지만 남편이 벌어 온 돈을 굴리고 투자하는 사업인의 기능이 제 손에 있다고 믿는 많은 서울 여자들이 아파트 투자로써 재산 증식을 꾀해 왔다. 이제는 정부가 워낙 세게 '엄포'를 놓고 이런저런 규제 조치를 만들어 놓았으므로 웬만큼 바람이 누었다고는 하나 그래도 이름난 아파트 회사에서 분양 공고를 하면 여자들이 끼리끼리 또는 남편을 이끌고, 오래지 않아 허물 것임에도 불구하고 아파트 회사에서 몇 억 원 돈을 아까워하지 않고 들여서 지은 호화로운 본보기 집, 곧 '모델 하우스'를 구경하려고 구름처럼 몰려든다.

언제부터인가 서울의 전화 번호부가 나라 안에서 가장 신용하기 어려운 전화 번호부가 되고 말았는데, 이도 또한 아파트 투기와 관계가 없지 않다. 모델 하우스에 몰려든 여자들이 모두 그 아파트를 사서 살려고 모인 것이 아닌 것은 말할 나위도 없지만, 한번 아파트에 살러 들어간 사람도 거기에 오래 눌러 사는 일은 매우 드물다. 연탄을 때는 서민용 아파트거나 엘리베이터를 타고 오르내리는 고급 아파트거나 한 아파트 단지의 주민이 세 해 안에 오십 퍼센트가 넘게 바뀌는 것은 예사로운 현상이다. 이는 그 대부분이 전문적인 복부인이 아닐지라도 재산을 늘릴 목적으로 아파트를 샀기 때문이다. 마침내 지은 지 세 해가 지난 아파트는 대개 새 아파트에 치여 값이 오르는 폭이 둔화되니, 세 해 안에 이사하는 주민의 비율이 높은 것은 당연하다. 그리고 이러한 바람은 집을 오래오래 눌러 살면서 자손 대대로 물리는 것으로 쳤던 전통 관념을 뭉개고, 마침내 단독 주택조차도 재산 증식 수단으로 여기는 관념을, 적어도 서울 땅 안에서만은 고루 번지게 하였다.

아파트가 서울에 펼친 새로운 생활 양상 또 하나는 '배달 서비스'의 발달이다. 담배 심부름을 시킨 아비더러 왜 가게에 전화를 걸어 배달을 시키지 않느냐고 불평하는 아들이 있을 만큼 서울의 아파트 주민은 배달 서비스를 받는 데에 익숙해 있다. 세탁소 심부름꾼이 아침마다 아파트 복도를 오르내리며 "세탁무울!" 하고 외치는 것은 예사로운 풍경이 되었거니와, 두부 한 모, 닭다리 하나도 전화로 불러서 먹는 것이 습관이 된 아낙네도 적지 않으며, 심지어 아이들의 점심을 중국집에서 학교로 배달하게 하는 아낙네마저 나오게 되었다. 애초에 아파트가 서울에서 인기를 끈 것은 그것이 남쪽 지방보다 겨울이 긴 편인 서울에서 난방비를 적게 들이면서 따뜻하게 겨울을 지낼 수 있게 하는 장점을 지님과 함께, 반드시 기름 아파트가 아니더라도 연탄 갈기, 밥 짓기, 청소하기 따위에서 여자들의 일손을 크게 덜어 주는 데에 있었음을 생각하면, 이것은 하나도 이상한 현상이 아닐 터이다. 그래서 큰 아파트 단지 주변의 슈퍼마켓에서는 물을 부어서 불 위에 올려놓기만 하면 되는 '즉석 매운탕', '즉석 찌개'도 파는가 하면, 전화만 걸면 그날그날의 밥상을, 밥만 빼놓고 배달해 주는 회사까지 생겼다.

그밖에 식구들의 나들이가 잦게 된 것이나 여자들의 개인 활동의 폭이 넓어진 것도 아파트가 가져온 새로운 생활 양상에 든다. 식구들의 나들이가 잦게 된 것은 경제 수준이 높아져 즐기면서 살려는 의식이 사회 전체에 확산된 영향이 크다고 하겠으나, 문만 잠그면 도둑 걱정을 그다지 하지 않아도 좋은 아파트의 구조, 그리고 무엇보다도 땅을 밟으면 저도 모르게 해방감에 잠긴다고 호소하는 사람이 생길 만큼 네 벽으로 꽉 막힌 주거 환경이 식구들을 알게 모르게 밖으로 내모는 구실을 한다. 또, 뒤에서 다시 말하겠지만, 아낙들이 주거 환경의 편리함이 가져다준 여가를 이용하여 자주 사회 문제가 되어 온 계 모임 같은 것 말고도 갖가지 취미를 살리거나 부업으로 돈을 더 벌거나 여러 사회 활동에 참여하거나 하는 일이 흔해졌다.

육십 층까지 오른 고층 건물

오늘의 서울에는 양옥과 아파트 말고도 수많은 상업 건물과 공공 건물이 들어서 있다.

서울에 대형 건물이 본격적으로 들어서기 시작하기는 육십년대부터였다. 광장동에 워커힐의 건물들이, 장충동에 오늘의 타워 호텔 건물을 포함한 한국 반공 연맹의 자유 센터가, 합동에 김중업 씨의 설계로 프랑스 대사관 건물이 새로 지어졌다. 이런 육십년대의 '본보기' 건물이 지닌 특징은 첫째로 그때에 일본에서 유행하던 대로 콘크리트의 회색 '알몸'이 바깥벽이 되어 그대로 드러났다는 것이요, 둘째로 김수근 씨가 오늘의 타워 호텔이 된 건물의 모습을 연실을 감는 자새에서 얻었다고 얘기하듯이, 설계인들이 그 '주제'를 흔히 전통의 소재에서 꺼내려고 애썼다는 것이다. 가장 새로운 건축 공부를 한 사람들이 가장 헌 것들에서 건축 설계의 영감을 받아 옛것과 새것을 연결하려고 했던 셈이다. 이런 건축 설계의 경향은, 그 뒤로 따로 생겨 근본적으로 오늘날까지 전국에 번지고 있는 또 하나의 전통 건축 바람, 곧 국립 박물관 건물, 오늘날에는 신라 호텔의 일부가 된 영빈관, 새 광화문처럼 콘크리트로 지어 이런저런 빛깔—특히 근래에는 베이지색—을 칠한 조선집의 경향과는 구별된다.

칠십년대에 들어서도 '알몸' 콘크리트 건물의 건축이 계속되기는 했으나, 한편에서는 타일로 바깥 치장을 한 건물이, 또 한편에서는 관철동의 삼일빌딩으로 대표되는 '성냥곽' 건물, 곧 그 '가장 적은 것이 가장 많다'는 주장으로 유명해진 서양 건축인 미스 반데어로에의 영향을 받아 군더더기 없는 '직선' 건물이 선을 보이기 시작했다. 이런 '성냥곽' 건물 추세는 특히 칠십년대 중엽께부터 건설 회사들의 중동 진출에서 얻어진 기술이 축적되고 외국 자본의 한국 진출이 많아짐과 함께 급속도로 번지기 시작했으니, 롯데 호텔, 하얏트 호텔, 신라 호텔, 플라자 호텔, 교보 빌딩, 동방 생명 빌딩, 대우 빌딩 같은 대형 건물이 더러는 주일 미국 대사관과 도쿄역 앞의 미쓰비시 은행 건물을 각각 빼박은 듯한 교보 빌딩과 동방생명 빌딩처럼 외국 '형님'을 닮으려는 애를 쓰기도 하고, 더러는 크면 클수록 더 좋다는 미신에 홀리기도 하여 여기저기에 솟아 왔으니, 마침내는 여의도에 대한 생명 보험의 육십 층짜리 건물이 들어서고 있다. 그런가 하면 이런 높은 건물이 들어선 시기에 여러 '예술' 건축인들은 주로 야트막한 벽돌 건물의 설계를 많이 해 왔다. 그리하여 동숭동의 문예 진흥원 건물, 장충동의 경동 교회 건물, 연건동의 해외 개발 공사 건물이, 또 그것들을 닮은 여러 건물들이 서울의 곳곳에 자리를 잡게 되었다.

오늘의 서울 거리에 보이는 여러 건물들은 지난 스물 몇 해 동안에 들어선 이런 여러 갈래의 것들이다. 썩 훌륭해 보이는 것도 있지만, 흔히 추악하며 날림으로 지어졌고 거칠게 유지되고 이웃끼리 조화가 이루어져 보이지 않기 십상이다. 또 거기에 온갖 대형 간판들—게다가 야한 빨간색, 파란색으로 어지럽게 만든 것들—을 빽빽하게 달아 놓았으니, 서울 주민들의 눈에는 이것들이 흔히 자랑스러운 근대화의 상징으로 비치기도 하지만, 고층 건물의 역사가 오랜 나라에서 온 이에게는 흔히 괴물스러운 모습으로 보인다.

여기까지 살펴본 대로 서울 사람들이 팔일오 뒤로 누리거나 겪어 온 세상살이의 변화는 어쩌면 그들이 누리거나 겪어 온 정신적인 변화가 실체화한 모습이라고도 할 수 있을 것이다. 사람의 이런 정신적인 변화를 가장 정직하게 나타내 주는 거울이 있다면, 그것은 아마도 그들이 사용하는 언어일 것이다.

사랑, 싸랑, 샤랑

일본 제국주의 시대에 이 도시에서 공용어로 사용하던 일본말의 찌꺼기가 아직도 서울 사람들의 입에 많이 묻어 있다. 이를테면 인쇄소, 이발관, 목공소, 공작소, 음식점 같은 데서 일하는 기술자 집단이 본디 일본 사람들에게서 배운 그 많은 일본 단어들이 한국 사람들의 어휘에 단단히 박혀 있는 것은 다들 아는 바이다. 그러나 일본말의 구조적인 침범, 곧 일본식 표현 방법의 침투로 서울말의 논리 구조가 크게 파괴되어 온 것은 많은 이의 눈에 띄지 않아 온 듯하다. 이를테면 한국말의 질서를 파괴하고 '무엇이 필요하다' 대신에 '무엇을 필요로 한다'를, 또 '하는 듯하다' 대신에 '하는 것 같다'를 사용하는 버릇이 크게 퍼졌으나, 그것들이 일본말이 직역되어 나온 표현인 것을 알고 있는 이가 드물어진 것이다. 이와 같은 일본 말투는 특히 일정 시대부터 공부해 온 식자들 사이에 많이 번져 있으니, '그녀'라는 일본말 직역 단어를 글에서 아직 못 씻어 내고 있는 집단이 보수 문인들인 것은 우선 그만두고라도, 깊이 생각해 보면 한국말로는 아무 말도 되지 않는 '-해마지않습니다' 같은 표현을 연설 같은 데서 거침없이 사용하는 이들이 정치인들이요, '무엇 속의'를 뜻하여 '무엇에 있어서의'라고 하는 집단이 오늘날의 학자들이다.

전국의 여러 지방 사람들이 서울로 몰려듦은 그런 지방말들의 서울 진입도 뜻했다. 그리하여 현대 서울은 팔도 강산 방언들의 어휘와 독특한 발음과 억양과 '용언의 활용'들이 공존하면서 서울의 토박이말에 동화되기도 하고 거기에 영향을 끼치고 있는 곳이라고 할 수 있다. 특히 텔레비전 방송을 비롯한 여러 분야에서 큰 성공을 거두어 사회적으로 크게 영향력을 끼쳐 온 이들을 많이 배출한 영남 지방의 말씨는, 역사적으로 여러 사회 규범의 제약을 받아 순하고 매끄러운 쪽으로 많이 기울어져 왔다고 할 수 있는 서울의 토박이 말씨를 거칠게 만들기도 했고, 거기에 시대의 흐름에 알맞은 진취성의 분위기를 더하여 주기도 했다고 할 수 있겠다. 그리고 방언들의 이러한 서울 진출은, 비록 서울 말씨의 아름다움을 많이 빼앗아 가기는 했어도, 주로 중국과 일본에서 온 '고급 문화'의 언어에 치여 도시에서는 일찍부터 목숨을 잃다시피 했으나 농경 사회에서만은 남아 있던 많은 토박이말 단어들을 서울에 되찾아 주는 공을 세웠다고도 할 수 있다.

오늘의 서울말은 크게 서양화하기도 했다. 이를테면 '모인다' 하지 않고 미국말을 직역하여 흔히 '모임을 가진다'라고 한다. 또 오늘의 서울 청소년들은 '밥 아직 안 먹었니?' 하는 물음에 밥을 아직 안 먹었으면 '예' 해야 하는 한국말의 질서를 어기고 저도 모르는 사이에 서양 사람이 되어 흔히 '아뇨' 하기 십상이다. 그리고 '예' 하거나 '응' 하는 대신에 서양 사람들처럼 '응훙' 하는 사람의 수도 부쩍 늘어났다. 게다가 발음에도 변화가 일어나서 '후암동' 할 때에 영어의 '에프' 발음을 동원하여 '푸암동'에 가까운 소리를 내는 사람도 많다. 특히 대중 음악 가수들 사이에서는 한국말의 미국식 발음이 유행해 있으니, 패티김 씨처럼 '사랑' 소리를 '싸랑'으로 내거나 김상희 씨처럼 같은 '사랑' 소리를 '샤랑'으로 내거나, 윤복희 씨처럼 '나는 어머니를' 소리를 '나눈 오모늬룰'로 내는 버릇이 그들의 노래에 크게 보편화하였다. 그런가 하면 미국에서 들어온 민주주의 평등 사상의 영향을 입어서 그런지는 몰라도, 이제 대체로 서울 사람들은 '너'에게 하던 '해라'와 '자네'에게 하던 '하게'를 반말로 통일해 '해' 하고, '당신'에게 하던 '하오'와 무슨 '님'에게 하던 '합쇼'의 자리에 두루 통하는 존댓말의 말끝으로, 반말 '해'에다 '요' 소리만 붙인 '해요'를 사용하고 있다. 곧 서울 사람들이 요새 하는 서술형의 말은 거의 다 '해' 아니면 '해요'로 끝나는 것이다. 그리고 그 '해요'로 끝나는 신식 존댓말 자체도 그전의 존댓말보다는 상대적으로 덜 자주 쓰인다고 할 수 있으니, 그전에는 아들딸들이 다 커서는 부모에게 꼭 존댓말을 쓰던 것하고는 달리 오늘의 아들딸들은 다 커서도 흔히 어머니나 아버지 같은 이에게도 '해' 하는 반말을 한다. '해' 하는 반말의 대상이 손아랫사람이나 동무들에게 국한되지 않고 가까운 손윗사람까지도 흔히 포함된 것이다.

예배당과 돌잔치와 운동장

이와 같은 서울말의 엄청난 변화도 그 동안에 이 도시에 형성된 대중 문화의 소산이다. 그러니 케이비에스 텔레비전 방송의 기상 보도원이, 외국어 공부는 부지런히 시키면서도 국어 공부는 제대로 시키지 않는 대중 문화의 아들로서, 형용사를 동사로 둔갑시켜 '날씨가 맑고 있습니다' 하거나, 엠비시 텔레비전 방송으로 나가는 어린이 프로그램인 〈뽀뽀뽀〉의 사회자가, 속도를 미덕으로 치는 대중 문화의 딸로서, 글자 한 자를 덜어 내는 것도 큰 공적에 든다는 듯이 '그러지?', '그렇지?' 하지 않고 '그지?' 하는 것도 어쩔 수 없는 시대의 흐름인지도 모른다. 또 새로 생긴 변화라고 해서 반드시 나쁘다는 법도 없다. 이를테면 현대의 서울 사람들이 흔히 '날다'나 '거칠다'나 '헐다' 같은 불규칙 동사, 형용사를 문법의 원칙을 어기고 규칙화하여 '나는', '거친' 또는 '헌' 하지 않고, '날으는', '거칠은' 또는 '헐은' 하는 것은 어쩌면 반가운 현상인지도 모른다.

여태까지 살펴본 대로 입고 먹고 집 짓고 말하고 사는 서울 사람들이 가정과 직장이 아닌 곳에서는 어떤 활동들을 할까? 우선 예수나 석가의 가르침을 제대로 받아들여 가시밭길의 종교 생활을 택하여 교회나 절에 많은 시간과 정력을 할애하는 이들도 있고, 무당식, 불교식 푸닥거리에 넋이 팔려 무당집, 보살집, 점쟁이집을 문턱이 닳도록 드나드는 이들도 있고, 예수를 믿으면 병도 고치고 돈도 번다고 호리는 신식 푸닥거리에 푹 빠져 들어가 돈 싸 들고 신식 교회 나들이를 하는 이들도 아주 많음을 지적할 수 있다. 또 담장 너머의 여러 이웃과는 공동체 의식을 나누어 갖지 못하고 멀리 사나마 자기와 마음만은 얽히고설킨 동창, 동료, 친척, 고향 친지 들과 연관되어 혼례, 조문, 제사, 동창회, 계, 회갑 잔치, 돌 잔치 또는 야유회를 위하여 나들이를 해야 하는 것도 빠뜨릴 수 없다. 그리고 독탕식 목욕탕, 터키탕, 사우나탕, 이발관, 미용실을 드나들며 온도와 마찰과 촉감이 주는 살갗의 쾌락을 즐기는 이들도 많은가 하면, 이런저런 학원에 나가 외국어와 이런저런 새 기술을 익히는 이들도 있고, 헬스 클럽, 골프 클럽, 테니스 클럽, 등산 클럽, 낚시 클럽에 가입하여 몸의 건강을 돌보는 이들도 많다. 그런가 하면 시간이 나자마자 바둑판을 찾기도 하고, 워커힐의 카지노에서 친구 집의 사랑방에 이르기까지 이런저런 노름판에 끼어들어 블랙잭, 룰렛, 포커, 나이롱뽕, 도리짓고땡, 마작, 고스톱 같은 동서의 도박을 즐기거나, 슬롯머신 또는 전자 오락기를 설치해 사람들의 돈을 노리는 집으로 빨려 들어가기도 한다. 또 속력과 충격과 '힘'을 즐기려고 운동장에 밥 싸 들고 가거나, 그러지 못하면 가장 가까운 텔레비전 앞에 앉아서 '그림'이 시키는 대로 권투, 레슬링, 야구, 축구의 시합을 보면서 주먹을 불끈 쥐고 소리를 지르고 하는 피동적인 삶을 즐기는 이들은 훨씬 더 많다. 그밖에도 서울 사람들이 정신 파는 대상은 무수하게 많겠으나, 여기에서는 주로 남자들이 드나드는 '술집' 이야기와 여자들의 기능인 '쇼핑' 이야기만을 덧보태어 하기로 하겠다.

나라 안의 어디에 사는 술꾼이거나 그 술 마시는 버릇이야 크게 다를 바 없다고 해야 옳겠으나, 서울에서 '출세'한 고향 동무를 모처럼 찾아온 '시골 술꾼'은 흔히 옛 동무가 시골에서보다 술을 덜 마신다고 하여 불평을 하기 쉽다. 그 불평이 어느 경우에나 다 타당한 것은 아니겠지만, 서울 술꾼은 확실히 다른 지방 술꾼에 견주어 술을 덜 마신다고 할 수 있다. 더 출세한 사람은 그만큼 술 약속이 더 많게 마련이므로 한자리에서 마실 술을 줄여야 할 까닭이 있어서 그렇기도 하되, 보편적으로는 우선 공해가 심해서 술에 빨리 취하기가 쉬우며 대체로 직장이나 집까지의 거리가 썩 멀고 교통 사정이 나빠서 늘 시간에 쫓겨야 하기 때문에도 그렇다. 또 여가 시간을 식구들과 더불어 '단란하게' 보내야 한다는 생각이 다른 지방보다 서울에 더 빨리 정착된 것도 그 곡절로 들 수 있다. 서울에는 다른 어느 지방보다 술집의 종류와 형태가 다양해서, 똑같이 여자를 둔 '작부집'이라도, 그 이름이 살롱이거나 바이거나 비어홀이거나 방석집이거나, 남자에게 제공하는 서비스의 양과 질이 남자 술꾼들의 입맛대로 고를 수 있을 만큼 층층으로 나뉘어 있는 것도 따지고 보면 술집끼리 경쟁하면서 저마다 특성을 살리느라고 애쓴 보람이라고도 하겠지만, 그보다는 그처럼 술을 덜 마시는 서울 술꾼에게 한 잔이라도 더 마시게 하려고 하는 노력의 소산이기 쉽다.

'서비스'가 철철 흐르는 술집

술의 종류로 보자면 팔일오 때부터 이제까지 서울 사람들은 대체로 서양식 술을 날로 더 즐겨 온 셈이다. 그리하여 이제는 막걸리만 마시는 술꾼은 거의 드물어졌고, 소주를 즐겨 마시는 사람도 소주보다는 맥주를 더 마시게 되었고, 또 맥주도 마다고 양주만 찾는 술꾼도 부쩍 더 늘었다. '정종'이 이 나라의 전통적인 술과 맥이 닿아 있을뿐더러 꾸준히 고객을 확보하고 있으나 일식집에서 일본술인 '사케'의 자리를 채우는 수준을 못 벗어났다고 봐야 할 듯하다.

술꾼들이 주로 찾는 것이 서양술이 되었음은 어쩌면 술꾼들의 세대가 교체된 것과도 관계가 있을 것이다. 새 술꾼들은 주머니가 아무리 두둑하더라도 기생집에 가서 '따분하게' 느릿느릿한 가야금 소리나 듣기를 마단다. 그리하여 일찍이 오일륙 혁명 초기부터 나라를 주름잡는 이들은 기생집보다 더 은밀하나 격식에 덜 얽매여 몸가짐이 자유로웠다고 하는 비밀 요정을 즐겨 찾았다. 가장 전통적인 한국식 고급 술집 분위기를 자랑하던 기생집들이 점차로 변신을 하여, 내놓는 술을 양주와 맥주로 바꾸고, 서양식 밴드를 불러들였다가도 안 돼 칠십년대부터는 아예 방 사이의 벽을 헐고 큰 방을 내어 천장에 샹들리에를 붙이고 일본 관광객 오십 명, 백 명을 한꺼번에 맞이하여 신식 술상을 차리고 낱낱이 여자 짝맞추어 주는 곳으로 전락한 것도 그 때문이다. 마침내 오늘날에는 옛날의 기생집 기능은 세금 문제 때문이라든가 해서 '한정식집'의 탈을 쓰고 있는 곳들이나 일식집 이층이 아직도 방바닥을 그리워하는 패를 손님으로 모시고 한복 입힌 여자 종업원에게 기생 노릇을 시키며 하고 있다.

한국식 고급 술집이 서양화되어 가는 동안에 서양식 고급 술집은 일본화를 통한 한국화가 되어 왔다. 서양의 술집들이 대체로 '제 짝'을 데려와서 함께 술을 마시거나 자기처럼 홀로 와서 서성거리는 이성을 골라 술벗으로 삼는 것하고는 달리, 일본 풍습의 입김을 받은 이 도시에서는 나이트 클럽, 바 같은 서양식 술집에 대체로 아예 주인이 공급하는 여자가 있어 왔다. 이론적으로는 화대의 대가로 손님 곁에서 말벗, 술벗, 춤벗이 되어 주는 여자들이나, 손님의 매력이나 홍정에 따라서는 더러 몸벗도 되어 주는 여자들이다. 그리고 칠십년대부터 번진 살롱도 서양식 술집이 한국화한 경향의 산물이라고 할 수 있다. 곧 비록 그들이 기생집을 마다고 서양식 술집을 찾는 새 술꾼이기는 해도 더러 고래고래 소리도 지르고, 마이크 잡고 노래도 하고, 허튼소리도 하고, 여자와 장난도 하고 싶어하는 처지여서 돈을 톡톡히 내면서도 술집 안의 '대중'에게 제 모습을 공개하는 서양 술집의 터진 분위기를 싫어함을 꿰뚫어 본 '마담'들이 공간을 바닥부터 천장까지 칸막이하여 여러 응접실을 낸 서양식 술집이 바로 살롱이다. 팔십년대를 주름잡는 새 한량들이 출입하는 이런 서양적이고도 한국적인 살롱에는 더러 외국 여자가 호스티스로 나오기도 하고 서양식 양주와 스테이크가 나오는가 하면, 꼬리곰탕과 김치가 나오기도 한다. 그런가 하면 이름을 바나 비어홀이라고 해서 붙인 여러 맥줏집들도 대체로 칸막이를 했다. 그리고 그런 술집들 중에는 '칸' 안에서 호스티스들이, 받기로 한 돈의 액수에 따라, 마치 그곳이 도쿄 신주쿠에 있는 개방적인 유흥 시설이기나 하다는 듯이, 손님 앞에서 옷을 홀딱 벗고 '오나니'를 해 보이기도 하고 동성끼리 몸을 섞어 보이기도 하는, 이른바 퇴폐 풍조의 처소도 적지 않다.

캬바레와 디스코텍

술집에 가는 사람은 흔히 춤추러 가는 사람이기도 하다. 조선춤 말고 그 서양식 사교 댄스 말이다. 이런 양춤은, 일찍이 자유당 때부터 오늘날까지 기생집에까지 스며들어 왔기도 하나, 대체로 오늘날에는 이미 말한 나이트 클럽이나 남녀 손님이 서로 춤벗이 되는 캬바레에서, 또 칠십년대에 번진 고고 클럽의 몸을 받아 번진 디스코텍에서 춘다.

이 나라에 양춤이 번지기 시작한 육이오 전부터, 춤에는 늘 느린 것과 빠른 것이 있어 왔다. 그리고 한 사람이 둘 다 즐기는 수도 흔했지만 대체로 느린 춤은 보수 세력을, 빠른 춤은 진보 세력을 상징해 왔다. 그리고 오늘날까지 이어져 내려오고 있는 트로트, 블루스, 탱고 같은 느린 춤이 접촉과 마찰로 상대방의 마음을 녹이는 것이라면, 이런 느린 춤의 진보적인 짝으로서 시대에 따라 맘보, 도돔바, 차차차, 지터벅, 트위스트, 림보, 소울, 고고, 디스코 따위로 차례로 달라져 장단과 동작을 바꾼 춤은, 몸은 서로 더 멀지만 그 진취적인 동작과 속도와 격정의 느낌으로 상대방의 혼을 빼는 춤이 되어 왔다. 이처럼 느린 춤과 빠른 춤, 또는 그것들을 각각 즐기는 기성세대와 젊은 세대는 대체로 아직까지 같은 술집 안에 공존해 온 셈이다. 칠십년대의 나이트 클럽이 블루스도 고고도 추는 데였고, 팔십년대의 캬바레가 블루스도 디스코도 추는 데이니 말이다. 다만 칠십년대부터는 서양과 일본의 본을 받아 빠른 춤만을 추는 집이 나왔으니, 그것이 칠십년대의 고고 클럽이었고 오늘날의 디스코텍이다.

디스코텍에는 주로 젊은 남녀들이 입장료를 내고 출입한다. 남녀가 짝을 미리 지어 오는 수도 있으나, 흔히 입장한 다음에 짝 없는 이성 사이에서 짝을 찾는다. 그들이 장단도 가락도 단조롭고 반복적인 시끄러운 디스코 음악에 따라 조명이 번갯불 치는 듯한 이런 춤집에 드나드는 까닭은, 기성세대가 술집 출입을 하며 춤추는 속셈 말고도 옷 '텁수룩하게' 잘 입고 춤 잘 추는 모습을 남에게 자랑하거나 남에게서 배우는 데에도 있다. 그리하여 디스코텍에서는 상대방과 춤을 추면서도 주로 바라보는 데가 벽의 거울에 비친 제 모습인 젊은이들이 수두룩하다. 드디어 이 빠른 서양식 춤을 맵시 있게 추는 일이 서울 젊은이들이 갖추어야 할 중요한 현대식 예의 규범으로 등장한 것이다. 이처럼 서양에 자신을 동화시키려는 젊은 손님들의 취향에 발맞추어 손님이 거개가 영어 모르는 한국 사람인 신라 호텔 디스코텍에서는 유리창 뒤에서 음악을 틀고 영어로 해설하는 미국인 디스크 자키를 '모셔 온' 일도 있었다. 서양식이 그렇게 높이 평가되는 판이니, 많은 서울 처녀들은 주로 미군들이 저녁이면 사복 입고 드나드는 이태원의 '스포츠맨스 클럽' 같은 데에 들러 서양 짝을 찾아 춤을 추거나, 미군들이 그런 동네의 '몸파는' 여자들에게서 싫증을 느끼고 번화가의 디스코텍으로 진출하여 여염집 처녀들을 찾거나, '내국인 출입 금지'의 푯말이 문 앞에 박혔으나 막상 그 손님들은 거의 죄다 '특별히 봐줘서 들어온' 한국인들밖에 없는 서양식 술집마저 한남동에 생겨 발가벗은 여자들에게 무대에서 스트립 쇼를 날이 새도록 하게 하기도 하는 것은 별로 놀라운 일이 아니다.

여기까지 살피면서 우리는 서울의 술집들에 두루 통하는 문화가 있다면, 거기에는 '성의 문화'도 있다는 짐작을 해 볼 수 있다. 그것은 아마도 성 개방의 본거지라고들 이해하고 있는 미국의 술집이나, 늘 한국 술집의 '스승'이 되어 온 일본의 술집에 두루 통하는 성의 문화에 앞서는 문화일 것이다.

한편으로 춤을 곁들인 서울의 술집에는 대체로 연예인들의 무대가 있다.

거기에는 텔레비전, 라디오, 신문, 여성지, 주간지, 음반과 카세트 같은 대량 매체가 수시로 창조하기도 하고 헌신짝처럼 버리기도 하는 대중 음악의 영웅들이 그 인기의 무게에 따라 흥정되는 품삯을 받고 얼굴을 내민다. 거기에는 노래꾼도 있고, 우스갯소리꾼도 있고, 악기꾼도 있고, 춤꾼도 있으며, 이런저런 재주를 겸한 영웅도 있으나, 그런 재주는 없지만 얼굴이 손님에게 큰 상품이 되는 텔레비전 탤런트도 있다. 또 거기는 늘 새 대중 문화의 영웅을 창조하기에 부산한 대량 매체의 위력이나 횡포나 조작이나 음모로 새 영웅들에게 길을 비켜 주라는 분부를 받아 애석하게 너무 빨리 물러선 옛 영웅들이 몰려들어 헌 재주를 꽤 비싸게 파는 곳이기도 하고, 영웅이 되고 싶어하는 많은 새 사람들이 선배들의 헌 재주나 자기들의 새 재주를 싸게 파는 곳이기도 하다.

그러나 누구보다도 술집 무대의 가장 큰 영웅은 대중 가요 가수들이다. 그들은 흔히 이런 술집 무대와 텔레비전과 라디오의 방송국과 영화 촬영 현장과 음반 회사와 잡지사와 주간지의 사진부와 작곡인의 처소를 바삐 왔다 갔다 하면서—나라 안팎의 영화 배우, 외국 가수, 텔레비전 탤런트, 텔레비전과 라디오의 프로그램 진행자, 광고 모델 및 패션 모델, 운동 경기의 '별'들과 함께—현대 서울에 번진 대중 문화의 영웅이 된 것이다. 그리하여 오늘의 서울 대중은 자기가 사는 구에서 뽑힌 국회의원과 정부 삼부 요인의 이름은 죄다 몰라도, '유행가'의 이미자 씨와 나훈아 씨, '팝송'의 패티김 씨와 윤복희 씨, '통기타'의 양희은 씨와 조영남 씨와 송창식 씨, '신식 유행가'의 송골매와 산울림은 단박에 알아본다. 이 가수들의 주요 소득 원천이 대체로 술집인 것이 사실이라면, 그들은 텔레비전과 라디오와 음반과 카세트로 그 예술을 전달하여 대중의 마음을 어루만져 주는 품값의 큰 몫을 술집 나들이를 하는 술꾼들에게 물리는 셈이다.

여자가 쓰는 돈

해방 뒤로 줄곧 강조되어 온 남녀 평등 사상이 큰 개선이 필요한 여자의 지위를 향상시키기보다는 오히려 이미 꽤 강한 여자의 힘을 더 강화하는 데에 훨씬 더 크게 공헌했다고 보는 이들이 많다. 그랬다면 이마적에 서울의 거의 모든 가정에서, 가내 경제가 거의 전적으로 여자의 힘에 따라 좌우되는 것도 이해할 만하다. 밖에 나가 직장에서 돈을 벌어들이는 기능을 대체로 남자가 맡는다면, 여자는 그 돈을 쓰는 소비자가 될 뿐만이 아니라, 앞에서 말한 아파트 투기 같은 기능, 곧 그 돈을 굴리고 투자하고 하는 사업인의 기능도 흔히 맡는다. 서울 여자들의 이런 기능은 여러 가지 기계와 장치, 그리고 더러는 '식모'의 도움으로 집안 일감이 줄어든 칠십년대부터 특히 활발해졌으니, 오늘날 정기 간행물과 텔레비전과 라디오에 나오는 광고가 대부분이 여성 상품을 팔기 위한 것이요, 계가 여자들의 거대한 금융 '기관'이 되었고 '복남편'보다는 '복부인'이 많음이 그 증거다.

그리하여 시장이나 백화점에 가 보면 손님의 대다수가 여자이다. 이 많은 여자들은 바로 그 자리에서 또 그 시각에 물건을 꼭 사러 온 것만은 아니다. 물건을 선택할 자유가 훨씬 더 넓어진 현대 도시 사회에서, 어디에서 무엇을 언제 어떤 조건으로 사야 되도록 좋은 것을 되도록 싼값으로 사게 되는지를 알아 두는 것이 사람이 갖추어야 할 가장 중요한 지식에 들게 되었어서 '지식인' 공부를 하고도 있는 것이다. 이처럼 이 여자들은 사러 왔기도 하고 사는 공부를 하러 왔기도 하지만, 사는 공부 자체도 사는 행위의 중요한 몫을 차지하고 있는 것이다. 시장이나 백화점에 이토록 여자들이 몰려듦은 남자들이 직장에서 '돈 버는' 낮 시간에 여자들이 '돈 씀'을 설명한다. 돈 쓰기를 여자들이 짊어진 의무라고도 해석할 수 있다손 치더라도, 그것은 대체로 무엇을 살까, 사지 않을까, 또 산다면 어느 것을 살까를 결정 짓는 권리이기도 하다고 할 수 있겠다. 여기에서는 그런 권리가 있는 여자들이, 특히 부유층의 여자들이 옷가지와 예술품을 사는 경향만 좀 살펴보자.

앞에서 우리는 팔일오 때부터 오늘날까지 서울 시민이 입었던 옷이 얼마나 외국 영향을 많이 받아 왔나를 살펴봤다. 입는 옷이 '외국식'일 것이 중요하거니와 '외국제'일 것은 더 중요하다. 그리고 '외국제'라고 하더라도 유명한 '상표'를 단 외국제일 것은 가장 중요하다. 이런 '상표' 집착이 부유층 여자들의 옷가지 구매에 크게 반영되었음은 말할 나위가 없다. 그리하여 일찍부터 일본 사람들이 받들어 온 유럽의 유명한 상표, 이를테면 피에르 가르뎅, 크리스천 디오르, 지방시, 던힐, 니나리치, 구치, 에르메, 셀린 같은 딱지가 붙은 옷이 밀수꾼의 손을 거치거나 정식으로 수입되어 가게에 나오면 크기가 좀 느슨하더라도 거머잡고 사 왔다. 또 외국 여행을 할 때에 사는 물건들에도 이런 상표가 붙어 있어야 하는 것이 중요하다. 이런 유명 상표를 단 상품들의 거의 공통되는 천박한 특징 하나는 그 상표 자체가 물품의 얼굴에 박혀 있어 '이 물건은 저희가 만든 것이오'라고 선전한다는 것이다. 그리하여 뜻있는 본고장 사람들은 '돈 주고 상품 선전을 해 주는' 어처구니없는 노릇을 하기를 거부하여 그런 상품을 아예 외면한다.

이처럼 외국의 유명한 상표를 찾는 풍조에 따라, 칠십년대에 서울의 많은 양품점 주인들이 가짜 외제 옷을 만들어 팔았다. 외국 상표권자들의 항의에 따라 정부의 닦달이 심해졌고, 라이센스 계약에 따라 외국 상표를 단 국산 의류가 나오기 시작한 팔십년대에도 이 경향은 계속되고 있다.

옷가지에 관련된 외국 숭배의 경향은 거기에 그친 것은 아니다. 많은 양장 디자이너의 이름이 서양식 분위기를 풍기려는 그 임자들의 의도에 따라 서양 사람 이름처럼 들리게 지어졌고, 많은 가게와 상품에 붙은 상표의 이름도, 그것들이 한국 가게요, 한국 상품인 줄 다들 버젓이 알지만 주인에게도 손님에게도 그럴싸한 분위기를 풍겨서, 되는 서양말, 안 되는 서양말로 지어졌다. 사정이 이렇고 보니, 롯데 호텔 지하의 한 양장점이 한국말은 아예 한마디도 못하는 한 서양 여자를 채용하여, 가게에 걸린 여자 옷들을 오로지 만지작거리기만 하는 직책을 주어, 모르는 손님의 마음에는 '서양 여자도 탐내는 훌륭한 제품을 파는 가게'의 인상을 심고, 아는 손님의 마음에는 외국 손님을 섬기는 점원으로 비치게 해 왔다고 해서 화를 내고 나무라기보다는 오히려 그 창의로운 생각을 우러러보아야 할지도 모른다.

칠십년대 초기까지만 해도 서울에서 미술품이나 골동품에 대해서는 여자보다도 남자들이 더 관심이 컸다. 그들은 몇몇 재벌이나 알부자를 빼놓고는 대체로 중산층에 속하던 사람들이었다. 그러나 칠십년대 중엽에 이르러 미술품, 골동품 시장에 부유층의 부인들도 드나들기 시작했다.

이처럼 예술품 시장에 관심을 보인 부인들에게는 예술품 구매로 '돈'을 묵히는 것은 자본주의 사회의 으뜸가는 죄악에 드는 비경제성의 처사이므로, 그런 수집품에 투자의 가치가 있었으면 더 좋았다. 그리하여 이를테면 "일 년만 지나도 값이 크게 뛰웁니다. 이것은 세상에서 가장 좋은 투자입니다" 하는 일부 상인들의 꾐이 있었고, 그들이 그런 꾐을 꽤 설득력 있는 것으로 받아들여 많이들 사겠다고 나섰기 때문에 그런 상인들의 투자 가치 예언은 흔히 허튼소리가 되지 않았다.

그러나 아무리 그런 상인들이 더 값이 오르기 전에 '들여다 놓으실' 것을 권유해도 미술품은 외제 옷을 살 때에 유명한 상표가 중요했듯이 '유명한' 작가의 것이어야 했고, 골동품은 되도록 상태가 더 좋고 되도록 더 반짝여 '덜 귀신 나오게' 보여야 했다. 이런 경향은 그전부터 내려오던 미술품과 골동품의 가치 체계가 크게 와해됨을 뜻했다. 그리하여 대체로 말해 현대의 유명한 화가가 그린 그림이 조선 시대의 유명한 화가가 그린 그림보다도 훨씬 비싸졌다고 할 수 있다. 살아 있는 유명한 화가 몇 사람의 그림은 우편엽서 한 장 크기인 한 호에 자그마치 몇 십만 원씩, 그리고 최근에 세상을 뜬 유명한 화가 몇몇의 그림은 한 호에 몇 백만 원까지씩에 이르는 값으로도 팔린다. 그리고 현대의 그림이나 옛날의 그림이나를 따질 것 없이 유명한 화가의 '못 그린' 그림이 유명하지 않은 화가의 '잘 그린' 그림보다 훨씬 더 비싸고, 유명한 작가가 '똑 떨어지게' 도장을 찍고 서명한 '못 그린' 옛 그림이 틀림없이 같은 작가가 그렸으나 도장도 이름도 남기지 않은 '잘 그린' 옛 그림보다 훨씬 더 비싸다. 그러나 애초부터 누가 그렸는지를 밝히지 않았던 민화는 그린 이를 따지지 않고 거래한다. 도자기로 말하더라도, 상품의 오래된 역사는 흔히 그 가치에 역비례한다. 그리하여 다시 대체로 말하자면, 삼국 시대에 만들어진 토기보다 고려 시대에 만들어진 고려 자기가 더 비싸고, 고려 자기보다 조선 초기의 백자나 분청 사기가 더 비싸고, 조선 초기의 그릇들보다는 조선 말기의 분원 사기가 더 비싸다. 현대 쪽의 것일수록 친근감이 있고 그 진부를 가리기가 쉬워서 그렇게 되었다고도 할 수 있지만, 분원 사기가 대체로 가장 희고 반짝이는 것이기 때문임도 부인할 수 없다. 현대에 제대로 만들었다는 전통 가구로 말하더라도, 피부가 반짝이는 나전 칠기가 가장 비싸다. 옛날 가구의 경우에도, 오늘날의 수집인들이 대체로 '학문 열등감'에 걸려 있다는 듯이 책장, 문갑, 경상, 서안, 사방탁자, 책탁자같이 책이나 글공부와 관계가 되는 것들이 더 비쌈과 함께 한말이나 일정 시대에 만들었음 직한 깨끗하고 반듯하고 튼튼한 강화 반닫이와 밀양 반닫이가 비싸고, 헌 때를 다 밀어 내고 새로 반짝반짝하게 래커 칠을 한 가구들이 잘 팔린다.

그러나 이런 설명은 예술품 시장의 일반적인 현상을 가리킬 뿐이다. 실제로 아주 비싼 골동품으로 나이가 오래된 것도 있을 수 있다. 또 아주 비싼 예술품을 사들이는 이들은 이런 부인들이라기보다는 오히려 몇몇 남자 재벌들이라고 하는 이들도 있다.

아무튼 흔히 '돈'으로 여기고 사 모으기 시작한 칠십년대 중기부터 예술품은 일반 사람들의 눈에 '돈'으로 보이기 시작했으며, 예술품의 수집이 돈 주체할 데 없는 부자들의 도락인 것처럼 오해되기 시작했다. 이 새 수집인들이 그전부터 미술품과 골동품을 수집하던 '부자 아닌' 이들에게 많은 것들을 더는 못 모으게 했다고도 할 수 있다. 그러나 이 '부자 아닌' 이들은 수집의 대상을 바꾸거나 한정하여 부자들이 외면하는 것들, 이를테면 오래되고 덜 반짝이는 것, 깨지거나 찢어져 나갔거나 헐었거나 망가진 것, 도장이 안 찍힌 것, 아무 이름 없는 작가의 것이나마 잘된 것 따위를 흔히 몇 천 원, 몇 만 원밖에 안 되는 값으로 수집하고 있으니, 흔히 '아무짝에도 못 쓸 것'들에 새 가치를 부여하는 힘도 그 여자들에게서 나왔다고도 할 수 있다.

그래도 서울 사람은 아직 한국 사람이다

부잣집 여자들은 예술품 수집에 관심이 생김과 함께 덕수궁 안의 현대 미술관회에서 주관하는 현대 미술 강의, 박물관회에서 주관하는 박물관 대학의 고미술 강의를 들어 예술 공부를 하는 열성을 칠십년대 말엽부터 보였다. 그와 때를 같이하여 서울 여자들 사이에 예술과 공예를 배우는 바람도 일어 그림, 글씨, 도자기, 칠보, 매듭, 양초 공예, 일본식 꽃꽂이, 박 공예, 스테인드 글라스를 가르치고 배우거나 팔고 사는 활동이 이 도시에 크게 번져왔던 것도 어쩌면 그 부잣집 여자들이 보인 예술에 대한 관심에서 파생되어 온 현상일지도 모른다.

팔일오 때부터 이제까지 서울 사람들이 어떻게 입고 먹고 집 짓고 살아왔는지, 그리고 언어 생활과 바깥 나들이를 어떻게 해 왔는지를 부분적이고 단편적인 눈으로나마 살펴봤다. 그리하여 오늘날의 서울 사람들이 세상살이를 하는 모습에, 전통의 고급 문화와 토박이 문화가 얽혀 있기도 하나, 그보다도 일정 시대부터 이 도시에 접붙여지기 시작한 일본 문화와 일본식 서구 문화, 또 해방 뒤로 이 나라에 바로 또는 일본을 거쳐 소개된 미국 문화의 본을 받아 형성된 대중 문화가 크게 작용하고 있음을 엿보았다. 그리고 육십년대부터 본격적으로 형성된 대중 문화에 외래 문화의 요소가 두텁게 깔린 데에는, 자본주의 경제 체제 속의 기업인들과 그들의 일손들이 관료 조직의 사회 변화를 촉구하여 일으킨 '근대화' 바람을 타고 주로 잇속을 위해 펼친 외국 사업의 모방, 그들과 손을 잡고 민중의 사고와 감정과 행동을 획일적이고도 등질화된 경향으로 몰고 온 텔레비전, 라디오, 신문, 여성지, 주간지 같은 대량 전달 매체가 퍼뜨려 온 외국 지향의 광고와 정보의 확산이 크게 작용해 왔음을 살펴보았다.

특히 기업인들의 이윤 추구 활동은 그들의 물건을 사는 대중의 생활 문화를 크게 좌우한다. 우리는 일찍이 육십년대 초기에 서울의 노인 여자들 사이에 유행했던 빨간 고쟁이, 곧 입지 않으면 아들딸에게 큰 탈이 온다던 그 고쟁이가 일부 기업인들이 팔고 남은 직물을 처분하기 위해 점쟁이들과 손잡고 고안한 것이라던 소문을 아직도 기억한다. 육십년대부터 이 도시에 소개된 많은 외국식 새 상품과 새 생활 양식도 이와 같은 기업인들의 착안에 따라 유입되었음은 별로 놀라운 일이 아니다. 그 동안에 유행한 양복과 양장도, 그 동안에 소개된 여러 새 음식과 여러 생활 용품도, 그 동안에 번진 많은 새 주택과 조경의 양식도, 또 그 동안에 새로 생긴 술집 같은 여러 상업 시설의 장사하는 방법도 흔히 신기한 것이 존중되는 대중 문화의 속성을 알아차리고 늘 한 사회에 없던 것을 새로 무더기로 소개하여야 돈벌이가 되는 사업인들이 장삿속으로 불러들인 것이다. 이런 사업인들은 흔히 일본에서 성공하는 일본식, 미국식 사업을 이 사회에 들여와, 새 상품에 일본식 이름을 직역하여 붙이고, 그것들을 다루는 소비자의 몸짓을 크게 일본화하고 서구화하였다. 자주 변하는 의복의 유행으로 말하더라도, 대체로 먼저 미국에서 번진 것이 일본의 소화를 거친 다음에 한국 기업인의 손으로 서울에 접붙여져 왔다. 옷의 모양을 자주 바꾸어 새 옷을 만들어 팔아 계속해서 잇속을 챙기는 서구 사회 기업인의 음모가 차례로 일본 기업인과 한국 기업인의 음모를 잉태시켜 온 것이다. 그리하여 이제 흔히 서울의 대중에게 옷은 해지거나 몸에 안 맞아서보다는 유행에 어긋나서 못 입는 것이 되었다.

이런 기업인들이 도입한 외국 문물이 사람들 사이에 놓인 시간과 공간의 틈을 크게 단축시켜 늘 수많은 사람에게 한꺼번에, 또 단박에 여론과 믿음과 유행과 생각과 느낌과 상품의 필요성을 주입시키는 마력이 있는 대량 전달 매체들의 힘으로 전국에서 구매력이 가장 큰 이 도시의 대중에게 부채질되어 온 정도는 엄청나다. 어쩌면 서울의 대중은 이 대량 매체들이 쉴 새 없이 광고와 정보의 전파로 창조해 낸 문화적인 분위기를 누리면서 산다고도 할 수 있겠으나, 오히려 그런 분위기에 갇혀서, 이미 말한 대로, 선택의 여지가 없이 주는 것만 받아먹고 산다고도 할 수 있다. 그러나 외래 문화가 유입된 공이나 탓을 싸잡아서 기업인과 우리 나라의 대량 전달 매체에만 돌릴 수도 없다. 그 동안에 서울 사람들의 서구 출입과 외국인들의 서울 출입이 끊임없이 있어 왔고, 미국 군인 집단이 용산에 머물러 왔으며, 이미 살폈듯이 그들의 군수품과 상품들이 시중으로 흘러 들어오면서 일으킨 '미국 바람'도 드세었다. 또 주한 미군의 텔레비전 및 라디오 방송과 미국 영화들이 짊어지고 와서 부린 미국의 대중 문화가 고급 문화의 습득 수단으로 영어를 학교에서 가르치는 서울의 대중에게 새 고급 문화 행세를 해 왔다.

그러나 이 시대는 절과 악수가 공존하는 때이다. 동양의 절은 순종하는 동작이고 서양의 악수는 '침략하는' 동작이어서 이 둘은 성격이 서로 크게 다르나마 서로 별 탈 없이 잘 지내고 있다. 외래 문화가 서울의 대중 문화에 그토록 많이 스며들었다고 해서, 또 더러 그 본고장에서보다 더 저질화되고 퇴폐화된 형식으로 이 도시에 번졌다고 해서, 전통의 고급 문화와 토박이 문화의 목숨을 완전히 앗아간 것도 아니요, 우리가 짐작할 수 없는 이변이 닥치지 않으면 앞으로도 그러지 못할 듯하다. 게다가 앞에서 이미 살폈듯이, 서울의 대중 문화는 외래 문화뿐만이 아니라 많은 한국식인 것으로도 형성되었으니, 외국 바람이 서울 사람들의 대중 문화에 그토록 드세게 불어왔을망정, 아직까지는 서울 사람의 한국 사람 됨 자체를 뒤흔들기까지는 하지 못했다고 봐야 할 듯하다.

또 외래 문물의 도입이나 여러 상업 광고나 대량 매체의 보도 내용이 반드시 이 도시 주민들의 삶을 악화하기만 하는 것도 아니다. 외래 문물이 여태까지 이 도시에 퍼뜨린 것에 훌륭한 것도 많았음은 말할 나위도 없거니와, 앞으로 잘 가려서 선택하기만 하면 여러 긍정적인 요소를 서울 사람들에게 가져다줄 수도 있을 터이니, 우리들에게 모자랐다고 할 수 있는 건전하게 국제화된 가치관—이를테면 모국어의 어휘를 죽이고 그 자리에 '미스터', '미스', '미세스' 같은 서양말을 등록시킨 지금까지의 습관이나, 외국인하면 무슨 '놈'으로 생각하는 버릇에서 벗어난 가치관—도 거기에 들 수 있을 것이다. 또 상업 광고가 여태까지 흔히 '범죄 덩어리'의 인상을 크게 심어 온 것도 사실이지만, 생산 업자들이 제 잇속뿐만이 아니라 소비자의 생활을 실질적으로 '독재하는' 이들로서 사회적인 책임까지 생각하면서 광고를 구상하고 제작하면 사회에 유익한 것도 될 수 있을 것이다. 그리고 대량 전달 매체로 말하더라도, 그것들이 훌륭한 수레인 것만은 틀림없다. 거기에다 어떤 더 좋은 짐을 실어 수용자들에게 전달할지가 과제일 것이다.

지금까지 형성되어 온 서울의 대중 문화를 되바라보고 반성하자는 소리도 높다. 또 여러 영역의 일들이 전통을 부끄러워했던 아버지에게서 전통도 알고 싶어하는 아들에게 넘겨진 오늘날의 서울에서, 새 주인들이 사고와 행동에서 드센 대중 문화의 지배를 크게 받고 있으면서도 '내 것' 되찾겠다고 스스로 애쓰는 낌새도 여기저기 있다. 젊은이가 주인인 서울의 여러 가게들 사이에 창의로운 국어 이름이 박힌 간판을 거는 새 바람이 인 것도 꼭 정치 권력 쪽에서 '민족 주체성', '전통 문화 계승'의 구호가 소리 높이 나왔기 때문에 생긴 현상은 아니다. 그렇다면 어쩌면 서울 사람들이 이제까지 쐰 '외국 바람'은 어차피 국제화되어 가는 이 세계에서 그들이 제 모습을 옳게 발견하는 일에 도움이 되었을 수도 있다. 그러나 그런 바람이 거기에 도움이 되었음을 진정코 확인할 수 있게 되기까지는 무엇보다도 현대 서울의 대중을 획일화하고 피동적인 군중으로 만들어 온 집단들의 반성과 각성이 필요할 듯하다.

천구백팔십삼년, 한국의 발견, 서울 편

그 사람들의 한평생

전라남도에서 태어나 뼈가 굵어져 사오십 줄의 성인이 된 사람은, 오늘날에도 흔히 그의 아들딸이나 손자와 손녀가 그러하듯이, 주로 도시의 산부인과 병원이 아닌 그의 집 안방에서 이 세상을 맞았다. 그를 받은 할머니가 명실(무명실)로 칭칭 감은 탯줄을 가위나 이빨로 싹둑 자름과 함께 그는 한반도 서남쪽의 한 후미진 구석에서 세상살이의 첫발을 디뎠다. 지구 위의 아기들 거개와는 달리 아마도 엉덩이에 푸르스름한 멍(몽고반점)이 들어 태어났을 그의 태는 태워졌거나 오가리(항아리)에 담겨 울밑에 묻혔을 것이며, 그 집의 대문이나 사립문에는 바깥 사람이 함부로 드나드는 것을 말리는 금줄이 쳐졌을 터이니 태어난 아기가 '머시매'이면 고추를, '가시내'이면 솔잎을 숯과 함께 듬성듬성 끼워 매다는 왼새끼줄이 그것이다. 그리고 그가 태어난 방에 딸린 아궁이에 얹힌 무쇠솥의 소두방(소댕)에서는 산모에게 먹일 미역국의 김이 솟았을 터이고, 할머니는 그가 태어나기 전에 순산을 빌려고 그 방 윗목에 지푸라기 깔고 쌀 떠다 얹고 촛불 켰던 상 앞에 고쳐 앉아, 그를 점지해 준 삼신령께 그의 증조할머니나 외증조할머니에게서 어깨너머로 배운 대로 "삼시랑님, 삼시랑님, 귀한 애기를 점지해 주셔서 감사합니다. 앞으로 부디" 하면서 손을 비벼 빌었을 것이다. 그의 어머니는 그가 아들이면 산고로 흐트러지고 비틀어진 몸매를 바로 하고 기뻐했으며 그가 딸이면 고개를 모로 돌리고 눈물을 줄줄 흘렸을 터이다. 그의 아버지는 사랑 모퉁이 같은 데에 피해 있다가 그가 아들이라고 하면 싱글벙글하고 그가 딸이라고 하면 쭈그리고 앉아 줄담배만 뻐끔뻐끔 피웠을 것이다.

이렇게 태어난 전라남도의 아기는 엎드려 자라는 서양 아기들과는 달리 바로 누워 제법 단단한 서숙 베개(좁쌀 베개)를 베고 자랐기 때문에 이 나라의 많은 촌아기들처럼 백일이나 돌 때쯤이면 뒤꼭지(뒤통수)가 납작해졌을 수도 있다. 이처럼 근본 두상이 정해지기까지 그는 '엄니'의 가슴팍과 '할무니'의 품을 왔다 갔다 하다가 돌 뒤로는 어머니는 밭 매러, 서답하러(빨래하러) 나가고 없는 집에서 그를 업어 주는 할머니의 등이 안식처가 되었을 것이다. 할머니의 등과 그 땀 냄새가 '끈끈한' 베적삼은 아직도—더 어릴 적부터 덮고 자던 찌든 포대기가 서양 아이들에게는 늘 안고 다녀야 마음이 놓이는 시큐리티 블랭킷(안심 포대기)이 되듯이—전라남도 아기들이 아이가 되는 과정에서 가장 포근하게 느끼는 처소가 된다.

엄니의 가슴팍과 할무니의 품

그리하여 그에게는 가장 자주, 가장 가까이 만나는 할머니와 어머니의 인격이 '나' 아닌 세계와 하는 대화의 첫 상대가 되었을 것이다. 이 두 여자에게서 응석을 부리면 받자가 있었고 울면 달램이 있음을 알아차렸고, 바로 그들에게서 처음에는 한마디 소리, 나중에는 여러 마디 소리를 내는 것을 배웠으니 그런 소리와 그 뜻을 연상시키는 가르침을 받았을 것이다. 그리고 마침내 그는 그들을 바라보며 의사를 전달하려고 뜻에 일치하는 소리를 내었을 터이니, 그것이 다름 아닌 전라남도 말이다.

그가 처음으로 썼던 말과 그 말씨는 바로 할머니와 어머니가 그에게 썼던 말과 그 말씨였다. 어머니가 그에게 '니' 하면 그도 어머니에게 '니' 했고, 할머니가 그에게 '먹어라' 하면 그도 할머니에게 '먹어라' 했다. 그리고 그가 '니' 하고 '먹어라' 하는 대상은 그가 말을 거는 이 세상의 모든 사람이었다. 그가 이 두 여자와 이 세상의 모든 사람과 맺은 처음의 관계는, 언어 내용으로만 보자면, 이처럼 완전한 평등주의 관계였다. 그러나 그는 나이를 더 먹어 감에 따라 다른 사람들끼리 하는 말을 들으면서 또는 웃어른들의 가르침을 받으면서 언어 사회에 지켜야 할 규범인 경어법이 있음을 알아차리게 되었다. 곧 이 세상에는 '니'만 있는 것이 아니라 '자네'도 있고, 그가 '니' 하던 할머니가 하인에게서는 "알량허십니껴?"라는 인사를 받는 것도 알게 되었다. 그러나 평등주의 언어 관계를 불평등한 관계로 당장 고치는 일은 그에게 지극히 어려운 일이었다. '니'를 '니' 아닌 다른 사람으로 바꾸는 일이 여간 어려운 일이 아니었기 때문이다. 그리하여 우선 말 안 들으면 야단치기 쉬운 엄한 그의 아버지에게 먼저 '니'를 빼고 '허쑈' 했다. 그리고 어머니, 할머니에게는 정떨어지게, 그것도 너무 떨어지게 '허쑈' 할 수가 없어서 '너'에 가장 가까운 '자네'에게 하는 말씨인 '허소(하게)'를 하기 시작했다. 그러나 이것도 비록 장가들 즈음까지 어머니, 할머니에게 '허소' 하던 '버릇없는 놈'이 전혀 없었던 것은 아니나, 대개는 예닐곱 살이나 여덟아홉 살 때까지만의 특전이었다. 그때쯤이면 집안 어른 중에서 그 말버릇을 고칠 것을 엄하게 분부하는 이가 나오고야 말았기 때문이다. 그래서 전라남도 아이들이 어머니, 할머니에게 하는 맨 처음의 존댓말은 평생에 가장 크게 하는 '거짓말'이 되고 '연극'이 되고 '먼 거리'의 선언이 된다. 이처럼 전라남도 아이들은, 다 커 어른이 되어서도 "할매야, 밥 묵어라" 하는 수도 있는 영남 사람, 대학교에 들어가서도 더러 아버지와도 서로 말을 놓고 '해' 하는 서울 학생들과 마음이 통하는 동무가 된다.

이렇게 말과 말씨를 배운 그는 제 발로 골목에 나가기 시작한 뒤로 밖에서 좋은 말도 배웠지만 '욕'도 배웠다. 전라남도에도 가까이는 경상도, 멀리는 구미 선진국에서처럼, 고달프거나 성난 사람들이 응어리진 마음을 풀기 위해 내뱉는 욕, 또는 '니'나 '자네'에게 가까움의 표시로서 내던지는 욕이 숱했던 것이다. 그 종류도 미국 같은 나라의 '솔직한' 민중이 쓰는 것하고 크게 다를 바 없었으니, 성하고 이어지는 '니미씨벌놈!', '좆가치!' 같은 것이 있었고, 처벌이나 죽음하고 이어지는 '찌저 주길 놈!', '육시럴 놈!', '벼락 마저 주글 놈!', '호랭이가 무러 갈 년!' 같은 것이 있었고, 바보 됨이나 불구성과 이어지는 '멍청아!', '반펭이야', '저 머저리', 병신아' 같은 것이 있었고, 짐승과 이어지는 '개새끼!' 같은 것이 있었다. 미국 컬럼비아 대학교 교수인 사회학자 허버트 패신이 그의 저서 《일본말과 일본 사람》에서 분류한 서구 선진 사회의 욕들과 크게 어긋나지 않는 이런 여러 갈래의 욕을 일찌감치 못 배워 두었던들, 모진 역사 속에서 전라남도 사람은 가슴이 훨씬 더 갑갑했을지도 모른다.

그는 또 어렸을 적부터 해학과 반어성과 풍자와 양의성을 지닌 말씨를 배웠기 쉽다. 곧 우스운 소리, 비꼬는 소리, 빈정대는 소리, 돌려서 하는 소리, 긍정과 부정을 수사학의 요청으로 거꾸로 하는 말들을 일찍부터 익혔기 쉽다. 그리하여 그가 자라서 나중에 고생 모르고 자란 서울 사람들과 사귈 때에는 그들이 말귀를 못 알아들어 답답해 하기 쉽다. 이것은 마치 서구 사람들이 일본에 와서 '착한' 일본 사람들이 농담을 진담으로 알아듣곤 하기 때문에 당황해 하기 일쑤인 것하고 비슷하다. 이런 전라남도 사람의 감성과 지성이 '단수 높게' 조화된 말씨의 꽃은 이 지방 사람들이 예로부터 이제까지 펼쳐 온 문학, 음악, 굿거리, 그림 같은 것에 잘 표현되어 있다.

깨금 쫓고, 고리 묻고, 푸렁 뛰던 시절

전라남도 아이는 열 살이 넘기 전에 삶이 노동과 놀이의 뒤범벅임을 깨달았을 것이다.

아마도 그는 똥오줌을 가리고 난 다음부터 세상이 자기가 무엇을 달라고 하면 그냥 가져다주기만 하는 것이 아니라 거꾸로 자기에게 무엇을 달라고 요구하기도 하는 것임을 알아차렸을 것이다. 그의 부모는 "이것 가지고 오니라", "저것 갖다 드리고 오니라" 하다가, 그에게 철이 더 들어 감과 함께 농경 사회에 오래 전해 오는 가내 분업의 관습에 따라 그의 힘에 맞는 일을 시켰을 것이다. 그리하여 아기 보기, 불 때기, 모이 주기, 꼴 베어 오기, 소 뜯기기, 나무하기, 마당 쓸기, 이삭 줍기, 물래(툇마루) 닦기, 쇠죽 쑤기, 걸레 빨기, 나물 캐기 따위의 노동이, 학교나 서당에 갔다 오는 동안이 아니면, 그의 나이와 성별에 따라 그에게 주어졌기 쉽다.

이런 일들은 흔히 사회 생활을 뜻했으니, 이를테면 소 뜯기기는 여러 머시매들이, 나물 캐기는 여러 가시내들이 떼 지어 가서 하는 일이기 쉬웠다. 이처럼 남들하고 함께 일할 때에, 또 그런 일을 하지 않을 때에라도 그들과

함께 있기만 하면, 그는 '놀았다.'

그가 머시매였다면, 아이들과 만났다 하면 숨긴 것 찾아내는 놀이인 고두밥 먹기, 눈 가려진 사람이 던지는 신짝을 받는 신짝 뗑기기(던지기), 손 짚고 게걸음 뛰기, 상대편에게 깍지 낀 손을 내밀어 한 손으로 당겨 채게 하는 씹 주기, 멀리 싸는 놈이 이기도록 되어 있는 오줌 누기, 씨름, 한 발 들고 한 발로 걷는 깨금 쫓기, 땅속에 묻은 고리를 막대기 꽂아 찾아내는 고리 묻기, 땅 뺏기, 낫 꽂기, 소나무 옹이로 만든 공을 공매라는 막대기로 치는 조선식 하키인 공 치기, 엽전으로 돌을 쳐 넘기는 비석 치기, 넓이뛰기인 푸럼 뛰기, 기마전인 와가리 싸움 같은 것을 했을 터이며, 그밖에도 꼰뒤기(고누두기), 장기 두기, 돈치기, 엿치기, 팽이치기, 연 띄우기, 대로 엮은 통태나 장군태를 굴리는 도롱태 굴리기, 짚을 처녀의 댕기 머리같이 땋아서 끝에 삼으로 꼬리를 달고 침 발라 휘두르다가 꺾어 채 '땅' 소리 내는 돼기 치기, 빽총 쏘기, 새총 놓기, 제기 차기 같은 것을 했을 것이다. 이런 놀이들은 자상하게 풀이하자면 끝이 없으니, 이를테면 서울에서처럼 엽전에 비싼 한지를 '짬매' 만들지 않고 삐뿌쟁이(질경이) 이파리나 머구(머위) 이파리로 만들어 차는 이곳의 제기만도 가지가지여서, 그냥 차는 땅제기, 발을 들고 차는 들제기, 두 발로 번갈아 차는 양발 제기, 키보다 더 높이 차는 키제기, 차서 입에 무는 물제기, 차서 머리에 이는 일제기, 가면서 차는 갈제기 같은 것이 있었고, 꼰뒤기에도 네발꼰, 아홉발꼰, 강곤, 말곤 같은 것들이 있었다.

그리고 그가 가시내였다면 이른 봄에 논두렁, 밭두렁에 나는 깐치발(까치무릇)이나 물긋닢(무릇잎)을 뜯어다가 풀각시를 만들며 놀았을 터이고, 땅에 여기저기 흩어져 있는 사금파리와 꼬막 껍질 같은 것을 주워 모아 정제(부엌)와 장고방(장독대)의 그릇들로 삼고 나뭇가지를 주워 모아 장작벼늘(장작

더미)을 만들어 사금파리 솥에 흙을 넣어 밥 짓는 시늉을 하면서 좀 더 나이 든 가시내들에게 배운 대로 그것이 무슨 소리인 줄도 모르면서 그저 "솔 때, 불 때, 정제 나무 푸그렁" 하고 노래하는 빠깜살이(소꿉놀이)를 했던 것이다. 그러다가 키가 커지면서 손바닥의 엽전을 손등에 올렸다가 다시 손바닥에 받는 조세 받기, 숨바꼭질, 독뱉기(공기 받기), 널뛰기를 했을 터이며, 머리가 치렁치렁한 처자(처녀)가 되어 가면서 차례로 등을 밟고 노는 놀이인 지와 볿기(기와 밟기), 여럿이 앞사람의 허리를 안고 선 줄의 꽁무니에 있는 사람을 '따는' 외따기나 그네뛰기를 하였을 것이며, '하늘에는 별도 총총' 하고 노래하며 강강술래를 하였을 것이다.

그런 놀이를 하고 자란 전라남도 사람은 생일이 한 해에 세 번일 수가 있다. 하도 많은 아이들이 일찍이 많이 죽으므로, 아이를 낳으면 우선 한두 해 동안 기다려 보았다가 살아남음을 확인하고 면사무소에 가서 그 뒤늦은 해의 음력 생일 날짜, 곧 그 음력 생일과 글자가 같은 양력 날에 태어난 아이로 호적에 올리던 농어촌의 풍습 때문에, 그에게 음력 생일, 가짜 양력 생일, 그리고 거슬러 셈해 본 진짜 양력 생일이 생겼을 수 있는 것이다.

부끄러움과 혼란을 함께 가르친 학교

법률로 봐서는 그 때문에 나이를 한두 살 덜 먹게 되었으면 초등학교 입학도 도회지나 읍내의 아이들보다 한두 살이 늦었기 쉽다. 이렇게 뒤늦게나마 읍내의 초등학교에 들어가게 된 그에게는 그 십 리 길의 학교 출입이, 더 먼저 어머니 손 잡고 외갓집에 갔다 온 일이 없었다면, 평생 처음의 외부 세계 접촉이 되었을 것이다. 그리고 그 접촉은 꽤 큰 문화적인 충격을 주었을 것이다. 우선 그는 그 긴 칼 차고 와서 아버지에게 반말하며 쌀, 놋그릇 감춰 두고 공출하지 않았다고 하여 온 집 안을 뒤지고 가던 그 일본 순사와 그와 함께 온 형사 말고도 이 세상에는 양복쟁이가 많음을 발견했을 것이다. 그리고 옛날에 켰다던 명씨(무명씨) 기름 등잔은 그만두고라도 집에서 켜는 세구(석유) 등잔보다도 훨씬 더 밝은 전깃불, 그 아름답던 전봇대, 그 신기한 일본집의 양철 지붕과, 반듯반듯하며 그 위에 유리 조각이 꽂혀 있어서 더 그럴싸했던 시멘트 담, 여러 길갓집의 유리문들, '다마네기(양파)', 일년감(토마토), 당근, 호배추 같은 듣도 보도 못하던 채소들, 학교 정원의 신식 나무들, 과자점의 과자들과 아이스께끼 같은 것들이 그를 감격케 함과 함께 따돌렸을 것이다. 게다가 아무리 서로 코 흘리기야 마찬가지라손 치더라도, 이 촌 머시매가 집에서 짠 무명베에 검정물을 들여 동네 '자방틀'로 눈대중으로 만든 학생복을 입고 읍내 아이들과 옷맵시를 겨룰 수 있었겠으며, 집에서 '가새(가위)'로 자른 단발머리의 그 촌 가시내가 읍내 가시내만큼 '뽄(맵시)'이 있을 수 있었을까? '벤또(도시락)'에 담긴 '짐치'의 빛깔도 그 임자의 촌놈 된 정도를 알렸으니, 막상 고추를 생산하는 촌에서 싸 온 것은 희멀겠고, 읍내에서 싸 온 것은 고춧가루가 많이 들어 새빨갰다. 또 학교에서 멀리 떨어진 외진 동네에서 온 아이일수록 책보도 신도 더 초라했다. 예로부터 '촌답다'는 말 대신에 '촌스럽다'는 말이 생겨난 곡절도 그런 데에 있을 것이다.

나이는 읍내 아이들보다 한두 살 더 먹었으면서도 용모는 초라하고 소 뜯기고 꼴 베러 다니느라고 숙제는 다 못해 왔으니, 그와 그의 촌동무들은 선생한테 매나 맞기가 십상이었다. 그리하여 선생 앞에서는 주눅이 들게 된 그는, 구습 타파니 미신 타파니 진보니 하는 구실로 선생이 펼친 세뇌를 주는 대로 꿀떡꿀떡 잘 삼켜, 할아버지의 상투, 할머니의 얹은머리, 어머니의 낭자(쪽), 삼촌의 지게, 할머니의 비손, 아버지의 육자배기, 제 집의 초가 지붕 같은 것으로 상징되는 제 자신의 문화 가치를 부끄럽게 여기는 공부를 했으니, 자기가 읍내에 처음으로 왔을 때에 보았던 전깃불 하나만을 보아도 선생의 말은 거의 다 옳게 들렸을 것이다. 그러나 그가 더 깊이 생각하는 아이 축에 들었다면, 그에게 그 선생의 말과 소행이 더러는 못 미더웠을 것이다. 곧 미신을 타파하라던 그가 서양 미신 이야기인 산타클로스 할아범 이야기를 국어 책에서 읽어 주었고, 설이 쇠지 말아야 할 것이면 차라리 쇠지 말라고 해 버리지 않고 괜히 달포 앞선 양력 정월 초하루를 설날이라고 하여 '까치 까치 설날은' 어쩌고 하면서 말도 안 되는 설맞이 시늉을 했던 것 따위가 그에게 몹시 못마땅했을지도 모른다. 게다가 세상이 바뀔 때마다 그 선생이 둔갑을 해서, 일본 제국주의 시대에는 '고코쿠 신민'이 어쩌고 했다가 해방이 되자 '일본놈' 욕을 호되게 하며 민주주의 어쩌고 한 것까지는 좋다손 치더라도, 육이오 난리가 터져 '인민군'이 들어왔던가 했을 적에는 '장백산'이 어쩌고 하는 노래를 가르치며, 그 전날까지 받들던 것은 가짜 민주주의였으며 그것이 참된 민주주의라고 하더니만 그들이 달아나자 다시 계면쩍은 얼굴로 나타나 그 가짜 민주주의가 진짜 민주주의라고 하는 수도 있었으니, 그런 말을 듣는 그에게는 선생의 말이 총칼 앞에서 어쩔 수 없이 바꾸어 했던 소리로서는 너무 컸고 진실로 그리 자주 마음을 고쳐먹고 한 말이라면 더 큰 야단이라고 생각되었을 것이다.

그 가르침이 옳았거나 글렀거나, 학교는 촌아이가 즐겁게 다니는 데가 아니었다. 가야 할 의무가 있어서 나날이 다녀왔을 따름이어서, 책보를 허리에 띠고 십 리 길을 걸어 제 집에 돌아와서는, 저녁에 세구 불을 켜 놓고 배깔고 숙제하던 것을 빼놓으면, 다시 오천 년 묵은 농경 사회의 아들딸 신세로 되돌아갔다고 봐도 될 듯하다.

아이와 할머니의 가까운 관계는 그가 초등학교에 들어간 뒤로도 줄곧 이어지기 십상이었다. 머시매였다면 할머니는 그를 늘 '내 강아지'라고 불렀기 쉽고, 아버지나 어머니가 그에게 지천(꾸중)을 하면 역정을 내어 그의 편을 들기 일쑤였을 것이다.

순사 조심, 총칼 조심

이곳의 문화도 일찍이 문화인류학자 마거릿 미드가 지적한 조부모 모방형 문화에 속해, 그런 할머니가 어렸을 때부터 들려주던 그 많은 옛날 이야기들이 그의 인격 형성에 힘을 미쳤다면, 그의 마음씨나 마음보는 그가 태어난 아버지 동네나 어머니가 태어난 동네도 아닌 진외가 동네에서 할머니가 어렸을 적에 할머니의 할머니에게서 들은 이야기의 영향을 받아 결정되었을지도 모른다. 듣고 듣고 또 들었기 쉬운 〈장화홍련전〉, 〈유충렬전〉 같은 이야기를 또 들려주는 것 말고도 할머니는 집에서 물레를 잣거나 들에 새 보러 나가 "우여, 우여" 하며 새 쫓는 틈틈이 "새야 새야 파랑새야" 하는 노래를 손자한테 가르쳤을 터이고, 그 노래를 나오게 한 사람, 그 녹두알만큼 작은 그 자랑스러운 전라도 시골 농부가 썩어 빠진 관헌에 대들어 억눌림당한 민중을 이끌고 일어섰다가 마침내 애석하고 억울하게 잡혀 죽은 이야기도 했을 것이고, 늘 '순사' 조심하고 '총칼' 조심하라는 당부도 했을 것이다.

그리고 그 당부는, 특히 그 동네에도 여순 반란 사건 또는 육이오 난리의 여파 같은 것이 미쳐서 제 눈앞에서 사람들이 온몸이 먹통이 되도록 몽둥이질을 당하거나 총을 맞거나 칼이나 대창에 찔려 죽는 모습을 어린 몸으로 목격했다면, 또는 그 자유당 때에 투표장을 망 보던 형사가 '이승만 박사'에게 투표하지 않은 노인더러 '해라' 하면서 뺨 치는 것을 보았다면, 자기가 좀 더 어렸을 적에 울며 보채면, 또 그 울음을 뚝 그치지 않으면 나타나서 자기를 잡아다가 먹는다던 그 솔장시 패(길쌈하는 데에 쓰는 솔을 팔고 다니던 왈패 집단)나 초라니 패에 대한 경고보다는 그 아이에게 훨씬 더 진지하게 들렸을 것이다. 바로 그런 분위기가 그 또래의 많은 똑똑한 전라남도 사람들로 하여금 '힘에 억울하게 당하지 않을 처지'의 확보를 위해 가장 높은 자리에는 못 오른다손 치더라도 우선 검사나 판사가 되어 보려고 머리를 싸매고 공부해서 고등 고시 '파스'하게 하였고, 더러는 이념이고 절개고는 내동댕이치고라도 우선 '순사'한테 경례 받는 국회의원이 되고자 눈에 불을 켜게 했을지도 모른다.

"새 눈은 깜박, 울 애기 눈은 펀덕, 우여"

전라남도 사람도 아기 시절과 아이 시절에 대체로 여러 차례의 죽을 고비, 아픈 고비, 탈 난 고비를 넘겼기 쉽다. 그리하여 이마적까지도 촌아기의 어머니와 할머니는 이런 액운들을 미리 내다보고, 그가 태어날 때에 삼시랑님네에게 빈 것 말고도 해산 뒤의 초삼일에, 또 초이레부터 일곱째 이레까지 일곱 차례에 걸쳐서 팥고물 얹은 시루떡 해 놓고 밥그릇에 쌀 채워 실타래 걸쳐 놓고 그 위에 촛불 켜고 스스로의 손으로 또는 당골(세습 무당)을 불러다가 그에게 명이 길 것과 탈이 없을 것을 빌었다. 그러고도 마음을 놓지 못하여 아이를 중이나 당골이나 이웃 동네 점쟁이에게 '팔아', 요즈음 말로 하자면 대부나 대모가 그에게 생기도록 하는 수도 있었으며, 아이에게 비바람 잘 견뎌 내라고 하여 천한 이름을 지어 주어 '또바구', '개똥이' 따위로 불리게도 하였다. 그러나 올 것은 온다. 그리하여 마마를 '모셔서는', 곧 손님(천연두)이 아이에게 들었을 때에는 얼굴이 얽게 되는 신세를 모면케 해 달라고 정성 들여 또 손 비볐다. 그리고 봄에 아이에게 홍역이 들었을 때에는 토끼가 있었던들 그 발 달여 먹이고 미리 꿩 잡아다가 그 발을 말려 두었던들 달여 먹였을 터이나, 대체로 그러지 못하고 산 가재 잡아다가 삶은 국물 입에 떠 넣어 주고 칡뿌리 달여 먹였다. 이밖에도 돌림병은 많았으니, 염병(장질부사)이나 호열자(콜레라) 같은 돌림병이 번졌다 하면 많은 목숨을 앗아 갔고, 이질과 풋꽂(초학, 학질, 하루거리)도 흔했으나 이겨 내기가 좀 더 쉬웠다.

아이들에게는 돌림병 말고도 온갖 다른 병이 따라붙기 일쑤였다. 대체로 사람이 겪는 병을 머리애피(머리앓이), 가슴애피(가슴앓이), 배애피(배앓이) 세 갈래로 나누었는데, 가슴애피는 주로 어른들의 병이고 머리애피, 배애피가 아이들 차지였다. 그럴 때면 가장 먼저 동원되는 것이 어머니의 약손이었고, 특히 머리애피 때에는 할머니의 '잠밥 먹이기'가 나왔다. 할머니가 작은 바가지에 쌀을 소복이 담아 보자기에 싸서 손으로 감아 쥐고 그 '쌀 봉우리'를 이마에 대고, "잠밥 각씨님네, 다름이 아니라" 무슨 성씨 가문의 몇 살 먹은 아무개가 "우연히 머리가 아파서 발광을 하니, 그저 수가 사나워서 그러는지, 잠밥 각씨님네, 오다가다 총 맞은 귀신이나 칼 맞은 귀신이나 배가 고파서 혹시 만져 봤는지, 잠밥 각씨님네, 이놈을 먹고 썩 물러나렷다!" 하여 그 잠밥 각씨님과 귀신을 떼어 놓고 보기도 하고 일치시켜 보기도 하는 겹뜻을 지닌 선언을 하고 나서, 그 쌀 바가지를 이마에서 떼었다 다시 대어 문질렀다 하는 동작에 맞추어 "하나, 둘, 셋…… 일곱, 쒜에쒜에!" 하는 소리를 두 번 하고 그 다음에 "만일에 이놈을 먹고도 안 물러나면 대칼로 목을 찔러 대천 한바다에 던질 터이니, 썩 물러나렷다!" 하고 으름장을 놓던 의식이 바로 '잠밥 먹이기'였는데, 이 의식을 거치고 나면 아픈 머리가 한결 거뜬해짐을 아이들은 흔히 느꼈다.

아이들은 또 이런 병치레 말고도 여러 다른 자잘한 탈이 붙어 그 치료 의식을 겪어야 했다. 밤눈이 어두웠다면, 볶은 콩 얻어 먹는 재미로 밤 골목을 누비며 "새 눈은 깜박, 울 애기 눈은 펀덕, 우여!" 하고 외치며 소두방 두드리고 다니던 동네 아이들의 등에 업혀 다녀야 했을 것이며, 잠자리에서 오줌을 못 가리는 오줌싸개였다면, 아침에 일찍이 체나 조리를 주면서 소금 얻어 오라는 어머니 말을 믿고 이웃집에 갔다가 평소에는 저를 귀여워해 주던 이웃 아낙이 느닷없이 "아나, 소금!" 하면서 바가지로 퍼붓는 물벼락을 맞았을 것이다. 또 두드러기가 났을 때에는 어머니나 할머니가 활랑 꾀벗겨(발가벗겨) 뒷간 지붕에서 지푸라기를 한 줌 뽑아 가지고 불 붙여 소금 뿌리며 그것으로 그 몸을 쓸면서 "뚜드럭 씰자, 뚜드럭 씰자" 하였을 것이고, 눈에 다래끼가 났을 때에는 얼개빗(얼레빗) 등을 죽석(대자리) 바닥에 문질러 데워서 눈썹 하나 뽑고 그 자리에 갖다 대어 주었을 것이고, 몸에 곤곳(종기)이 나면 호박꽃 따다가 붙여 주었을 것이다. 그리고 새 이빨이 날 때에 헌 이빨이 아프고 흔들거렸던 것도 탈이었다면, 어머니나 할머니가 명주실로 헌 이빨을 나꿔채서 지붕에 던지면서 "깐치야, 깐치야, 울 애기 헌 이빨 가져가고 새 이빨 가져오니라!" 했던 것도 생각날 것이다.

뽕밭에는 오들개, 산에서는 포리똥

전라남도의 농어촌은 대체로 가난한 사회였다. 그리고 가난하지 않은 집이라도 혼자 호의호식할 수가 없어서 검약하게 살았다. 그러니 아이들의 군것질감이 조청 말고는 집에 별로 없었다. 다만 학교에 다니는 길목에서 아이들의 눈을 꾀던 단것으로 엿이 있었으나, 실리에 밝은 아이였다면 부피는 제법 크지만 입에 들어가서 너무 빨리 녹아 버리는 것이어서 싫어했을 것이다. 그리하여 가끔 큰맘 먹고—아마도 부모에게는 평생토록 잊지 못할 죄의식을 느끼면서—사 먹은 것이 핏엿알(빨간 엿으로 만든 알)에 노란 설탕 가루 몇 톨 입혀 만든 눈깔사탕이었을 터인데, 이것 한 알을 입에 물었다가 아까워서 다시 꺼내 두 손가락으로 쥐었다가 다시 입에 넣어 빨고 하면서 십 리 길을 걸어 동네 앞에 이르러서는 아마도 꼭꼭 씹어 삼켜 버린 적도 있었을 것이다. 이토록 단맛을 그리워했으니, 어머니가 벽장 속의 생청(꿀)을 꺼내 풀어 한 모금 주던 뜨거운 물이 먹고 싶을 때면 꾀병까지 했을지도 모른다(오늘날 온 나라의 음식이 설탕가루 범벅이 된 것이 혹시 그때에 모자라 허덕이던 단맛을 뒤늦게 벌충하려는 욕구에서 비롯되었을지도 모른다). 또 봄에 땅이 녹자마자 물이 오르기 시작한 띠 뿌리, 잔디 뿌리를 캐서 흙도 채 털기 전에 잘근잘근 씹어 먹었을지도 모르고, 산에 가서 물오른 생솔가지를 꺾거나 솔 줄기를 깎아 달착지근한 '송쿠(송기. 물오른 소나무 속껍질)'를 해 먹었을지도 모른다. 그리고 봄이면, 들에 가서 삐비(삘기)를 뽑아 먹었을 터이고, 뽕밭에 가서 오들개(오디)를, 산에 가서 산딸기와 '포리똥(보리수나무 열매)'을 따 먹었을 터이며, 늦여름이면 멍밭(목화밭)에 가서 주인 몰래 목화 다래를 따 먹었을 터이고, 가을이면 팽나무 타고 올라 팽을, 뒷산에 가서 깨금(개암)을 따

먹었을 터이고, 깊은 산중에 살았으면 으름, 멀구(머루), 다래를 따 먹었을 터이다.

보릿고개를 맞은 동네에서 봄에 나물을 캐러 가는 사람들은 가시내와 젊은 아낙들이었다. 그들은 '너물 바구리(나물 바구니)'를 옆구리에 끼고 논두렁으로, 밭두렁으로, 산으로 가서 '너물 칼'로 나물을 캤다. 음력 정월 보름이 지나면, 보리밭 고랑에 나는 '구실뱅이', '가상커리'와 논두렁, 밭두렁에 나는 쑥과 나생이(냉이)를 캐다가 국을 끓여 먹었다. 음력 이월 초순에는 보리밭에 나는 '깨조백이', 밭두렁에 나는 '지청구'도 캐다가 국 끓여 먹었고, 그 중순부터 나기 시작하는 '숙지'와 '바깔'은 데쳐서 된장에 무쳐 먹었다. 음력 이삼월에는 거름하려고 지난가을에 논에 씨 뿌려 심은 '자우녕(자운영)'을, 쇠어 꽃 피기 전에 베어다가 데쳐서 울궈(우려) 된장에 무쳐 먹었으며, 개천에서 못생긴 불미나리를 뜯어다가 데쳐서 초에 주물러 먹었다. 또 그 즈음은 논두렁, 밭두렁에서 끈끈한 뜬물(뜨물)이 나는 '싸랑구리'를 캐다가 데쳐서 울궈 무쳐 먹을 때였다. 같은 삼월에는 산에 가서 취를 캐다가 데쳐서 무쳐 먹었으며, 혹시라도 쉬면 다시 물에 울궈 무쳐 먹었고, '항가꾸(엉겅퀴)', '뚜깔', '지보'와, 취같이 생겼지만 잎을 뒤집어 보면 빛깔이 하얀 '본취'를 캐다가 삶아 국 끓여 먹었다. 그 즈음은 또 도라지와 더덕을 캐다가 생으로나 데쳐서 먹고, 보리갈이 안 한 논이나 밭에서 '독새'를 베어다가 썰어서 씻어 죽을 쒀 먹는 때였다. 이런 것들은 맛으로 먹는 것일 수도 있었으나 흔히 구황 식품이었으니, 보릿고개가 한창이어서 배곯아 얼굴이 퉁퉁 부은 사람까지 생기는 음력 사월쯤이면 토끼가 먹는 풀인 '명왓대'까지 동이 오르자마자 끊어다가 데쳐서 죽을 쒀 먹기까지 했다. 짐승이 먹고 죽지 않는 식물은 사람도 먹을 수 있다는 것이 그들의 믿음이었기 때문이다. 그들이 먹는 것은 또 이파리나 줄기에 그치지 않았으니 아까 말한 도라지 뿌리, 더덕 뿌리 말고도, 칡 뿌리, '동구리' 뿌리, 주로 돼지가 먹는 돼지감자, 고사리 뿌리, 모시 뿌리 같은 것까지 캐다 먹기도 하였다.

올게쌀과 밀기울떡과 감단지

흉년이 든 해에 먹었던 것이 풍년이 든 해에는 별미 음식이 되는 수도 많았다. 햇쑥을 뜯어다가 삶아 쌀가루에 버무려 시루에 찐 '쑥버무래기', 쌀이나 보리에 섞어 지은 쑥밥은 맛이 훌륭했고, 이미 말한 송쿠를 넣어 짓거나 쑨 송쿠밥이나 송쿠죽은 살짝 떫은 듯해서 좋았다. 땅이 풀리는 초봄에 보릿잎을 베어다가 해 먹는 보리떡, 보릿국은 맛이 싱그러웠고, 겨우내 비실비실하던 봄동(얼갈이 배추)은 절여 먹으면 맛이 신선했고, 가을에 땅에 움을 파고 묻어 놓았던 무시(무)를 겨울에 꺼내 이빨로 껍질을 벗겨 내고 베어 먹으면 트림하는 기분이 좋았고, 다행히 그 무시가 봄에까지 남아 있어 그 움 속에서 노란 새 움을 쳐 그것을 잘라다가 데쳐 먹으면 맛이 씁쓸해서 좋았다. 그리고 무엇보다도 늦가을에 검푸른 조선 배추의 뿌리를 잘라 내어 그냥 먹으면 나는 아릿한 맛, 삶아 먹으면 나는 들큼한 맛이 좋았다. 음력 오뉴월에, 대밭에 나는 것은 아까워서 못 뽑고 고작 울밑이나 골목길에 나는 죽순만을 뽑아다가 쪄서 찢어 초장에 찍어 먹으면 오독오독 씹히는 맛이 좋았고, 음력 삼사월에 간짓대 끝에 낫을 묶어 가죽나무(참죽나무)에서 베어 낸 가지에서 가죽 잎을 따서 데쳐서 말려 찹쌀풀 발라 깨 쳐서 만든 가죽 자반은 깔끄러운 보리밥 숟가락질이나마 재촉했다. 아이들이 불 피워 놓고 보리 거시름(보리 서리), 콩팥 거시름(콩팥 서리), 하지감자 거시름(감자 서리)을 하며 맛을 즐기던 것은 그것들이 꼭 남의 밭에서 이루어졌던 거사였기 때문만은 아니었다. 콩잎, 팥잎, 호박잎, 토란잎, 피마자잎, 머구잎(머위잎)을 따다가 쌈 싸 먹거나 국 끓여 먹었던 것도 반드시 가난해서만이 아니라 그 맛 때문에 한 일이었다. 집집마다 한가위가 오기 보름 전쯤에 하던 올게심니, 곧 나락(벼)이 채 영글기 전에 베어다가 쪄 말려 도구통(절구통)에 찧어 낸 '올게쌀'로—서울말로 하자면 찐쌀로—'올게밥'을 지어 조상에게 한 상 바친 다음에 온 식구가 올게밥과 올게쌀을 즐기던 행사도 꼭 먹을 것이 없어서 한 일은 아니고 그 쌀과 그 밥의 꼬신(고소한) 맛 때문이었다. 그리하여 전라남도의 농촌 아이들은 그맘때면 흔히 올게쌀을 양쪽 괴비(호주머니)에 불룩하게 넣고 학교에 가서 한 줌 꺼내서 제 입에 털어 넣고 불려 이빨이 헐어 자빠지는 느낌이 들 때까지 씹어 먹곤 했다. 수제비는 말할 것도 없고, 여름에 밀이나 보리를 맷돌에 들들 갈아 물에 버무려 끓는 물에 집어넣고 쑤어 먹던 풋대죽도, 밀가루를 물에 풀어 보리밥 할 때에 호박잎을 깔고 그 위에 부어 쪄 먹던 개떡도, 밀을 통째로 맷돌에 갈아 밀가루와 밀기울을 섞어 만들었으나마 일류 호텔 양식당의 호밀빵을 뺨치는 밀기울떡도, 겨울에 쒀 먹던 호박 '풋대죽'도 가난한 사람들의 음식일 수도 있었으나, 흔히 농촌 사람들이 맛으로 해 먹는 음식이기도 했다. 도회지 사람들도 잘 먹는 찰떡, 흰떡, 설기, 기정(술떡)이야 좀 호사스러운 것이라고 하더라도 흔히 전라남도 농촌의 가난한 사람이 해 먹는 서숙떡, 쑤시떡(수수떡)이나, 감을 삶아 얼게미(어레미)에 받쳐 내어 거기에 쌀가루를 섞어 쑨 된죽을 식혔다가 묵처럼 되면 한 숟가락씩 떠내어 녹두 고물에 묻혀 만든 떡인 감단지, 모싯잎을 삶아 쌀가루에 섞어 만든 모시떡 같은 것도 반드시 궁해서 만들어 먹던 것은 아니었다. 음력 오월 단옷날에 해 먹는 찔구꽃떡(찔레꽃떡), 유월 유둣날에 애호박 썰어 넣고 방앗잎 넣어 부쳐 먹던 밀가루 부처리(부침개), 가을과 겨울에 해 먹던 도토리밥도 가난한 '목구녕 때우느라고' 먹던 것만은 아니었다.

전국에서 가장 큰 지게

초등학교를 나와서 그 또래의 많은 아이들처럼 이불짐을 싸 들고 이웃 도회지 중학교로 유학 가지 않았다면, 머시매는 곧바로 일꾼이 되어 지게를 지고, 가시내는 물동이를 이기 시작했을 것이다. 그맘때면 그는 비록 정월 보름날 아침 해뜨기 전에 동무의 이름을 불러 대답하면 "내 더우!" 하는 더위팔이를 하여 한 해의 더위를 다 떠넘겨 버렸다고 으쓱해 할 만큼 어리기는 했으나, 몸에 털이 가뭇가뭇 난 지 이미 오래여서, 남자면 청년들한테 팔씨름하자고 대들어 보고, 여자면 거울 앞에 훨씬 더 오래 앉아 있을 만큼 성인의 지위에 가까워져 있었다.

전라남도 농부의 지게는 어른 것은 어른 것대로, 아이 것은 아이 것대로 전국에서 가장 크다. 지게 뿔부터 지게 다리의 끝까지가 일직선이 아니라 아래로 갈수록 더 믿음직스레 굵어지면서 밖으로 굽어 벋어 나갔으며, 거기에 무거운 짐을 얹고 지게 막대기 짚고 두 발로 땅에 버티고 일어서는 농부의 얼굴은 예배당에서 기도하는 사람의 얼굴보다도 훨씬 더 경건해 보인다. 초등학교를 나온 머시매는 흔히 이것을 지고 다른 일꾼들을 따라 먼 산에 푸나무를 하러 갔고, 두엄을 논으로 져 날랐으며, 나락 토매(볏단)를 집 마당으로 져 들였다.

그는 지게를 지고 일터로 가면서는, 지게 작대기로 지게 다리를 두들기면서, 처음에는 중얼거리고 그 다음에는 꿍얼대고 그 다음에는 흥얼대는 신세타령을 하다가 마침내는 "가네 가네 나는 가네. 내가 돌아 나는 가네. 훨훨 버리고 내가 돌아만 가네" 하면서 학교 다닐 때는 부끄럽게 생각하던 육자배기 가락을 뽑았기 쉽다. 그런 것도, 또 그 동네의 농부들이 '상사뒤야' 소리를 하면서 모심기, 호미질을 하던 것도 다 노동과 놀이의 범벅이었던 그의 어릴 적 생활과 이어지는 것이었다. 그리하여 그는 들일이 없어진 겨울에는 흔히 새끼 꼬고 가마니 치고 하는 솜씨를 익히다가도—어릴 때에 소쿠리로 새덫 놓아 참새 잡고 집시랑(처마)에 손 넣어 새알 꺼내고, 저릅대(겨릅대)로 만든 채에 거미줄 앉혀 잠자리 잡던 전통에 이어—눈이 오면 동무들과 어울려 산에 가서 몰이를 하여 꿩이나 토끼를 잡아 왔고, 바쁜 여름에도 일하는 틈틈이에 여뀌나 때죽 열매를 으깨어 물에 풀거나 둠벙을 푸거나 쪽대(족대)를 사용하거나 하여 물고기를 잡아왔을 것이다.

그러는 동안에 전라남도 머시매는 이 나라에서 일감과 일의 생산성이 아마도 가장 많고 높을 농부로서 길들여졌다. 그가 묶는 나락 토매도 딴 고장의 것보다 더 컸고, 그의 삽에 뜨이는 흙도 분량이 더 '무끈했다.' 또 중부지방에서 흔히 세 사람이 삽 한 자루에 달라붙어 하는 '논둑 붙이기'도 전라남도 마을에서는 삽 한 자루를 한 사람이 쥐고 했다. 중부 지방에서는 흔히 소 두 마리로 하는 쟁기질인 겨리질을 하기도 하나, 소도 전라남도에서 태어나면 주인 닮아 고생길에 접어든다는 듯이 늘 한 마리가 쟁기를 끌었다. 또 도리깨질은, 도리깻열을 한 바퀴 삥 돌려 힘없이 하는 중부 지방에서와는 달리, 곡식을 때릴 때에 반동하는 도리깻열을 하늘로 뻗쳐 뒤로 돌아가기 전에 되후려치는 억센 것이었다. 이렇게 단련된 전라남도 일꾼의 힘과 일솜씨가 칠팔십년대에 농한기 때면 제 마을을 떠나 서울로, 부산으로 가서 건설 현장의 밑바닥 막품팔이를 할 때에 벽돌장이, 미장이, 돌장이, 콘크리트장이의 훌륭한 솜씨로 나타나는 것이다.

나락을 심고 가꾸고 거두는 일

남자가 하는 농사일은 주로 들일이었다. 그리고 그 일들은 보리갈이, 논두렁까지 놀리지 않으려고 거기에 콩을 심던 여자 일만 빼놓으면 거의 죄다 나락을 심고 가꾸고 거두어들이는 일이었다. 입하 때쯤에 못자리를 일구어 파종하여 하지쯤에 모를 쪄다가(뽑아다가) 거머리에게 피 빨리면서 논에 심고, 사흘 만에 뜬모 하고(잘 심기지 않은 모를 눌러 심고), 그 다음에 손으로 도사리 줍고(잡풀을 뽑고), 모 심은 지 한 달 만에 물 빼고 새끼 거름하고 호미질하고 물 대고, 그 이레 뒤에 물 빼고 손으로 호미굴 풀고(김도 매고 호미로 울퉁불퉁해진 논바닥을 고르고) 물 대고, 그 이레 뒤에 물 빼고 손으로 '중벌매기' 하고 물 대고, 부지런하면 중벌매기 뒤로 '공벌매기' 하고, 나락꽃 필 때에 물 빼고 '알거름' 하고, '만들이'라고도 부르는 맘매기(마지막 매기)를 하고 물 대고, 가을에 나락을 베어 거두어들이는 일이었다. 그러나 이것은 간단한 설명일 따름이니 모를 심는 논으로만 말하더라도, 보리를 갈지 않은 마른 논인 검은골(흑답)이나 물에 젖어 보리를 갈 수 없는 무논이면 뒤엄(두엄) 깔고 쟁기로 초벌갈이를 하고, 논을 깨는 두번갈이 쟁기질을 하고, '논둑 붙이어' 물을 잡고(대어 놓고), 산에 가서 풀을 해다가 까는 '풀싸기'를 하고, 논을 이기는 '이깔 쟁기질'을 하고, 써레질, 쇠스랑질을 하여야 했으며, 보리를 심은 논이면 봄에 보리가 팰 동안에 뒤엄 내다 놓고 풀 해다 놓았다가 보리를 벤 다음에 깔고, 물을 잡고 갈아엎는 '물갈이'를 하거나 물 없이 갈아엎는 '모른갈이'를 하고 물을 잡아 써레질, 쇠스랑질을 하여야 했다. 그리고 이런 일들에도, 이미 말했듯이, 놀이가 덧붙여졌으니 모를 낸 다음에는 '써레 시침'이라 하여 어지간한 집에서는 큰 잔치가 벌어졌고, 일하는 상머슴이 맘매기를 끝내고 집에 돌아오면 주인집에서 그를 영웅으로 대접하여 세무소 직원 몰래 빚은 맛있는 술을 먹이고 소 태우고(소의 등에 올려놓고) 놀았다.

물은 곧 논농사의 생명이었다. 동네의 도랑을 타고 내려가는 물, 강이나 내나 보나 늪에서 흘러나오는 물, 하늘에서 내리는 빗물이 논이 받는 물 전부였다. 동네 앞까지 한길이 나고 들판이 바둑판같이 되고 새로 막은 보의 물이 여기저기에 닿는 요즈음에는 사정이 좀 달라졌으나, 바로 집 앞이나 동네 앞에 있어 늘 이것저것 나르기도 물대기도 쉬운 논은 문전 옥답이라고 하여 가장 높이 쳤고, 강이나 내나 보나 못이나 늪의 물이 와 닿는 논을 그 다음으로 쳤고, 물의 공급이 오로지 하늘에만 매달려 있는 논은 천수답이라 하여 가장 낮게 쳤다. 논에 물을 댈 때에는 철저히 관습법을 따라야 했으니, 위에 있는 논의 물을 넉넉히 댄 다음에야 아랫논의 물을 댈 수 있었다. 그러나 그 물길이 닿는 논의 물을 대고도 남을 만큼 물이 충분할 때에는, 비록 그것이 위에서 아래로 향하는 물의 흐름에 어긋나더라도, 그 물길에서 발동기나 두레(물 퍼올리는 옛날식 장치)나 손으로 물을 그 위의 천수답 같은 논으로 퍼올릴 수 있었다. 그러나 이런 관습법에도 불구하고, 물이 없어 제 논에 모를 심지 못하거나, 물이 모자라 제 논에 심은 나락이 불볕에 타 죽는 처지를 겪는 농부는 염치나 체면이나 예의를 내동댕이치고 불을 켜고 미친 듯이 물을 찾았다. 그리하여 한밤중에 나가 윗논의 물꼬를 막아 도랑의 물을 제 논에 대기도 하고 심지어 윗논의 두렁을 잘라 물을 제 논으로 흘러내리게 하기도 했다. 제 논의 물을 지키려고 논두렁에서 긴 밤을 새우는 이도 있었고, 더러는 어두운 들판에서 평소에는 서로 내외하던 이집 아낙과 저집 사내가 고래고래 소리 지르고, 삽 휘두르고, 삿대질하고, 멱살 잡고, 멀끄댕이(머리채) 쥐어 잡고—도회지 사람이 보아서는 운동화 한 켤레 값도 안 되나마 찢어지게 가난하던 그들에게는 황금 같은 쌀 한 줌을 더 생산하기 위하여—치열한 적자 생존의 싸움을 하는 수도 있었다. 그러다가도 비가 줄줄 쏟아져 모든 논에 흥건히 괴면, 서로 사화(화해)하려고 찾아가 얼굴 '두를' 데를 모르고 빌고 또 빌기가 십상이었다.

두덕보리와 골보리와 송장보리

가을걷이가 끝나면 당장 시작해야 하는 것이 보리갈이였다. 밀과 호밀도 더러 갈았으나, 그 가는 방법은 보리와 같았다. 논에 가는 보리갈이는 '두덕보리'라 했고 밭에 가는 보리갈이는 '골보리'라고 했다. 두덕보리는 벼를 베어 낸 논에 쟁기질을 하여 '골'을 내고 두덕(둔덕)을 일구는 것으로 시작되었다. 그리고 그 두덕을 아이들이 '호시다(스릴이 있다)' 하여 타기 좋아하는 괭이써레로 써레질을 하여 고르고 쇠스랑질을 한 다음에 그 위에 씨를 뿌리고 몽근 거름(푹 썩은 두엄)을 하였다. 그 다음에 골써레나 쇠스랑으로 골흙을 으깨어서 삽으로 두덕에 파올려 흩뜨려 '씨거름'을 덮었다. 또 한편으로 골보리는 밭에 쟁기질을 하여, 그 골에 씨와 몽근 거름을 뿌리고 쇠스랑으로 두덕의 흙을 긁어 덮어 했다. 두덕보리의 경우에나 골보리의 경우에나 겨울에 땅이 얼었다 녹을 때마다 '보리 밟기'를 해야 했으며, 봄에 보리가 패기 전까지 적어도 두세 번은 골이나 두덕의 흙을 파서 붓(북돋기)을 해 주어야 했다. 그리하여 골보리를 한 밭은 보리가 팰 즈음이면 두덕이 골이 되고 보리가 심겼던 골이 도드라져서 두덕이 되었다. 그러나 품이 달리고 경운기가 나온 근래의 전라남도 농촌에서는 논에 두덕보리 말고 '송장보리'를 간다. 벼를 베어 낸 논에 그냥 씨와 몽근 거름을 뿌리고 경운기로 골을 갈아 거기에서 나오는 흙을 쇠스랑으로 덮는 것이다.

가을철의 밭은 꼭 보리나 밀 같은 것을 심는 것만이 아니었으니, 이른 봄에 봄마늘, 감자 , 돔부콩(광저기), 강낭콩 같은 것을 심으려고 묵혀 둘 수도 있었다. 그리고 보리를 간 밭에는, 늦봄에 보리를 베어 낸 다음에 콩, 팥, 목화, 고구마, 수수, 옥수수, 참깨, 들깨, 조 같은 것을 심어 가을에 거두어들였다. 이런 밭일은 크게 둘로 나뉘었으니, 쟁기질하고 씨 뿌리기까지와 거두어들이는 일은 주로 남자들이 맡았고, 김 매는 일은 주로 여자들이 맡았다.

농촌 마을에는 흔히 동지기 또는 고지기라고 하는 이가 있었다. 동지기는 동네의 '하인'으로 어린아이들한테는 '하소'를 당했다. 아마도 육십년대 말쯤까지에는 타관에 가서 '상것' 신세를 면하려고 짐을 챙겨 떠났겠지만, 아무튼 그는 그 동네 남자들이 동원돼야 할 울력 같은 것을, 언덕이나 깔끄막에 올라가거나 골목골목으로 다니며 큰 소리로 웨며(외치며) 알리는 '확성기'였다. 그가 웨어 알리는 관청의 지시 한마디에 집집에서 장정들이 망태기에 주먹밥을 싸 가지고 나와 품삯 한 푼 없이 십 리 길, 이십 리 길을 걸어가서 자기들의 삶과는 별 상관이 없는 신작로 길을 닦고 돌아오는 일을 거듭해야 했다. 그렇지 않아도 해방 전에는 공출로 뺏기고, 해방 뒤로는 '밤사람' 한테 앗기고 '낮사람' 한테 부대끼고, 생산비에도 못 미치는 낮은 곡식 값으로 털린 신세였으니, 누가 망을 보지만 않는다면 꼭 야당 후보자에게 표를 찍어 주고 싶은 심정이 그와 그의 이웃들에게 생겼을 터임은 당연하다.

웬만큼 잘사는 농가에는 머슴이 있었다. 흔히 '담살이' 라고도 하던 머슴은 한 집에 여럿이 있을 수도 있었으니, 그 우두머리가 '상머슴' 이었고, 지게질은 하지 못하고 꼴이나 베어 올 나이의 머슴이 '깔때미' 였다. 그들은 노동 계약이 말로나마 마치 서양 회사의 중역들처럼 '연봉 얼마' 로 되어 있었다. 상머슴의 새경, 곧 한 해 품삯이 구한말 무렵에는 나락 석 섬에 엽전 열닷 냥이었고, 육이오를 앞뒤로 해서는 나락 열 몇 가마니였다. 머슴들은 새경 말고도 봄, 여름, 가을에 옷 한 벌씩을 얻어 입었고, 겨울에 덕석(멍석) 엮기가 끝나면 따로 노수라 하여 가욋돈을 받았다(머슴이 엮은 덕석은 곡식 너는 데에도 쓰였지만, 다 커서도 버릇없는 놈 둘둘 말아 두들겨 패던 '덕석 몰이' 에도 쓰였다). 경운기와 농약이 농촌에까지 들어오기 전에는 이 머슴들의 뚝심이 소와 함께 대농들의 주된 노동력이 되었다. 맘매기가 끝날 때쯤인 음력 칠월 백중날이 그들을 받드는 날이 되어 부처리, 개떡, 새로 빚은 술이 밥상에 오르는 것도 바로 그들이 농사일의 뼈대이기 때문이었다.

땅과 하늘과 바람을 다 아는 머시매

농사 연장은 호미, 써레, 괭이, 괭이써레, 조선 낫, 도리깨처럼 옛날식인 것도 더러 있었으나 흔히 일본 제국주의 시대부터 개량되어 나온 것들이었다. 논밭을 가는 쟁기는 옛날식 조선 쟁기나 그전에 골만 파던 '훌챙이'의 몸을 받고 나온 것이요, 삽은 '가래'의 몸을 받아, 탈곡기는 '대롱 홀태'의 몸을 받았던 얼레빗 꼴 무쇠 홀태의 몸을 받아 나온 것이었다. 낫도 왜낫이라 하여 무쇠로 묵직하게 만든 조선 낫보다 더 날이 얇고 가벼운 것이 나와 벼, 보리, 풀을 벨 때에 널리 쓰였다(그러나 나뭇가지를 치거나 산에 가 나무를 할 때와 같이 조선낫이 아니면 할 수 없는 일이 많았다). 곡식을 되던 되와 말도 조선식과는 다른 일본식이었고, '가마니'도 부피의 단위로서나 용기로서나 그 이름으로서나 국적이 일본이었으니, 조선 시대에는 그 들이가 두 곱쯤인 '섬'을 썼다. 따라서 가마니를 짜는 틀도, 손틀이거나 기계틀이거나, 일본 사람들이 가져다준 것이었다. 소가 돌리는 연자방아는 이미 없어진 지 오래였고, 그 대신에 발동기 방앗간이 생겼으며, 디딜방아와 도구통은 남아서 쓰였으나 나락에서 겨를 벗겨내던, 통나무 매이던 매통도, 물로 찧던 벼락방아도 거의 다 없어지고, 벼락방아 대신에 물레방아가 보편화되었다.

게다가 그가 가꾸던 벼는 이미 몇 천 년 동안에 걸쳐서 이어 내려오던 조선 벼가 아니었다. 할아버지 때에 가꾸던 조선 시대의 베틀벼, 쌀벼, 청충벼, 파싹벼, 중벼, 다드레기, 깃벼, 조선 산도 들은 이미 일정 시대에 일본 종자인 조신력, 중신력, 만신력, 다마금, 곡량도에 자리를 내주고 멸종됐으며, 그 뒤로 사오십년대에는 새 일본 종자인 농림 팔호, 농림 육호, 행청도, 일본 산도 같은 것이 널리 보급되었었다. 이런 벼 종자는 그 뒤로도 또 바뀌었으니, 육십년대에는 은방주가 두루 보급되었고, 칠십년대 초반에는 통일벼, 유신벼 같은 것들이, 칠십년대 중반에는 밀양 이십팔호, 수원 삼십이호 같은 것들이 퍼졌다.

전라남도의 농촌 머시매는 농사를 지으면서 땅은 그만두고라도 하늘과 바람을, 땅 위의 동식물을 더 잘 알게 되었다. 봄, 여름에 샛바람이 불면 비가 올 것을 점쳤고, 흔히 가을, 겨울, 초봄에 부는 하늬바람이 여름에 불면 비가 갤 것을 알았고, 여름에 '동부새(동풍)'가 불면 비가 올 수도 있음을 알았다. 여름에 뜻밖의 검은 구름이 일면 틀림없이 비가 올 터임을 알았고, 겨울에 '흐리찡찡'하면 눈이 올 터이고 오랫동안 바람이 없으면 눈이 많이 올 것을 알았다. 그리하여 그에게는 중앙 기상대의 일기 예보는 아예 '쓸데없는 소리'가 되었다. 그리고 그는 갈가마귀, 물오리, 기러기, 제비 같은 철새와 참새, 까치, 꿩, 산비둘기, 굴뚝새, 꾀꼬리 같은 텃새들이 무엇을 먹고 살며, 사람에게 무슨 해와 덕을 주는 줄을 알고, 산토끼, 멧돼지, 고라니 같은 산짐승들의 생태를 알았다. 또 그는 집짐승 중에서도, 주로 안식구들이, 집에서 먹이나 모이를 받아먹는 개나 돼지나 고양이나 때까우(거위)나 닭과 가깝듯이, 고삐에 매여 집 밖으로 나가는 소와 염소와 가깝게 사귀며 의사 소통을 했으니, 특히 소는 쟁기질, 써레질, 골써레질, 괭이써레질, 수레 끌기를 하는 농가의 소중한 '동력'으로서, 그를 부리고 그에게 풀을 뜯기고 여물을 주고 하는 아주 가까운 짐승으로서 그의 말을 들을 줄 알았고, 그의 감정을 읽을 줄 알았고, 오늘날에 흔히 농가에서 공장에서 나온 사료 먹으며 일 없이 '놀며' 자라다가 살 통통 찌면 도살장에 가서 몸 버리는 신식 소하고는 사람과의 의사 소통이 밑뿌리에서 달랐다. 그리고 그는 눈에 보이거나 발부리에 채이는 거의 모든 나무와 풀의 이름과 쓰임새를 알았고, 이름이 없는 풀이라도 그것이 무엇인지는 알았다.

시집가기 전에 배우던 길쌈

초등학교를 나온 여자—아까 물동이를 이기 시작한다던 가시내—에게는 그가 그때부터 본격으로 거들기 시작하는 집안일이 곧 시집살이의 연습 과정이 되었다. 아침저녁으로 샘을 출입하며, 그곳이 동네 아낙들의 보도 본부이자 소드레(가십)의 길목임을 배우고 어머니한테서는 다 못 배운 성교육 강의도 듣고, 작은 동이에 두룸박(두레박)으로 물을 퍼 담고 또가리(똬리) 받치고 이고 돌아오며 이마에 넘쳐흐르는 물을 한 손으로 훔쳐 낸다. 그리고 가진 집 딸이 아니면 아낙들과 함께 뙤약볕 아래서 여러 곡식을 심은 밭을 가을걷이 때까지는 적어도 세 차례를 매야 했다.

그리고 나이가 더 차고 댕기 머리가 치렁치렁해짐에 따라 다듬이질, 다리미질, 서답하기를 배우고 무엇보다도 길쌈과 바느질을 배웠다.

그가 배운 길쌈에는 삼 길쌈, 모시 길쌈, 무명 길쌈, 명주 길쌈이 있었다.

봄에 씨를 뿌려 여름에 거두는 삼으로 하는 길쌈이 삼 길쌈이다. 그때에는 삼씨에서 싹터 나오는 이 한해살이 식물이 환각제인 줄은 아무도 몰랐으니, 삼밭에서 삼을 베다가 더러 '취해' 넘어진 이가 있었으나 그저 그것이 독해서 그런 것으로 알았으며, 삼밭은 아늑한 은신처로 많은 청춘 남녀들이 몰래 만나는 곳도 되었다. 그런 삼밭에서 거둔 삼은 곧바로 대칼로 훑겨(잎과 가지를 쳐 내) 비슷한 길이의 것끼리 추려서 '삼굿'에 넣어서 꾸웠다(쪘다). 그리고 그 거죽을 벗겨 내어 널고, 가리고, 빨고, 도패로 돕고(톺고), 또 널고, 물에 적시고, 째고, 또 널고, 물에 적시고, 삼고, 사리고, 묶어 달아매고, 다시 물에 적시고, 잣고, '돌껫'에 올려 '실껫'으로 만들고, 잿물에 삶아 '똥' 빼서 쌀뜨물에 담그고, 또 널고, 돌껫에 걸어 내려 사리고, 거슬러 사리고, '곰부레'에 꿰어 날고, '보디(바디)'에 꿰어 매면서 도투마리에 감고, 베틀에 앉히면서 잉아에 걸어 짜는 것이 삼 길쌈인데, 모든 과정을 대체로 찬바람이 불기 전에, 곧 겨울이 오기 전에 끝냈다.

모시 길쌈의 원료는 모시라는 풀이다. 모시는 여러해살이풀이어서 주로 밭 귀퉁이에 심는다. 모 심어 놓고 한 번 베고, 호미질하고 한 번 베고 맘매기 하고 한 번 베고 하여 한 해에 세 번 벨 수 있다. 밭에서 베어 내어 잎을 손으로 훑어 내고 꼭대기 부분을 꺾어 내 버리고 남는 줄기를 꺼때서(속뼈를 부러뜨려) 껍질을 벗겨 내고, 품칼로 품고(겉껍질을 훑어 내고), 말리고, 째고, 도패로 돓고, 삼으면서 사리고, 날고 매서 짜기에 이르기까지 모시 길쌈은 여름 안에 끝내야 했다.

무명 길쌈은 목화의 열매인 다래에서 피어나는 솜으로 한다. 다래는 모습이 무궁화를 닮은 목화꽃에서 맺히는데, 솜 ―그때까지는 노란(베이지색) 솜 목화도 있어 노란 솜이 있었으나 요즈음에는 멸종되어 흰 솜밖에 없다 ―이 피어나기 전에는 맛이 달착지근하여, 이미 말했듯이, 아이들의 군것질감이 된다. 늦가을에 따온 이 솜을 '씨앗이' 하여―씨로는 명씨 기름, 곧 면실유를 짠다―활이나 솜틀로 타서(부풀려서), 비벼서 고치를 만들고, 고치를 자아서 실을 뽑아 곰부레에 꿰어서 날고, 매서 베틀에 올려 짜는 것이 무명 길쌈이었다. 아낙들은 이 길쌈을 봄, 가을, 겨울에 했다.

명주 길쌈의 앞 일이 되는 누에치기는 '안식구'의 일로서 봄에 한 번 하고 가을에 한 번 했다. 그전에는 집에서 받았으나 일정 시대부터는 관청에서 나온 누에 씨를 '깨어' 누에가 나오면 뽕밭에서 뽕 따다 먹이고, 똥 받아 내며 누에 채반 갈아주고 하면서 넉 잠 재운 뒤로 섶(여러 번 꺾여 톱니같이 보이는 지푸라기)에 올려 고치를 짓게 하는 일이 그것이었다(그때는 이미 뽕밭에 심긴 뽕나무도 예전의 누에 치기에 쓰이던 우리 나라의 토종 뽕나무나 꾸지뽕나무가 아니었고, 일본 사람들이 가져온 신식 뽕나무였다. 그리하여 조선 뽕나무는 그 이름 '뽕나무'를 그 일본 뽕나무에 내주고 '산뽕나무'로 전락하고 말았다). 이렇게 해서 봄과 가을에, 곧 한 해에 두 번 짓는 누에고치를 곧바로 말려 실을 '써서', 곧 켜서(냄비에 삶으면서 자새로 실을 뽑아서) 방바닥에서 말린 다음에 대롱 열 개에 감아, 날고 매서 베틀에 올려 짜는 것이 명주 길쌈이었다. 실을 써서 말려 놓기만 하면 이 길쌈은 어느 철에 해도 되었다.

처녀가 시집가기 전에 이 네 가지 길쌈을 배우는 일은 손톱 터지고 무릎 갈라지고 뼈 빠지고 피나는 과정이었다. 그러나 거기에도 놀이가 있었다. 길쌈 일에는 삼 삼기같이 품앗이로 하는 일이 있었는데, 거기에서 그는 동네 아낙들과 함께 삼을 삼으면서, 지루함을 달래기 위해 민요도 배웠고, 또 장난으로 이웃 부락의 전짓다리(삼 삼을 때에 짼 삼을 걸쳐 놓는 도구)를 빼앗아 오는 놀이인 '전짓다리 싸움'에도 끼어들었다. 바로 이렇게 기른 공동체 의식 때문에 시집을 가서도 음력 정이월쯤이면 한밤중에 다른 아낙들과 함께 이웃 동네에 가서 디딜방아를 돌라 와(훔쳐 와) 이녁 동네를 '복되게' 하였을 것이다.

바느질 공부로 말하자면, 처음에는 대침, 소침을 적절히 사용하여 홈질(깁기), 뜸질(시침), 박음질(솔기가 재봉틀로 한 것같이 되도록 깁기)부터 배웠고 나중에 옷베기(재단)까지 배웠다. 그리하여 안은 명주로 하고 얇게 솜 놓아 겉은 가는 열 새 무명으로 짓는 할아버지의 두루마기를 비롯하여, 그때까지 '양복쟁이'가 되지 않은 바깥식구들의 옷과 치마저고리, 속치마, 속곳, 단속곳, 고쟁이, 적삼, 속적삼 같은 여자 옷과 아기 옷과 '중우', '적삼', '등지개', '무중우' 같은 머슴의 막옷을 짓는 일을 거들기도 하고 손수 짓기도 하였다. 그리고 수를 놓기도 했으니 옛날식으로 베갯모(베갯마구리)의 수도 놓았고, 엷가르마 타기 시작한 신식 아낙한테서 배운 대로 무궁화로 가득 찬 한반도 수도 놓았다. 또 어릴 적에 봉숭아꽃으로 손톱 물을 들이던 전통에 이어, 천에다가 치자나무 열매로 노랑물을, 감이나 송쿠로 갈색물을, 잇꽃으로 빨강물을, 쪽으로 쪽물을 들이는 법도 익혔다.

이렇게 전라남도 처녀가 길쌈과 바느질 같은 것을 익히는 동안은 바로 그의 어머니가 그의 혼숫감을 장만하는 기간이기도 하였다. 할머니가 손수 길쌈할 때나 손녀 몫으로 이것저것 마련해 놓은 것도 있었지만, 거기에 보태어 잔일에는 꼬꼽쟁이(깍쟁이)이기 쉬우나 큰일에는 손이 커지는 전라남도 어머니는 철철이 잣대(자) 꽂힌 보따리를 이고 찾아오는 황에장시(황아장수)한테서 비단을 사 모았다.

걸고 볼품 있게 차린 밥상

그 처녀는 또 나날이 밥짓기를 하거나 거들어야 했다. 쌀이 일정 시대에는 공출로 빼앗겨, 또 해방 뒤로는 도회지로 '돈 사로(돈 사러, 팔러)' 지고 나가 크게 축이 나서 귀했던 터라, 밥이라야 명절 때나 생일 때나 제사 때가 아니면 철을 가릴 것 없이 보리밥이었다. 할아버지, 할머니 몫으로 솥 가운데에 쌀을 몇 줌 넣었지만, 그나마 부뚜막 위에 모셔 놓고 아침저녁으로 찬물 떠다 놓고 빌던 조왕신 자리 언저리에 놓인 좀도리(절미) 단지에 한 줌 덜어 낸 다음의 분량이었다. 그는 또 씰가리국(우거짓국) 끓이고, 반찬 장만하고 상 차리는 법을 익혔다. 수북이 담긴 머슴 밥은 겸상으로 차리고, 할아버지의 상은 외상으로 차렸다. 더러 할아버지와 동생아이와는 겸상을 받게 할 수 있었어도 할아버지와 아버지의 진지를 겸상으로 차려서는 안 되었다. 그리고 제삿날에 제사 음식을 만들었고, 음력 동짓달 동짓날에 새알죽 쑤고, 음력 정월 보름날 저녁에 지푸라기로 제웅 만들어 노디(징검다리) 같은 데에 갖다 버리고 거기에 팥밥과 동전을 뿌려 주고 오는 것 같은 것을 생활의 당연한 습성으로 길렀다.

그런데 무엇보다도 배운 음식 솜씨로 가장 중요한 것은 간 맞추기였고, 간의 뿌리가 되는 간장, 된장, 찹쌀고추장, 맵쌀고추장, 보리고추장, 밀고추장, 멸치젓, 새우젓을 담그는 일이었다. 그리고 대대로 물려받은 촛병의 초를 죽이지 않으려고 시나브로 술 갖다 붓기, 고두밥 지어 술 빚기, 썰어서 고추장과 밥에 버무려 항아리에 넣고 봉하여 두엄에 묻어 삭혀서 꺼내 먹는 채소인 채장(집장) 만들기 같은 호사 음식 솜씨뿐만이 아니라, 그 전라남도 김치, 요새는 서울 아낙들도 어깨너머로 배워 곧잘 하듯이 멸치젓국을 넣기도 하고 확돌에 짓이긴 영근 고추와 찹쌀 밥풀에 주무르기도 하여 담가서 입에 넣었다 하면 금세 없어져 버리는 그 김치를 만드는 솜씨를 손에 익히는 것도 썩 중요했다.

상에 오르는 반찬은 대체로 검소했으니, 특히 겨울 같은 때에는 배추지와 싱건지(동치미)와 무시지와 쪼각지(깍두기)가 다일 수도 있었고, 좀 더 넉넉한 집이라야 갓지, 파지가 나왔다. 그러나 전라남도 음식이 늘 그렇게 볼품이 없었다고 생각하면 잘못이다. 평소에는 검소하게 먹더라도 명절이 오거나 집안에 대사가 있거나 손님이 오거나 하면, 서울 음식보다 좀 더 짜고 맵기는 하지만, 아마도 이 나라에서 가장 걸고 볼품 있게 차린 밥상, 술상을 내왔다. 그리하여 이 나라의 이 후미진 구석에서 혼례 때에 갖은 양념 해서 실고추 뿌리고 칠첩 반상기에 담아 상각(상객)에게 차려 올리는 밥상을 본 타관 사람들은 흔히 혀를 내둘렀다.

철에 따라 색다른 생선

전라남도는 해안선을 끼고 있어서 생선과 그밖의 해물이 많다. 서울 사람들이 알아주는 민어, 도미, 조기, 삼치도 끼어 있거니와 흔히 서울 사람들은 듣도 보도 못한 것들이 태반이다. 그리하여 산중이 아닌 웬만한 곳에서는 이런 것들을, 비록 어려운 살림의 제약이야 받았지만, 철에 따라 사 먹을 수 있었다. 이런 것들은 남자들이 장 출입을 하면서 사 오기도 했고, 철철이 생선을 바구니에 담아 이고 이 마을, 저 마을로 팔러 다니는 '괴기 장시'한테서도 살 수 있었다. 그리하여 전라남도 처녀들은 '괴기 장시'들이 집으로 찾아와 바구니를 내려놓고 이런 '괴기'들을 내보일 때에 어머니, 할머니가 그것들을 눌러 보고, 뒤집어 보고, 들어 보고, 구세미(아가미)를 열어 보고 하면서 되도록 좋은 놈을 골라 쌀이나 보리와 바꾸는 흥정을 어릴 적부터 눈여겨보았고 그것들을 어떻게 해 먹어야 제맛이 나는지도 익혔다.

봄에는 양태, 서대, 도미, 중하새비(중간 크기 새우), 보리새비, 뻘게(꽃게), 납새기, 복어치, 민어, 준치, 멸치, 징어리(정어리), 황새기, 참조구(조기), 부새조구 같은 것이 제철이었고, 여름에는 숭어, 참가오리, 간재미, 잔쟁이, 찔게미(작은 게의 한 가지), 꽂게(서울의 꽃게와 다름), 짱뚱이(망둥이), 뱀장어, 오징어(갑오징어), 뒤포리, 삼치, 고등어, 아지(전갱이), 나배기(이제는 멸종되었다고 알려진 조개) 같은 것이 제철이었다. 가을에는 낙자(낙지), 쭈끼미(주꾸미), 전어, 참도다리, 밀도다리, 가재미, 문절구, 청각, 뚬베기 같은 것이 제철이었으며, 겨울은 새조개, 홍합, 상어, 석화(굴), 명태, 김, 쏙대기(돌김), 자반(파래), 톳, 청어, 고록(꼴뚜기), 반지락(바지락), 꼬막, 새꼬막, 금풍선이, 대구 같은 것이 제철이었다.

이러한 해산물은 여러 철에 나오기도 하고 한 철에만 나오기도 하나, 비록 여러 철에 나오더라도 살이 깊고 맛이 있는 제철이 따로 있었다. 그리고 종류에 따라 전라남도에 또는 그 안의 여러 지방에 독특하게 끓이거나, 볶거나(조리거나), 굽거나, 찌거나, 지지거나, 회치는 방법이 있었다. 그전에는 더 흔해서 두름이나 뭇(갓)으로 사 먹기도 했다고 하나 해방 뒤로는 이미 좀 귀해져서 음력 설에나 한 집에서 한두 마리 사 먹었던 대구로 말하자면, 아가미는 따로 떼어 내어 다져서 쪼각지 같은 데에 놓고, 알배기(암컷)이면 알을 따로 떼어 내어 알젓을 담갔지만, 이레배기(수컷)이면 이레까지 무 빻아 넣고 간장을 쳐서 끓여 먹었다. 그리고 간을 해서 말린 간대구와 그냥 말린 건대구의 용도와 해 먹는 방법이 또 따로 있었음은 말할 나위도 없다. 그리고 특히 전라남도에서 생선을 회쳐 먹는 방법은 독특한데, 대체로 생선을 뼥다구(뼈)까지 다져서, 시금치나 미나리를 데쳐 섞어 초고추장에 주물러 먹었다.

생선을 말하면서 빠뜨릴 수 없는 것이 민물고기 이야기다. 주로 냇가에서 잡은 붕어, 피리(피라미), 메기, 장어, 은어, 징검새비(징거미) 같은 것은 애호박 썰어 넣고 고추장을 풀고 좀핏잎 넣어 뽀땃허게(바특하게) 조려 먹었다. 논에서 잡은 우렁은 삶아서 초고추장에 찍어 먹었고, 도랑에서 어레미로 잡는 물새비(토하)로는 토하젓을 담가 먹었다. 그리고 음력 팔구월에 잡아야 맛이 있는 미꾸라지는 산 채로 '조박지' 같은 옹기에 담아 소금을 뿌리면서 깔끄러운 호박잎으로 주물러 해감내를 없앤 뒤에 솥에 넣어 삶아 어레미로 받치거나 절구통에 찧어 가지고, 다시 솥에 넣어 씰가리 넣고 간장을 쳐 국을 끓였다. 거기에 풋고추 썰어 넣고 좀핏잎을 넣거나 좀피 가루를 쳐서 먹는 것이 미꾸라짓국인데, 서울식 '추탕'에 미꾸라지가 통째로 들어 있어 먹는 이의 눈을 성가시게 한다면 전라남도 가시내들이 눈 찍 감고 호박잎으로 주물러 죽이는 고생을 숨어서 하여 끓인 전라남도 미꾸라짓국은 먹는 이의 마음을 편케 해 준다. 미꾸라짓국에 넣어 먹는 좀핏잎과 좀피 가루는 이 지방에서 좀피나무라 부르는 초피나무의 잎과 그 열매의 껍질 가루로서 서울의 '경상도식 추어탕집'에서 흔히 산초잎이나 산초 가루와 혼동되기도 하는 것인데, 전라남도의 민물고기 요리에 긴요할뿐더러 전라남도 사람들이 정을 느끼는 조미료이다.

처녀가 각시가 되고 마침내 안주인이 되고

처녀가 시집갈 나이가 되면, 어디선가 중신어멈, 중신아범이 이웃 마을, 이웃 면 또는 이웃 군에 사는 '똑똑한' 청년의 이름을 들고 나타나게 마련이었다. 그리하여 이쪽 집안 남자 어른이 그쪽으로 총각 선보러 가고 그쪽 시어머니 될 사람이 이쪽으로 처녀 선보러 왔다. 선이라야 방에 들어와 절하고 앉았다가 묻는 말에 몇 마디 대답하고 일어서 나가는 것이어서 얼굴과 거동을 잠깐 보이는 것에 지나지 않았으니, 이를테면 몇 분 동안 '관상 보이기'로 어디로 시집갈지가 결정되는 것이었다. 그리하여 생전에 듣도 보도 못하였으나 숙명의 부름으로 한 남자를 지아비로 받들어 각시가 되는 혼례를 요즈음 읍내 예식장이 아닌 제 집 마당에서 치르고, 대체로 한 해 뒤에 뒤돌아보며 울고 또 울면서 시집가서, 흔히 땀내, 흙내, 꼬린내도 꼬신(구수한) 사랑이 되기는 하나, 시집살이라는 모진 구박과 고생을 뜻하는 말이 가리키듯이 대체로 한 많고 시름 많은 삶을—친정에서 배운 것 시가에 보태 주고 친정에서 못 배운 것 새로 배우면서, 또 겉으로는 남편에게 순종하고 속으로는 그를 조종하면서—누리거나 겪었다.

새각시가 시집와서 차지하는 방은 대체로 작은방(건넌방)이다. 거기에서 여러 해에 걸쳐 시집살이를 하다가 작은며느리이면 논밭 몇 마지기를 분배받아 서방과 함께 딴 집으로 제금나고, 맏며느리이면 시어머니가 곳간(광) 열쇠를 물려줄 무렵에야 큰방(안방)으로 들어갔다.

이렇게 해서 안주인이 된 며느리는—비록 낭자 했던 시어머니와는 달리 옆가르마 타고 머리 자르고 치마 대신에 몸뻬 입기도 하고, 붓으로 사돈서 쓸 줄은 아예 몰라도 손가락셈 대신에 침 바른 연필로 치부를 하고, 화전놀이 가서 민요 대신에 〈오동동 타령〉을 더 잘 부르는 신식 여자가 되었기는 할망정—틀림없는 전라남도 촌아낙이 되어, 큰 아이가 불쌍하게 죽으면 그 마을에 살던 백제 시대 사람들도 그랬듯이 옹기 그릇 두 개에 넣어 아가리 맞추어 묻어 주고, 관청 사람들이 나와 서낭당을 쳐부수기까지 했던 데에도 아랑곳없이, 또 학교에서 배운 미신 타파니 하던 것은 내동댕이치고, 당골을 불러다가 세껭굿(씻김굿) 하며 몽달구신 될 놈 넋 달래면서 그 구슬픈 소리에 가슴이 메어 닭똥 같은 눈물을 주루룩 흘렸거나, 애기씨(시누이)가 이름 모를 병에 걸려 누웠을 때에도 당골을 불러 물 담은 조박지에 엎어 놓은 바가지를 두드리며 장두칼(큰 부엌칼) 휘두르고 잡귀 쫓는 그 옆에서 손을 부산히 비비기가 예사였다. 그리고 그 깊숙한 촌동네까지 들어와 하늘에 송

곳질하는 형용을 한 뾰족탑 예배당 엉성하게 짓고 시끄러운 종 쳐서 미우나마 마음만은 곧은 듯한 젊은 목사의 "《성경》 말씀만 믿으라"는 간곡한 하소연에 귀가 솔깃해지지 않았다면, 틈틈이 쌀 싸 들고 절에 가서 아들이 높은 사람 되기를 빌었고, 고생에 고생을 거듭하다가 세상 떠난 친정어머니가 그리우면 귀신 점쟁이 찾아가 그 목소리를 들으며 훌쩍여쌓았다(훌쩍이곤 했다). 그러다가 모진 시집살이를 시켰으나마 그만큼 깊은 정을 느끼는 시어머니가 몇 해 동안 반신 불수가 되어 똥 받아 내게 하다가 눈을 영영 감거나 하면, 하늘이 무너지는 듯한 심정이 북받쳐, 이미 잘라 퍼머한 머릴 풀 수 없으니 헝크리기나 하고 두 발 뻗고 "아이고, 아이고" 하고 통곡하고, 상여꾼들이 죽은 이의 떠나기 싫어하는 애달픈 마음을 달래기나 하듯이 널을 들었다 놓았다 하면서 마당을 돌면 목이 쉬어 몸부림만 치고, 마침내 동네 앞에서 "어어 어어 어어 허어 어어허, 어너리 넘차 너화너!" 하는 상여꾼들의 구슬픈 소리를 후렴으로 하여 앞소리꾼이 죽은 이의 한 많은 한평생 이야기를 판소리 가락으로 펼침과 함께 꽃상여가 마을을 뜨기 시작하면, 남자 상인들은 버들 지팡이 짚고 눈물 떨구며 그 뒤를 따랐으나 여자는 거기에서 멈추어야 해서 동네 아낙들에게 붙들려 땅에 주저앉아 눈물도 다 말라 버린 넋 빠진 사람이 되고 말기 십상이었다.

곰솔로 지은 일자 초가집

새색시가 시집가서 눌러 살거나 제금난 집은 초가집이기 쉬웠다. 전라남도에 흔한 곰솔(해송)로 짓고, 중부 지방에서 흔히 보이는 미음 자, 디귿 자,

니은 자 집이 아니라 대체로 일자 집이고, 지붕 얼개가 이웃 전라북도나 제주도에서처럼 대각선으로 된 것이 아니라 날줄과 씨줄로 되어 있어, 지붕에 늦여름에 박이 올라 있거나 가을에 고추가 널려 있지 않더라도 아름다운 그 간략한 멋쟁이 집 말이다. 그런 초가집의 대청 마루는, 서울에서는 앞에서 보아 적어도 두 칸인 것하고는 달리 대체로 한 칸인데, 천장의 시렁에는 이것저것 든 석작이 얹히고 바닥에는 쌀독 같은 것이 놓이며, 조상 제사를 지내는 공간이 되기도 한다. 그리하여 서울에서 대청마루가 여름철에 맡는 기능을 이곳에서는 흔히 물래와 마당 평상이 맡는다. 구들방에는 죽석(대자리)이 깔렸고, 더러는 비료 포대가 비싼 장판 대신에 깔렸다. 퇴밀이 띠살문은 밥술깨나 뜨는 집안에서 달았으니, 대체로 대를 결어 문테 안에 마름모꼴로 엮어 넣은 빗살이 서민 주택의 문살이라고 할 수 있었다.

초가집에도 두 가지가 있었으니, 하나는 비록 치목은 제대로 하지 못했을망정 주추 놓고, 기둥 세우고, 도리 얹고, 마룻도리 얹어 앞뒤로 사개만은 맞춰 쎄끌(서까래) 올린 집이요, 또 하나는 양옆과 뒤쪽에는 진흙과 돌로 쌓은 토담으로 벽을 하고 앞에만 굵어야 고작 팔뚝만 한 기둥을 세워 그 위에 쎄끌을 올린 토담집이다. 그러나 가난한 사람들의 오두막인 이 토담집들은 동네에서 역사가 가장 오랜 집들이기 쉬웠다. 있는 사람들은 헌 집을 헐어 새집을 짓곤 했으나 이런 오두막집의 임자들은 썩은 쎄끌만 갈고 살아왔기 때문이다.

기와집은 한 동네에서 한두 채가 있을까 말까 했다. 그래서 어느 집이 와가라고 하면 지붕에 기와를 얹은 그 집 안채나 사랑채 하나만을 두고 하는 말이기 쉬웠다. 이토록 귀한 이 고장 기와집은 이곳에 중부 지방보다 비가 더 많이 오기는 해도 중부 지방 기와집보다 물매가 유별나게 더 싸지는 않고, 춘새(추녀)는 서울에서만큼 하늘을 차고 올라가지 않는다. 그리하여 토방을 아주 높인 집이 아니면 팔도 강산의 뛰어난 목수들을 데려다가 지은 서울 지배 계층의 집보다는 더 다소곳하고 겸허한 모습을 한다. 또 경상북도 안동 지방에서처럼 경사진 땅 낮은 쪽에 지은 이층집에다 그 높은 쪽에 단층집을 지어 이어 앉힌 미음 자 집이나 '날 일' 자 집이 아니고 대체로 팔작 지붕을 한 일 자 집이고, 고작 재주를 부려 보았다 해야 니은 자 집쯤이기 일쑤이나, 이 고장 기와집은 눈여겨 뜯어보면 구석구석에 멋이 숨어 있다. 이를테면 활처럼 휘영청 굽은 툇도리는 곧은 나무가 없어서 올린 것은 아니다. 또 모진 기둥 대신에 둥근 기둥을 쓴 집도 많다. 그리고 서울집에 견주어 토방에서부터 훨씬 더 높이 놓여 있게 마련인 툇마루 가장자리 귀틀에는 턱을 하나 더 덧대기도 한다. 게다가 담양군 담양읍 객사리에 있는 김인기 씨 집 안채에서처럼 처마 위 수막새 기와 등에 천년 가는 구리 못이 박혀 있기도 하고, 우물마루 널은 아마도 알아주는 이 없을지언정 두툼하고, 나주군 다도면 풍산리 홍씨 종가 안채에서처럼, 아예 농 짜는 데나 아껴서 쓰는 귀한 먹감나무 널이기도 하다.

대밭과 꽃밭으로 둘러싸인 집

초가집이거나 기와집이거나 이 고장의 웬만한 농촌 집 뒤뜰은 곧 아름다운 대밭이다. 쳐다보면 숭글숭글하고 내려다보면 곧디곧은 대밭 속의 반 그늘에서는 차나무가 자라 봄이면 찻순을 따다 가마솥에 덖고 비벼 잎차를 만들어 먹는 집도 있었다. 대밭에서 집 옆으로 내려오면 부엌에서 멀지 않은 곳에 장작 벼늘이, 그 언저리 울 곁 여기저기에는 태곳적부터 누워 있는 이끼 오른 바위, 동백나무, 감나무, 가죽나무, 모과나무 또는 팽나무가, 거기에서 좀 더 나오면 장고방이 있기 쉬웠고, 장고방 낮은 담 아래에서 맨드라미, 봉숭아, 접시꽃이 자라기 예사였다.

대와 동백나무는 전라남도 농촌 풍경을 가멸게 하는 보배이다. 이 도에서 자라는 대로는 조릿대(산죽), 시누대(해장죽), 참대, 꺼멍대(오죽)도 있으나 무엇보다도 아름답고 쓸모 있는 것은 서울의 볼품없는 대와는 달리 홍두깨보다 더 굵고 하늘을 찌르듯이 높은, 한 해 만에 다 자라는 왕대이다. 그 점박이 죽순 껍질마저도 버리지 않고 떡 싸는 데, 방석 만드는 데에 쓸뿐더러 베어서 시렁을 만들기도 하고 간짓대로 쓰기도 하고 결어서 죽물을 만드는 것이 바로 왕대이다. 또 동백나무는 아름답고 윤기 있고 넓적하고 두툼한 잎이 철철이 푸르고 한겨울에 새빨간 꽃을 피우며 그 영근 열매에서 동백기름이 나온다. 그러나 합성수지 제품에 죽물이, 화장품 회사의 머릿기름에 동백 기름이 눌리는 오늘날에는 재화 가치가 적어져 전라남도의 대밭과 동백나무가 부쩍 줄어들고 있다.

안채 앞에는 마당이 있으니 그곳이 덕석에 곡식 너는 데, 콩깍지 도리깨질하는 데가 되고, 그 언저리에 곡식 갈무리하는 곳간채나, 덕석 말아 보관하고 디딜방아, 도구통이 놓여 있는 헛간채가 있었다. 마당 앞에 남자의 사랑채가 따로 있거나 말거나 오양간, 돼지 우리 같은 것이 따로 있게 마련이었으며, 안칙간에서나 바깥칙간에서나 밑은 다 지푸라기로 닦았으나, 주로 안칙간에서는 뒤를 보고 재 고물 씌워 가래로 쳐 밀어 재거름 만들고, 바깥칙간에서는 아마도 이 나라 역사에서 만들어진 도자기로서는 가장 우람하고 크고 믿음직스러운 독(큰 항아리)일 '설통'에 보아 똥소매(똥오줌)를 채워 넣었다. 흔히 말하는 똥장군에 담아 지게에 지고 밭에다 주는 거름이 바로 이 똥소매이다.

사랑채는 앞마당 앞이나 그 옆에 따로 있기 쉽다. 집안의 남자들만이 기거하고 손을 맞고 하는 집으로, 행랑채까지 따로 있는 부잣집이 아니면, 머슴방 같은 것도 들어 있고, 부부가 이승 떠날 때에 입고 갈 수의를 안주인이 회갑 전에 미리 장만하듯이, 바깥주인이 부부가 눈감으면 들어갈 널감으로 미리 켜서 혹시 트면 한지 발라 두는 소나무를 갈무리하기도 하는 광 같은 것도 딸려 있다. 이 사랑채 앞에도 마당이 있으니, 조그만 연못이 파여 있어 거기에 배롱나무, 매화나무, 차두나무(자두나무), 앵두나무 또는 소나무의 그림자가 빠지기도 하고, 꽃밭이 있어서 바위가 놓이고 모란, 작약, 골담초 같은 여러 가지 꽃나무가 우거져 있기도 하다. 전라남도 사람들이 이처럼 뜰을 아름답게 가꾸는 전통은 하루아침에 느닷없이 된 일이 아니라 역사가 갈고 다듬은 일이니, 오늘날까지 남아 있는 가장 아름다운 조선 시대 민가 정원으로들 치는 윤 고산의 보길도 세연정과 담양 소쇄원이 둘 다 전라남도에 있는 것은 결코 우연한 일이 아닐 것이다.

전라남도 농어촌의 뜰은 나무와 꽃의 극락이다. 이미 말한 것들이나 우리나라 중부 지방, 북부 지방에서 자라는 거의 모든 꽃나무들은 말할 것도 없고 파초, 난초, 국화, 호랑가시나무 같은 것들이 따뜻한 날씨 덕으로 겨울에 싸매 주거나 온실로 파 들고 들어가지 않아도 거뜬히 겨울을 난다. 이처럼 가멸던 전라남도 주택의 뜰에 서울, 부산, 대구 같은 대도시에서 풍요로움을 구가하던 칠십년대에 날벼락이 떨어졌다. 대도시 사람들이 눈독을 들여 빳빳한 돈을 들고 와서, 특히 아름드리 배롱나무, 모과나무, 향나무를 파 갔던 것이다. 이런 나무들은 흔히 이제 날씨도 흙도 낯선 대도시 신흥 주택 정원에 시집가서 목숨만 지탱하고 비실거리거나, 목숨이 팔팔하더라도 머리 잘리고 팔 잘린 불쌍한 모습으로 새 주인 돈자랑을 시키고 있다(그런가 하면 이 도의 여러 학교와 관공서에서는—어디 다른 도에서라고 해서 크게 다를까마는—근본적으로 일본 제국주의 시대에 일본 사람들이 하던 대로 이 땅을 대표하는 나무들 말고 외국 나무들, 곧 옛날 초등학생들을 홀린 그 '신식 나무'들을, 또 이 고장 나무라고 하더라도 외국식으로 둥글둥글하게 이발시켜, 국적 없는 시멘트 장난, 돌 장난이 된 화단 언저리에 가꾸어 왔다).

집터 한쪽 구석에는 흔히 남새밭이 있기 쉽다. 거기에 봄에 상추, 쑥갓, 시금치, 아욱, 근대, 가지, 오이, 머위, 호박, 강냉이, 단쑤시(사탕수수), 솔(부추), 방아(배초향) 같은 것을 심어 철따라 해 먹는다.

집터 둘레에는, 돌이 흔한 지방의 여유 있는 집에서는 돌담을 하거나 토담을 쌓아 짚으로 엮은 용마루를 이었다. 이런 돌담이나 토담에는 능소화가 올려져 여름에 주황색 꽃을 화사하게 피우기도 하고, 지방에 따라 댕강넝쿨, 저우살이, 마삭줄이라고 이르는 넝쿨이 빽빽이 올라 봄과 여름에는 반짝이는 검푸른 잎사귀를, 가을과 겨울에는 새빨간 단풍을 자랑하기도 한다. 그리고 무엇보다도 흔히 농촌집 둘레에 둘러쳐진 것은 듬성듬성 말뚝을 박고 그 사이를 섶나무, 대, 겨릅대, 수수깡 또는 싸리로 채워 그 양쪽에 대로 띠를 둘러 서로 동여매어서 친 울타리이다. 그러나 배게 심긴 대, 시누대, 찔레, 무궁화, 사철나무 같은 것으로 생울타리를 두르기도 하고, 남새밭 둘레에는 울타리 대신에 가시 돋친 탱자나무를 심기도 한다.

이런 울타리나 담에 이어져 있는 것이 지붕 있는 대문이나 지붕 없는 사립문이다. 더러 높이 버티고 선 솟을대문이 없는 것도 아니지만, 대문은 대체로 솔판때기로 짜여 헛간채 같은 부속 건물의 한 칸에 달려 있는 것이었고, 사립문은 밤나무같이 단단한 나무로 짠 문테에 중부 지방에서와 같은 싸릿대나 잡목 가지가 아닌, 가는 참대를 여러 가닥 끼워 놓아 만든 것으로, 전라남도 같은 남부 지방의 농촌 풍경을 특징 짓는 것이라 하겠다.

아름다운 것들이 몇이나 남았을까?

해방 때부터 오늘날까지는 많은 전라남도 사람들이 고향을 등지고 타관으로 떠나간 기간이다. 우선 중학교, 고등학교, 대학교에서 공부하러, 어릴 적부터 우상화하도록 길들여진 개화와 진보를 상징하는 더 큰 도시로 이불짐 싸 가지고 떠난 아이들은 공부를 다 마치고서도 손발에 흙 묻히고 일해야 하는 '봉건 사상'의 고향으로 귀환하기를 마다고 근본적으로 집에서 논 팔고 소 판 돈으로 객지에 눌러앉았다. 또 도시로 유학 가지 않았더라도 똑똑한 청년, 이미 객지 물 마셔 본 청년, 텔레비전 보고 바람난 얼굴 반반한 처녀, 연줄 좋아 취직된 사람들도 뿔뿔이 헤어져 제 마을을 등졌다. 그리고 이런 현상은 더 빨간 김치 먹고 자란 '읍내' 아이들에게도 마찬가지였으니, 더 크게 성공하려면 더 큰물에 가서 놀아야 했기 때문이다. 그리하여 농촌은 주로 돈도 공부도 빽도 모자란 사람들이 노인들과 함께 처져 사는 곳이 되었다. 그러다가 칠십년대부터는 이 '처진' 청년들마저도 도시로 빠져나가 농사짓는 것보다도 더 톡톡한 밥벌이가 되는 것으로 믿던 품팔이를 하기 시작했고, 많은 처녀들마저도 부산 같은 데서 버스를 몰고 와서 취직하라고 홀리는 바람에 '공순이'가 되거나 서울로, 부산으로 식모살이를 하러 떠나게 되었다. 그리하여 농촌에는 주로 노인들과 아이들과 청년 몇몇과 서방을 대도시의 품팔이에 빼앗긴 각시들만 남기 일쑤였으니, 양복 한 벌 안 해 주면 장가 안 들겠다고 '자매바매하기(빼기)'까지 하던 총각도 있던 오십년대와는 달리, 장가들 데가 없어 자살하는 청년까지 생겨났는가 하면, 매구(농악)마저도 노인을 상쇠로 내세우고 아낙들이 치는 데가 많아졌고, 마침내는 일손이 모자라 허덕이는 마을이 쌨다(흔하다).

농촌의 젊은 인구가 도시로 빨려 들던 칠십년대는 또 새마을 사업이 펼쳐지기 시작하던 때이기도 했다. 그리하여 신식 농기구로 모자라는 일손을 벌충하고—면사무소, 지서, 세무소, 농협 창고를 가릴 것 없이 관공서 건물이라 하면 거의 빠짐없이 베이지색 칠을 했던 것에 발을 맞추어—근대화의 구실로 돌담, 토담을 헐고 시멘트 담을 쌓기도 하고, 초가 지붕을 걷고 울긋불긋한 시멘트, 슬레이트로 지붕을 올렸다. 해마다 새로 지붕을 이는 일손을 더는 것은 좋다손 치더라도, 어찌하여 세상에서 가장 야한 그 빨간색, 파란색이 들어와 판을 쳐야 했을까? 어떤 이는 '높은 사람'이 그토록 눈에 띄게 자연에 도전하는 빛깔로 농촌의 풍광이 바꾸이는 것을 보고 대견스레 생각했기 때문이라고 하고, 어떤 이는 그것이 바로 잇속 찾는 일본 재벌 회사들의 홀림에 빠져 너도나도 돈쌈지를 털고 설치한, 전후 일본 농촌에 번졌던 같은 빛깔의 개량 지붕을 본받았기 때문이라고도 한다. 그리고 소출도 소출이거니와 또한 일손도 덜려고 마구 뿌린 농약은 이듬해에 더 많은 병충해를 불러와 더 많은 농약을 소모하게 했으니, 이제는 멸구, 이화명충 같은 것은 먼 옛날의 고전적인 벌레가 되었고, 농약 많이 뿌리지 않고 가꿀 수 있는 작물이 거의 없게 되었다. 게다가 김매는 사람 손길 대신에 제초제가 뿌려졌으니, 농촌의 땅과 물은 더러울 대로 더러워져서 논 우렁도, 도랑 새우도, 둠벙 미꾸라지도, 개울 붕어도, 시내 메기도 씨가 마른 곳이 많아졌다.

그러니 농촌 사람도 가축도 골병이 들고 있다고 봐야 하고, 그 작물 먹고 사는 도회 사람도 농작물을 그전보다도 더 풍요롭게 먹는 대신에 더 더럽게 먹고 있다고 봐야 한다. 오죽하면 요즈음에 무공해 식물이니 청정 채소니 하는 꼬리표를 달고 벌레 먹은 옛날식 푸성귀들이 대도시 백화점 같은 데서 불티나듯이 비싼 값으로 팔려 나갈까?

이제 전라남도 농촌에서는 지붕에 대체로 박 넝쿨이 오르지 않고 조선 박 씨도 멸종되어 가고 있다. 플라스틱 바가지가 이처럼 진짜 바가지를 몰아내고 플라스틱 장군, 플라스틱 통이 나무 장군, 나무 통을 쫓아내고 그것들을 매는 솜씨를 퇴화시킨다. 그런가 하면 여러 집에서 여름에는 꼬실꼬실(까실까실)해서 좋고 겨울에는 포근해서 좋던 죽석을 걷어 내고, 끈적끈적하고 무늬가 요란한 나일론 장판을 구들방에 깔게 되고, 그 울긋불긋한 새마을 지붕에 '어울리게' 빈 데가 있기만 하면 시멘트를 바르고, 반짝거리는 목욕탕 타일을 바깥벽에 붙이기까지 한다.

그런 판국에 길쌈도 그 솜씨도 제대로 남아 있을 턱이 없으니, 샛골나이와 돌실나이를 하는 나주군 다시면 동당리와 곡성군 석곡면 죽산리 같은 데서가 아니면 눈을 비비고 봐도 보기가 어렵게 되었다. 화학 섬유로나마 손수 바느질해 옷 지어 입는 것조차 드문 일이 되었으니, 의관마저도 도시 사람들 잇속 챙기는 시장에서 사 오는 세상이 되어, 흔히 오늘의 전라남도 농촌에서 의관 갖추려는 남자 노인은 별수없이 도시에서 만든 기성복 두루마기를 입고, 할아버지 때에 줏대 없이 머리를 일본식으로 빡빡 깎은 고종 황제를 본받아 대를 이어받은 민둥 머리에나마 나일론 망건, 나일론 탕건, 나일론 정자관, 나일론 갓을 쓴다.

시대의 부름에 따라, 얹은머리를 한 안노인이나 상투 튼 바깥노인은 이제 경상북도 안동 지방 반촌 같은 데서와는 달리 한 명도 없다고 봐야 하며, 낭자는 꼬부랑 할머니나 하는 것으로 되어 있으며, 나이를 부끄러워하는 지각 없는 도회지 사람들 영향을 받아 회갑을 지낸 사람들도 희게 센 '지진 머리'나 '하이칼라 머리'를 '양귀비(염색약의 상표)'로 새까맣게 물들인다.

이런 세상에 음식과 상차림과 밥 먹는 예절의 전통이 제대로 지켜질 턱이 없다. 어지간히 고집스러운 집안에서가 아니면, 밥상은 그 간결하고 아름답던 나주 소반이 아니라 서양 무늬 한다리 접이이거나 화학칠 한 반짝거리는 가짜 자개상이요, 거기에 오르는 반찬은 미원과 설탕의 범벅이기 쉽고, 식기는 도시 상인들에게 홀려 놋그릇하고 맞바꾼 '스텐' 그릇이 아니면 국적 없이 입 헤벌레하게 벌리고 있는 장미박이 사기 그릇이거나 팔뚝을 마구 휘둘러도 깨어지지 않아 '좋은' 플라스틱 그릇이기 예사이고, 어른보다 먼저 숟가락 들지 말고, 밥은 꼭 숟가락으로 떠먹고, 입에 음식 가득 넣고 말하지 말고, 국을 '훌훌' 소리 내면서 떠먹지 말고, 어른이 숟가락 놓기 전에 밥상 물리지 말라던 예절을 가르칠 사람도 근대화 시대에 이 나라에 보편스러워진 풍조에 따라 드물어졌다.

그런가 하면, 라디오나 텔레비전에서 배운 흔히 얄팍한 노래와 몸짓이 이 농경 사회에 오래 전해 온 토박이 소리의 가락과 장단과 부침새와 시김새와 또 거기에 어울리는 발림과 너름새와 춤사위를 많이 갉아먹었다.

그래도 헌 바람이 좀 분다

이토록 근대화된 전라남도 농촌 사회, 곧 이토록 와해된 전통 농경 사회도, 팔십년대에 들어서는 '헌 바람'이 좀 일었다. 우선 서울 변두리 성남시 같은 데서 살면서 막노동을 하던 이들이 한둘씩 제 마을로 귀향하기 시작했다. 또 해방 때부터 더 큰 도시와 자신을 동화시키려고 힘썼던 '읍내' 아이들도 마침내 서울까지 진출해서 성공하여 어른이 되어서는 자신의 귀속감이, 그를 어차피 떠돌이로 여기는 비인격적인 대도시가 아니라 이녁의 뼈를 굵게 한 옛 '읍내', 그것도 전깃불과 빨간 김치로 상징되던 진보한 읍내 말고 농촌에 이웃해 있어 농촌을 닮았던 읍내에 있음을 알아차리기 시작했다. 그리고 이른 나이에 '똑똑해서', 또는 돈이나 연줄로, 제 집을 노인들에게 맡겨두고 대도시로 떠나 '더 센 힘', '더 많은 돈'을 좇아 헤매어 온 이들도 머리가 세기 시작하고 나서는 흔히 그 추구가, 석가와 예수가 일찍이 가르쳤듯이, 영원한 허탕이어서 행복 지수에는 큰 보탬이 되지 않음을 비싸게나마 터득하고 나서는, 몇 십 년 동안 내팽개쳤던 고향 산소를 찾아 무릎 꿇어 절하는 수가 더 잦아졌다. 게다가 고향 땅 지키고 살아온 이들도, 굳이 근래에 뜬금없이(느닷없이) 관청 사람들에게서 전통 문화가 어쩌고 하는 소리를 듣지 않았다손 치더라도, 어릴 적에 읍내에서 보았던 일본집 양철 지붕은 말할 것도 없고 시멘트, 비료, 농약, 공산품이 상징하는 신식 문명에 짜증을 느끼고, 좀 더 고되고 가난했으나마 더 깨끗한 산천에서 더 많이 땀 흘리며 먹고 입고 '놀고' 살던 옛날식 세상살이의 질을 얼마쯤이나마 높이 치기 시작했다고 봐야 할 듯하다. 그랬기에 관리들 지시로 그 아름답던 돌담을 허물고 시멘트 담을 쌓았던 구례 화엄사 들목 주민들이 다시 관리들 권유로 시멘트 담을 헐고 돌담 쌓는 일을 얼른 했을 터이다.

근대화는 전라남도에도 꼭 필요했다. 그러나 그 구실 아래 도매금으로 나쁜 것들과 함께 내다 버린 전통 문화의 좋은 것들이 과연 이제라도 목숨이 되살아날 수 있을까? 여천 공업 단지가 하늘과 바다에 더럼을 내뱉는 것이 보여 주듯이 도시화와 산업화가 이 도마저도 엄습하고, 산천이 좀 경치 좋다 하면 관광 개발이라는 것이 되어 빨간 모자, 노란 셔츠, 파란 바지 입은 대도시의 버릇없는 관광객이 질주하는 승용차로 꾸역꾸역 모여들어 도시의 허깨비 대중 문화를 번지게 하는 것이 추세이고 보면, 이 나라 백성에게 먹을거리를 대 주는 이 곡창 지대에서 몇 천 년 동안에 걸쳐서 민중이 갈고 다듬은 이 농경 사회의 아리따운 전통 문화와 미래 역사 사이에 팔십년대에 일기 시작한 그 '헌 바람'을 타고 퉁거운(굵은) 젖줄이 제대로 이어질 수 있을지는 아무도 모른다. 그러나 그 동안에 고향에 눌러앉은 이에게나, 뒤늦게 고향을 찾는 이에게나 두루 통하는 간절한 소원이 하나 있는 것은 틀림없으니, 그것은 죽어서 비록 한지를 물들여 젓가락에 말아 곱디곱게 만든 꽃으로 꾸민 것이 아니더라도 꽃상여를 타고 삼시랑이 저를 점지한 마을, 또는 시집와서 사무침과 보람으로 한 뼘 세상살이를 보낸 마을 뒷산 흙에 꼭꼭 묻히는 것이다.

천구백팔십삼년, 한국의 발견, 전라남도 편

2

말과 사물의 조화

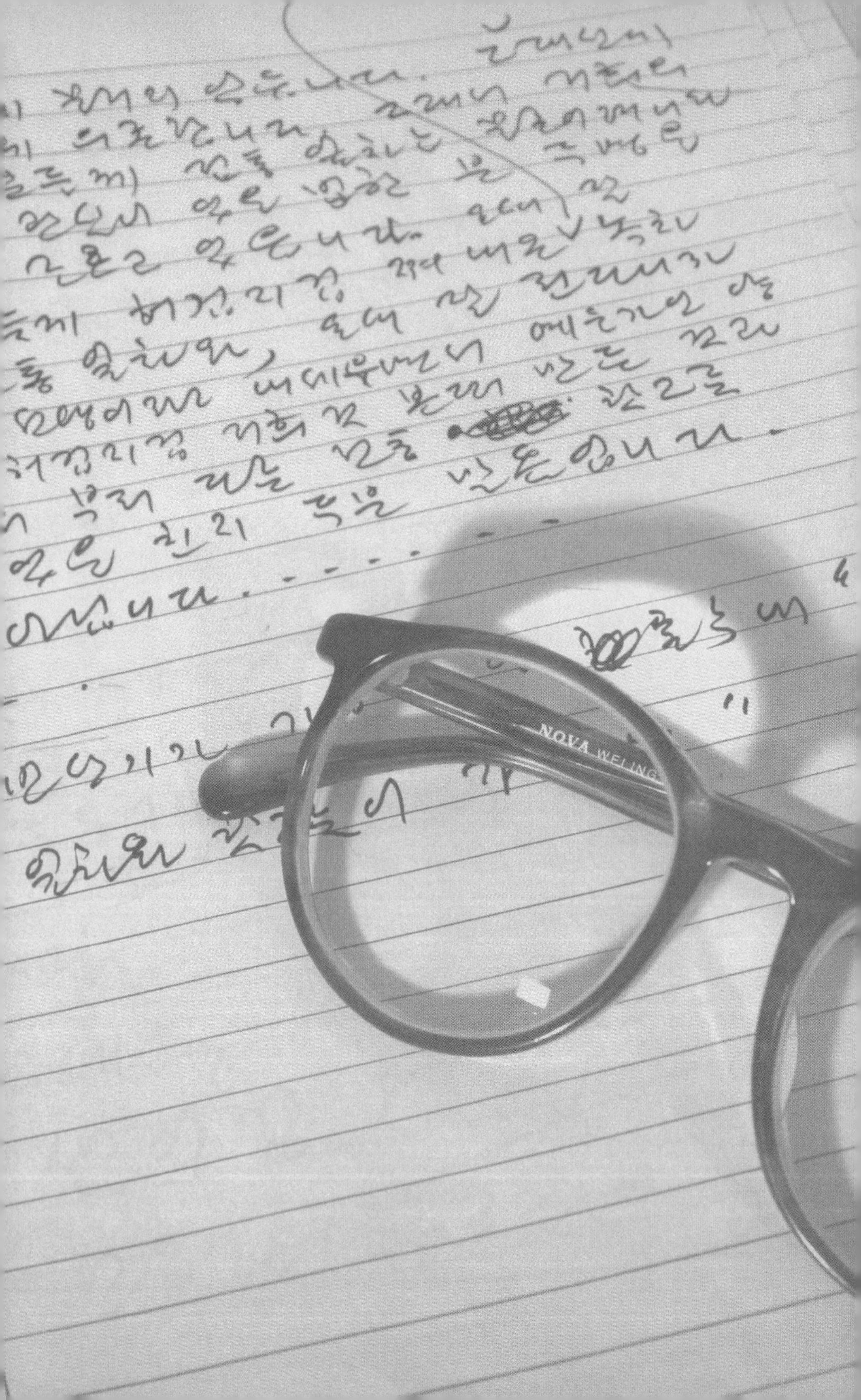

강강술래

음력으로 팔월 보름인 날의 저녁에, 본디 호남 지방에서, 주로 여인들이 서로 손을 잡고 동그라미를 이루어서 뛰어 도는 춤을 추며 그 춤에 따른 노래를 불렀다. 그 노래의 가사 속에는 '강강술래'라는 소리가 되풀이해서 자주 나오는데, 그 노래와 춤을 합하여 〈강강술래〉라고 했다. 아니, 꼭 소리 나는 대로 적자면, 그것은 '가앙가앙수울래'이다.

나는 삼십년대에 그 고장에서 태어나서 오십년대까지 거기에서 살았다. 그 사이에 나는 〈강강술래〉를 무척 자주 보고 들었다. 그뿐만 아니라, 사내아이일지라도 어릴 적에는 누구나 그럴 수 있듯이, 나는 누나들 사이에 끼어서 곧잘 그 춤과 노래에 참여하기도 했다. 그 시골의 한 어린이로서 내가 가졌던 느낌은 강강 '술래'는 '술래' 잡기처럼 뛰는 놀이라는 것이었다.

이해에도 지난해와 한가지로 신문과 방송이 한결같이 즐겨 쓴 낱말이 한 개 있다. 그 낱말은 '강강수월래'이다. 나는 모든 사전을 지나치게 믿는 버릇이 있어서—많은 사전들이 내 무지를 올바른 의식으로 채워 주기도 했지만—우리 나라에서 이름난 세 가지 국어 사전을 들춰 보았다. 세 가지 사전에 똑같이 '강강수월래'가 옳다고 되어 있었다. 그러나 어쩌면 그것에 해당

할는지도 모르는 한자는 구태여 밝혀져 있지 않았다.

내 느낌으로는 아직도 강강 '술래'가 옳고, 강강 '수월래'는 그르다. 강강술래를 멀리서 바라본 서울의 어떤 이들이, "저 무식한 계집들 보게! '강-강-물-넘어-옴' 또는 '강-강-물-달-옴'의 그 깊은 뜻을 몰라 그냥 '강강술래' 라고 하는구먼!" 하며 고쳐 적어서 강강수월래가 되었다고 느끼는 나는 정녕코 그 숱한 '시골뜨기들' 처럼 무식한 사람일지도 모른다.

신문과 방송과 출판물이, 그리고 많은 사람들이 그토록 의존하는 사전을 통하여 되풀이해서 강강수월래가 옳다고 주장하는 여러 분들은, 강강술래의 토박이들에게서 그들의 민속 문화인 강강술래를 앗아 가고 그 자리에 중국식의 가공적인 문화인 강강수월래를 들어앉히고 있다. 내 느낌에는 강강술래가 강강수월래였던 적이 우리의 문화 역사에는 없었을 것 같다. 그러나 우리가 우리네 선조들께 전화를 걸어서 옛날에 참말로 아녀자들이 강강수월래라고 했었는데 세월이 흐르면서 강강술래로 바뀌었음을 확인했다고 하자. 그러면 우리 선조들이 '듕국'이나 '말쏨'이라고 했대서 오늘날 우리가 '중국, 말씀'을 '듕국, 말쏨'이라고 해야만 할까? 힘센 대량 매체들의 강강수월래의 주입에도 아랑곳하지 않고 아직도 강강술래라고 하는 호남의 아낙네들은 미처 그 주입을 받지 못했단 말인가? 그들은 '물-넘어-옴'이나 '물-달-옴'일랑 생각해 본 적이 없이 그저 '술래'만을 생각한다. 그리고 '강강수월래'를 배우는 온 나라 안의 꼬마들은 '물-넘어-옴'이나 '물-달-옴'을 따지지 않고 그저 '수월래'만을 생각한다. 그럴 바에는 차라리 그 놀이가 본고장에서 일컬어지는 대로, 그리고 훨씬 더 소리 내기 쉬운 대로 '강강술래' 라고 하는 것이 좋겠다.

천구백칠십이년, 배움나무

입으로는 이렇게 말하고 글로는 저렇게 쓰고

우리가 사용하는 말에는 두 가지 구실이 있다. 하나는 말의 내용의 표시요, 또 하나는 말하는 사람의 말을 듣는 사람에 대한 자기 위치의 높낮이의 선언이다. 따라서 상대방에게 '해라' 하는 사람은 자기의 지위가 상대방보다 아주 높음을, 그리고 '합쇼' 하는 사람은 자기의 지위가 상대방보다도 아주 낮음을 선언한다.

"말 한마디로 천 냥 빚을 갚는다"라고 하는 우리 나라의 속담은 '빚진 죄를 용서해 달라'는 사연뿐만 아니라, '건방지게' '용서해 줘'라고 하지 않고 '깍듯이' '용서해 주십시오'라고 하는 말씨도 중요하다고 가르친다. 그래서 우리 나라 사람은 배고픈 사람에게 밥을 주는 고마운 일을 하면서도 '잡수세요' 하지 않고 '먹거라' 하기 때문에 뺨을 맞는 수가 있다.

낮게는 '해라'에서부터 높게는 '하소서'에까지 있던 전통적으로 다양한 풀이말의 활용이 요즈음의 입말에서는 거의 '해'와 '해요'로 단순화되었다. '해'는 반말이라는 별명이 붙은 얼치기 낮춤말이요, '해요'는 '하오'와 '합쇼' 사이의 얼치기 높임말이다. 이 단순화된 두 형태는 억양에만 차이를 두고 서술에나 의문에나 감탄에 두루 쓰인다. 과거엔 여러 갈래로 나누이던 우리 주변의 사람들은 이제 '해' 할 사람하고 '해요' 할 사람으로 바뀌어 가고 있다.

그런데 어른들이 읽는 신문이나 잡지나 책의 글에서는 그것을 읽는 사람을 서술형에서는 '너'로 여겨서 '한다'가 쓰이며, 의문형에서는 '자네'로 여겨서 '하는가'가 쓰인다. 기껏 소설에서나 대화를 인용 부호 속에 넣고 '해'나 '해요'를 사용하고, 또 기껏 어린이 이야기책에서나 '해'나 '해요'가 발견될 뿐이다. 또 비록 입말이기는 하지만 다수의 사람에게 비개인적으로 말하는 방송 보도나 연설에서는 '합쇼'의 활용이 사용된다.

입말과 글말의 일치—이것은 모든 언어학자들이 바라는 바다. 인도유럽 말에서 입말과 글말의 서로 엇갈림은 입말이 글말보다도 어려운 낱말을 덜 씀과, 입말의 논리가 글말의 논리보다도 좀 더 느슨하고, 입말의 문장들이 글말의 문장보다도 더 짧음 따위에 있는 듯하다. 그런데 우리말에서 입말과 글말이 이별한 더 큰 원인은, 위에서 살핀 대로, 서술말의 차이에 있다. 곧 신문이나 다른 인쇄 매체가 '말했다' 하지 않고 '말했어요' 하거나, 방송이 '날씨가 좋겠습니다' 하지 않고 '날씨가 좋겠어요' 하면, 우리 나라의 말과 글은 훨씬 더 가까워진다.

우리 민족은 늘 글을 숭상했다. 한글이 만들어지기 전의 유일한 글은 중국 글자였고, 이 중국 글자는 서양 사람이 《성서》를 다루듯이 거룩하게 여겨졌다. 글은 늘 우리에게 무엇을 가르치는 스승 노릇을 한다. 그런데 중국 글자로 쓰인 중국말에는 '해라'도 '합쇼'도 없다. 우리의 사고 틀 속에서 이것을 우리 생각으로 옮겨 읽을 때에, '스승'인 글이 '제자'인 독자에게 말하듯이 '하노라' 하고 '토'를 붙여 읽었다. 아마도 책이 독자를 굽어보면서 이야기하고 독자가 책의 내용을 우러러보면서 읽던 이 인습이 한글로 책을 만드는 데까지 뻗치어서, 한글로 된 서적에서도 문장들이 '하노라', '하더라'로 끝났음 직하다. 중생을 내려다보면서 이야기하던 부처의 말이 담긴 불경과 같은 거룩한 가르침이 초기 한글 서적의 내용이었음이, 책에 적힌 글의 '하노라' 함에 부채질을 했음 직도 하다. 오늘날의 인쇄 매체가 '해라' 함은 아마도 이 전통을 고스란히 이어받고 있음이겠다.

근세 조선의 한글 서적이 '하노라' 하는 사이에도 한글로 적힌 편지 속의 문장 활용은 일상 생활의 입말을 따랐다. 어머니는 아들에게 '해' 했고, 아들은 어머니에게 '해요' 했다. 또 서민 문화의 정직한 반영인 판소리 가사는 비록 현대인의 감각으로는 어느 정도 비논리적이고 짜임새가 없는 언어 표현일지는 몰라도, 서민이 사용하는 입말의 서술 활용이 반영되었다는 점에서는 호감이 간다.

학자들은 입으로 하는 말이 글로 쓰는 말보다 훨씬 더 시원적이고 인간에게 중요함을 일러 준다. 따라서 나는 서술어의 활용에서 입으로는 이렇게 말하고 글로는 저렇게 쓰고 함을 역겨워 한다. 우리가 말할 때에 상대방에게 '해요' 하거나 '해' 하면 글로 적을 때에도 상대방을 그 상대방으로 삼고 '해요' 하거나 '해' 하는 걸 보고 싶다.

그리고 이 글을 적으면서도 인습에 묶여 내 스스로 '해라' 하고 있음을 부끄러워한다. 독자를 '너'로 하고 '해라' 하는 글의 의문문에서는 '하는가'라고 하여 '너'를 '자네'로 둔갑시키기가 싫어서 '하느냐'라고 하였더니 말투가 독선적이라고 꾸짖음을 받았고, 독자를 '선생님'으로 치고 '합니다' 하였더니 어린이를 위한 문헌처럼 너무나 가벼운 내용이라고 핀잔을 받았다. 과연 이 씩씩하지 못한 사람은 언제나 글말에서도 입말에서처럼 '해' 하거나 '해요' 할 용기를 얻을까?

천구백칠십오년, 배움나무

어느 날 오후에 생각한 '주눅과 도사림'

번개는 무섭다. 그래서 사람은 번개를 무서워한다. 그러나 사람은 번개를 미워하지는 않는다.

깡패는 무섭다. 그래서 사람은 깡패를 무서워한다. 그리고 사람은 깡패를 미워한다.

개는 무섭다. 그래서 사람은 개를 무서워한다. 그런데 사람은 개를 미워하기도 하고 미워하지 않기도 한다.

질주하는 자동차의 속력은 무섭다. 그래서 사람은 질주하는 자동차의 속력을 무서워한다. 그런데 사람은 질주하는 자동차의 속력을 미워하기도 하고 미워하지 않기도 한다. 자동차의 속력을 무서워하면서도 미워하지 않는 사람은, 비록 그가 이 자동차를 미워하지 않을지라도, 자동차의 운전사나 그 운전사를 머슴으로 부리는 주인 또는 그 머슴이나 주인을 그렇게 다스리는 놈이 누구든지 그놈을 미워하기도 한다.

무엇이나 누가 무섭다고 해서 반드시 밉지는 않다. 그래서 사람은 무엇이나 누구를 무서워한다고 해서 그것이나 그를 반드시 미워하지는 않는다.

무서움의 주체자이자 무서워함의 대상인 놈이 사람이면 무서워함의 주체는 그 사람을 미워한다. 무서움의 주체이자 무서워함의 대상인 놈이 사람이 아니면 무서워함의 주체는 그놈을 미워하지 않는다. 그러나 때때로 무서움의 주체이자 무서워함의 대상인 놈이 사람이 아니더라도, 무서워함의 주체는, 적어도 그의 생각 틀 안에서는, 그놈에게 인격을 심어—아니, 그놈에게서 인격을 발견하여—그놈을 미워한다.

그래서 사람이 개가 무서워서 개를 미워하는 때에, 그는 그가 개에게 심은 인격을 미워한다. 사람이 자동차가 무서워서 그것을 미워할 때에, 그는 '너는 무서운 깡패로구나'라고 생각하면서, 자기가 그것에 심은 인격을 미워한다. 그는 자기에게 모래를 뿌리는 미친 사람을 무서워하면서도, 그 미친 사람을 모래를 날리는 '태풍'으로 여겨 그를 미워하지 않는다.

사람은, 무서운 놈에게서 인격이 안 보이면, 그놈을 미워하지 않는다. 사람이 그놈에게서 느끼는 것은 다만 무서움—그리고 무서움에 가장 가까운 개념을 구태여 밝히자면, 두려움—이다. 무서워함이나 두려워함은 아픔과 불안이요, 가장 나쁜 정신적 날씨이다. 미워함은 질책—따라서 인격 개선의 촉구—이고, 원한—따라서 인격에 대한 복수—이며, 저주—따라서 인격 소멸의 기원—이다. 사람이 인격이 없는 놈을 무서워하더라도 미워하지 않는 것은 꾸짖어서 바로잡을 생각도, 찔러서 분풀이할 살점도, 벼락맞아 끊길 목숨도 그놈에게서는 안 보이기 때문이다.

사람이 무서워하거나 두려워하는 대상은, 더 깊은 통찰의 시야에서는, 무서운 놈이나 두려운 놈이 아니다. 그 대상은 앞놈이 뒷놈에게 부과할 듯한—뒷놈의 판단으로는 뒷놈 자기에게 틀림없이 해로울—행위이다.

사람이 미운 놈을 미워함은 미운 놈과의 대화가 없이 그놈의 인격에 자기 불행의 탓을 돌림이기도 하다. 그는 무서운 자동차 속력의 탓을 '운전사의 주인'으로 하여금 그처럼 빠른 속력을 운전사에게 바라게 하는—그의 상상력이 가공한—다른 인격에 돌리기도 한다. 그의 상상력이 때때로 그를 에워싼 사회 전체에 인격을 두고 미워해서, 자기의 미워함에 대응하는 복수를 해야겠는데도, 도저히 자기에게 그놈을 다스릴 수 있는 힘이 없어서, 그놈의 인격을 인식하지 않는 상태—자살—를 택하기까지 한다.

흔히 사람은 남을 단순히 싫어하기만 하면서도 미워한다고 말한다. 이 경우의 미움이 구태여 미움이라면, 그 미움의 뜻은 싫음이다. 사람은 자기의 품에 마침내 돌아온 연인을 더 미워하지 않는다. 그 연인의 그때까지 행적을 미워함은 그 연인이 귀환함과 함께 소멸한다. 이 사람이 그 연인을 계속해서 미워한다면, 그 원인은 그 연인의 지난 행적이 아니요, 미래의 행적에 대한 우려이다. 그러나 사람은 자기를 버리고 남의 품에 아직 안겨 있는, 그리고 자기가 아직도 그토록 사랑하는 연인을 미워한다. 이 시점까지 그 연인의 행적에 대한 결산이 아직 미완성인 미래 일로 남아 있기 때문이요, 이 시점까지 그 연인의 행적이, 이 시점 이후 그 연인의 행적이 무서울 터임을 미확정적으로나마 점치기 때문이다. 사람은 결산되지 않은 미움의 주체만을 미워한다.

사람이 무서워하거나 두려워하기 위해서는 죄지은 몸일 필요가 없다. 그리고 사람이 남을 미워하기 위해서도 죄지은 몸일 필요가 없다. 그러나 사람이 남을 미워하기 위해서는 반드시 그에게 약점이 있어야 한다. 포졸이 쫓는 사람은 죄가 그의 약점이요, 깡패가 쫓는 사람은 그의 주머니나 깡패를 이겨 낼 주먹의 부재가 그의 약점이다.

무서움과 미움은 개의 생각 속에도 있다. 그래서 개는 집에 찾아오는 손님을 반기기도 하고 물기도 한다. 대문에서 서로 만나는 순간에 손님과 개는 그 첫인사로써 상대방의 무서움을 정의한다. 이때의 사람과 개는 말 없는 대화와 의사 소통으로써 서로 반기기도 하고, 한 편이 다른 편을 또는 서로 무서워하기도 한다. 이때에 이 손님은 개가 훌륭한 '사람' 인지를, 개는 손님이 훌륭한 '개' 인지를 확인하고자 한다. 이 손님과 이 개는 서로 미워하게 되면서도, 가상적인 힘의 균형으로 대결을 회피하는 수도 있다. 또는 무서움의 저울질이 이루어져 한 편이 도망하기도 한다. 자기가 상대편을 무서워함보다는 더 상대편이 자기를 무서워함을 확인하면, 무서운 사람이나 개는 더 무섭게 변한다.

미움과 미워함은, 그리고 그 원인으로서의 무서움과 무서워함은 사회의 가장 나쁜 독약이다. 미운 놈은 그를 미워하는 사람의 행복의 밑거름인 자유와 사랑의 파괴자이다. 그는 미워하는 놈이 기원하는 소멸의 표적이요, 스스로 미워하는 놈이 되기 쉽다. 미워하는 놈은 주눅이 들거나, 도사리거나, 자기 보존의 시도에서 덤비거나, 미운 놈을 인식 밖으로 쫓기 위해서 제 숨을 끊기도 한다. 미워하는 놈 중에서 생존하는 놈은, 그 미운 놈이 죽기까지 주눅이나 도사림 속에 있다. 주눅이나 도사림의 그늘에 덮인 사회는 무기력하고 비생산적이고 부정적이다.

미운 놈의 죽음은 그의 육체적인 죽음 말고도 미워하는 놈의 눈에 비치는 그의 인격의 소멸, 그 인격이 갖는 미움의 해소, 그리고 미워하는 놈의 미움 인식의 종결 따위를 뜻한다. 미운 놈의 죽음은 어느 것이나 다 미워하는 놈이 주눅과 도사림으로부터 해방되기 위해서 바라는 현상이다.

미움이나 무서움의 의미적 환경을 검토하고, 그 뜻을 매겨 보자. 우리는 '누가' '미워서', 그를 '미워한다.' 어린이는 벌레가 '무섭다.' 그래서 어린이는 벌레를 '무서워한다.' 미움이나 무서움은 한 사람의 느낌이 평가하는 다른 사람의 상태요, 미워함과 무서워함은 앞사람이 뒷사람의 그 상태에 대응해서 갖는 반응이나 동작이다. 이처럼 한국인의 느낌과 그 느낌의 언어로의 구현은 남의 상태에 대한 평가와 그 상태가 그의 마음에 주는 반응의 두 가지로 이루어진다.

이 형용사와 동사와의 형식적인 관계가 우리가 상상할 수 있는 모든 느낌의 언어화에 적용되지는 않는다. 이 형식적인 관계는 한 사람이 남의 상태나 성격을 평가할 때에 쓰는 남을 주체로 하는 형용사와, 그 형용사가 묘사하는 남의 상태나 성격이 자기 마음에 그 남을 객체로 삼고 일으킨 반응이나 동작을 나타내는 타동사와의 사이에서만, 때때로 예외를 허용하고 나타난다. 그러나 '곱다'라는 낱말은 있어도 '고와한다'라는 낱말이 없음이, '고와한다'라는 가망적인 개념을 배제하지도 않으며, 여성이 '고운' 비단을 보고 그 '고움'에 대응하는 마음에 느낄 반응의 부재를 증명하지도 못한다.

한국인은 아이가 예쁘면 그를 예뻐하고, 다른 사람이 좋아야 그를 좋아한다. 한국인의 느낌은, 적어도 위에 설명한 상태와 반응과의 관계의 영역에서는, 그 좋고 궂음의 공도 탓도 남에게 있다.

그러나 서구인들의 감정 체계에서는 남이 한국식으로 '미워서' 남을 한국식으로 '미워하지' 않고, 자기의 능동적인 감각에서 그를 '증오한다.' 우리의 미워함의 원인이 '무서움'에 있듯이, 그들의 '증오'의 원인이 '공포'에 있기는 하다. 그러나 그들의 '공포'의 의미 영역도, '증오'의 의미 영역도 우리의 '무서워함'과 '미워함'의 의미 영역과 반드시 겹치지는 않는다. 그런데 그들은 남이 '미워서' 그를 '증오하지'는 않는다. 그들은 자기가 '증오'로 가득 차 있어서 남을 '증오한다.' 그들은 그들의 방식으로 '무서워하기'에서, 자기가 '공포'로 가득 차 있어서 남을 '공포한다(?).' 한국말에 '공포하다' 라는 낱말이 없음은 한국인의 감정 체계가 서양 사람의 그것과 비교할 때에 더 수동적임의 산 증거이다.

서양인의 '증오'는 능동적이어서, 남을 '증오하거나' '증오하지 않거나'는 비록 그 절대적 원인이 남에게 있더라도, 지극히 자기 스스로에게 속하는 문제이다. 그래서 증오 해결의 책임이, 서양인의 경우에는 자기에게 있다. 그래서 목사는 신도들을 향하여 증오를 버리라고 외친다. 그 목사의 눈에는 신도들이 남을 '증오하는' 마음을 가졌다. 그의 낙원 건설의 계획서에는 주민들이 남을 '증오하는' 마음가짐을 버리고, 그 자리에 남을 '사랑하는' 마음가짐을 채워야 평화가 누리에 깃들임이 맨 먼저 적혀 있다.

그러나 한국인의 '미워하거나' '미워하지 않거나'의 문제는 남이 '밉거나' '밉지 않거나'의 문제이다. 그 해결은 지극히 남에게 속하는 문제이고, 남이 짊어진 짐이다.

때때로 한국인은 남을 사랑하기도 한다. 그러나 한국인의 사랑은 서양인의 사랑과 본질이 다르다. 한국인의 사랑은 '보살핌'의 구현이지, 서양식 사랑의 표현이 아니다. 어버이가 아들을 또는 임금이 신하를 사랑하지, 아들이 어버이를 또는 신하가 임금을 사랑하지는 않는다. 아들이나 딸이 어머니를 사랑한다고 흔히 말함은 한국인의 감정 질서에 어긋나는 표현이다. 한국인이 연인을 사랑한다고 함은 거의 자기 감정을 잘못 또는 거짓되게 표현함이다. 한국인은 연인이 '좋아서' '좋아하고', '정다워서' '정을 준다.'

한국 연인들 사이에 사랑이 있을 수는 있다. 그것은 나이가 지긋한 남자가 자기보다도 어린 여자를 연인으로 삼았을 때에 그 연인을 보살피는 감정이다. 한국인의 감정 체계에서 사랑은 근엄하고, 그것을 주는 사람은 받을 사람을 엄선한다. 그것은 함부로 주어서도, 아무에게나 주어서도 안 된다.

그것은 '사랑스러운' 사람에게만 주어진다. 많은 사람이 촌'스럽거나' 변덕'스럽거나' 걱정'스러운' 것이 바람직하지 않듯이, 많은 사람이 사랑'스러운' 것도 그의 감정 질서에는 어긋난다. 많은 사람이 정'다운' 것은, 그들이 아름'답거나' 사람'다운' 것이 실로 '사랑스럽기' 때문은 아니다. 한국에서 기독교의 목사들은 무척 인색하게 배포해야 할 사랑을 다른 사람들한테 주라고 신도들에게 외치는 대신에, 남에게서 '정다움'을 발견해서 그에게 정을 주라고 외쳐야 한다. 이처럼 주는 정이 《성경》의 가르침에서의 '사랑'에 해당한다.

이처럼 한국인은 남이 좋아야 좋아하고, 남이 정다워야 정을 주는 백성이다. 그의 감정은 환경에 상대적이다. 그리고 그는 환경이 좋아야 행복하고, 환경이 나쁘면 불행하다. 환경은 남이요, 자기의 운명을 결정할 권한도 책임도 남에게 있다. 그래서 그는 그의 환경 개선의 시도에서, 환경더러 자기를 해칠 권한을 덜 행사해 달라고, 그리고 자기를 보호할 책임을 더 느껴 달라고 무당의 굿을 통하여 애원한다.

우리의 환경에 무서움과 미움이 있다. 무서움과 미움, 따라서 주눅과 도사림에서 해방됨에 우리의 행복이 있다. 주눅과 도사림의 원인은 환경의 무서움이요, 따라서 우리가 환경을 무서워함이다. 그러면 우리는 무엇을, 그리고 누구를 무서워하느냐? 우리는 자기 밖에 있는, 그리고 자기를 해칠지도 모를 힘을 가진 사람을 무서워한다. 그리고 우리가 그 힘이나 그 힘을 가진 사람을 무서워하기 위해서는 그 힘이 우리의 힘보다도, 적어도 우리의 느낌에는, 강력할 것이 필요하다. 어떤 점에서는 우리가, 알고 보면 적어도 어느 정도로는 남을 무서워할 필요도 없었는데, 너무 그를 잘못 무서워하는 경우가 때때로 있다. 그런 한에서 우리 스스로도 자기의 주눅이나 도사림을 없애거나 줄여야 할 의무가 있기도 하다.

우리 밖에 있는, 우리 힘보다도 강력한 힘을 가진 사람은 실질적으로 직장에서는 상사요, 사회에서는 지도자이다.

한국인은, 그것이 옳든지 그르든지, 그의 주눅과 도사림의 탓을 상사에게, 그의 불행의 탓을 지도자에게 돌린다. 이 땅에서 더 많은 사람이 더 많이 자유와 평화를 누리게 되려면, 한국의 사회 지도자들이 또는 힘을 가진 사람들이, 양심의 부름에 따라서이든지 아니든지, 비록 그들 스스로가 주눅과 도사림 속에 있더라도, 우선 무섭지 않아야 한다.

천구백칠십이년, 배움나무

고마움과 미안함의 갈등

우리말과는 다른 언어를 쓰는 나라의 사람들이 남에게 고마움을 느낄 처지에서 우리는 흔히 미안함을 느낀다. 그래서 우리는 그들이 '고맙습니다' 라고 말할 때에 무의식의 부름으로 '미안합니다' 라고 말한다.

학자들이 우리에게 가르쳐 주듯이, 사람의 사고를 지배하는 언어 질서의 다름에서 이 차이가 말미암는데, 이는 우리에게 특별한 자랑이나 수치의 원인이 되지 않는다. 다만 일반적으로 그들이 우리보다도 더 고마움을, 그리고 우리가 그들보다도 더 미안함을 나날의 생활에서 느낌만은 사실인 듯하다.

그런데 언어가 사고의 구현이라는 철학자들의 밝힘이 참되다면, 아마도 지난 사분세기 동안에 다져진 바깥 문화의 영향으로, 우리는 그전보다도 또는 우리의 선조들보다도 더, 미안보다는 감사를 생각하는 백성으로 변했다. 기독교가 하늘에, 그리고 이웃에게 감사해야 함의 중요성을 사람들에게 가르쳤을 뿐만이 아니라, 밖에서 온 사람들과의 사귐에서, 그리고 밖에서 온 활동 사진, 음반 및 서적 들이 날라온 바깥 대중 문화의 바람결에 우리는 그전보다도 또 우리 선조들보다도 더 감사하지 않고서는 시대의 물결 위에 뜨지 못할 옛사람으로 처질 운명의 짐을 어깨에 져 왔다.

우리가 과거 많은 경우에 감사하기를 거부하고 미안하게 생각하기를 택하지 않을 수 없었던 것은 우리가 느끼는 상대방과의 일체감 때문이었다. 우리 나라에서, 받는 사람은 흔히 주는 사람과 자신을 동일화했다. 이것은 마치 손님은 주인에게서 음식을 대접받고 '잘 먹었습니다'라고 말하지만, 주인의 아들은 그렇게 말해서는 안 되는 것과 통한다. 아들이 아버지에게서 돈을 받고 미안해 하는 것은 극히 마땅한 처사이로되, 고마워하는 것은 아들됨 직한 도리가 아니다. 한 걸음 앞으로 더 나아가서, 아들이 아버지에게서 돈을 받고 비록 미안한 생각이 들더라도, 이를 지극히 당연한 것으로 생각하는 것이 가장 한국적인 효도일지도 모른다.

한국인은 감사를 심리적으로 남인 사람에게만 느낀다. 아버지에게 감사함은 아버지를 남이라고 선언함이다. 한국의 아버지는 남 앞에서 자기의 아들을 칭찬하지 않았다. 아들과 자기를 동일시했기 때문에, 아들의 칭찬은 자신의 칭찬이나 다름이 없었기 때문이다. 한국인이 흔히 남에게 고마워하지 않고 그저 미안해 하기만 했던 것은 남이 자기의 아버지나 어머니나 형이나 언니나 동생이나 다름이 없이 그에게 가까이 생각됨을 다짐해 주려는 시도에서 나왔겠다. 한국인이 고마워함은 은혜를 주는 사람이 자기와 멈의 확인이다. 그래서 선량한 한국인은 은혜를 입고도, 임금에게는 황공의 느낌을, 어른에게는 죄송의 느낌을, 그리고 다른 사람에게는 미안의 느낌을 감사 대신에 밝혔다.

그런데 이제는 서양과는 꽤 거리가 먼 서울 변두리의 여염집에서도 부모는 아이에게 가장 하찮은 칭찬을 하고도 '감사합니다'라는 답을 하기를 가르칠 뿐만이 아니라 받기를 기대한다. 사람의 마음에 안심과 사랑 대신에 주눅이나 도사림의 먹구름이 깔리게 되는 정도의 변화야 우리에게 서글픔을 줄 수도 있겠으나, 자연스럽거나 부자연스럽거나 간에, 감사가 미안의 자리를 앗아 가는 변화쯤이야 우리의 마음을 세상에서 가장 쓰라리게 건드릴 바는 아닐지도 모른다.

감사와 고마움, 그리고 감사하기와 고마워함이 옳든지 그르든지, 이 땅에 더 퍼질 것만은 사실이다. 그러나 그 뜻이나 제대로 매기고 퍼뜨리자. 여러 달 전에 토속적인 한국말의 사용을 늘 장려하는 한 언어학자가, 그에게 어떤 일 때문에 "난 정말로 감사합니다"라고 말하던 학생에게 "전 정말로 고맙습니다"라고 말함이 더 바람직하다고 가르쳐 주시더라. 우리 나라의 크고 작은 많은 사전들이 '고맙다'의 뜻을 '은혜를 받아 마음이 뜨겁고 즐겁다'로 풀이했으니, 그의 가르침은 사전의 풀이만큼은 옳다. 그러나 사람이 남에게 감사할 때에 감사하는 사람은 그 사람이고, 고마운 사람은 그가 아닌 남이다. 학생이 선생님에게 고마워할 때에 학생은 '감사하고', 선생은 '고맙다.' '감사하다'는 고마워하는 학생 마음의 '동작'이요, '고맙다'는 학생의 생각에 비치는 선생 마음의 '상태'이다. 그래서 우리는 '남'에게 감사하고, '남'은 우리에게 고맙다. 우리는 흔히 백화점이 무슨 특별 판매에 손님들이 많이 와 주셨음'을' 감사하는 광고를, 아니 한 걸음 앞으로 나아가서 많이 사 주셨음'을' 감사 '드리는' 선전을 흔히 듣는다. '감사하다'는 '을(를)'에 따라가서는 안 되는 자동사이니, 감사하는 사람은 '주셨어서' 또는 '주셨음에 대하여' 감사해야 한다. 그는 또 '감사 드리지' 말고 감사'를' 드려야 하고, 마찬가지로 '주셨어서' 또는 '주셨음에 대하여' 감사를 드려야 한다.

이와 같이—특히 감사와 연관되는—비논리적인 언어 습성은 비록 상업 광고에서뿐만이 아니라, 우리 사회의 구석구석에서 목격된다. 감사는 어제까지는 무척 마땅하던 우리 감정 질서의 소산인 미안을 물리치고—그래서 개인 사이의 일체감을 깨뜨리고—이 땅에서 번식하더니, 이제는 드디어 우리 언어의 논리마저 파괴하려나 보다.

한 사회에 속하는 사람들이 쓰는 말의 따뜻함이나 차가움은 그들 사고의 따뜻함이나 차가움을, 그들 말의 가지런함이나 헝클어져 있음은 그들 사고의 가지런함이나 헝클어져 있음을 반영한다. 오늘의 한국말은 오늘에 사는 한국인의 사고를 밝히는 가장 권위 있는 대변자이다.

그뿐이랴? 말은 하는 사람이나 듣는 사람의 행동을 구속한다. 존대를 하는 사람은 존대를 받는 사람에게, 진실에서나 거짓에서나 존대의 행동을 해야 하고, 존대를 받는 사람이 존대하는 사람에게 하는—현실적이거나 잠재적인—행동은 그가 존대를 받지 않고 천대를 받을 경우의 행동과 다르다.

오늘의 한국말은 모든 한국인의 행동을 다스리는 독재자이다. 옛날에는 '미안합니다'라고 했을 경우에 이제 '감사합니다'라고 사람들이 거리낌 없이 말함도, 이 말을 듣고 사람들이 생소하게 느끼지 않음도, 오늘의 우리가 어제의 조상들과는 주어진 환경 안에서 달리 생각함을 나타낸다. 한 시대에 사람들이 어떤 말을 어떻게 하고 듣는지는 바로 그들의 사고요, 사고방식이다.

천구백칠십삼년, 배움나무

조그마한 제안

두 명사 사이에 독립적으로 끼이는 시옷(ㅅ)을 '사이시옷'이라고 했다. 그러나 현대의 우리말에는 이 독립된 사이시옷이 거의 없어진 듯하다. 물론 두 명사 중에 앞에 나오는 명사의 끝음절이 받침을 가지고 있지 않을 경우에 때때로 이 음절 끝에, '서릿발'의 예처럼, 시옷이 붙어 있기는 하다. 그러면 이 시옷이 '서릿발'의 경우에서처럼 붙어서 나타나든지 또는 '서리ㅅ발'의 경우에서처럼 떼어져서 나타나든지는 가리지 않고서라도, 그 구실을 무엇이라고 우리는 말할 수 있을까? 우선 우리의 머리에 떠오르는 현상은 이 시옷과 뒤에 오는 말의 첫자음이 부딪혀서 된소리가 됨이다. 다시 말하면, '서리'와 '발'이라는 두 명사 사이에 시옷을 끼워 넣으면, 두 단어의 연속되는 발음이 '서리빨'이 된다. 우리는 '서리'와 '발'을 붙여서 '서리발'이라고 읽고 싶어하지 않고, '서리빨'이라고 읽고 싶어한다. 이 경우에 사이시옷은 '발'을 말에서뿐만이 아니라 글에서도 '빨'로 고치기 위해서 인위적으로 집어넣은 도구이다. 이 도구가 뒷명사의 첫자음과 합해져서 제 소리를 죽이고 이 자음을 된소리로 바꾸어 주기만 하면 되었으니, '사이시옷'은 '사이디귿'이나 '사이티읃'에 의하여 대치되었어도 된다. 그러나 우리 조상들은 습성으로 시옷만을 썼다.

그런데 오늘날에 '치과 병원'은 '치꽈' 병원으로 소리가 나서 '칫과 병원'일 수가 있어도, '부인과 병원'은 '부인꽈' 병원으로 소리가 나도 '부ㅅ병원'이나 '부인ㅅ과 병원'이 되지 않는다.

'치-과'나 '부인-과'는 두 명사로 이루어졌다. 현대의 한국말은 사이시옷을 옛글에서처럼 독립적으로 떼어 두고 싶어하지 않고, 앞명사의 받침 형식으로 두고 싶어한다. 그러나 '부인-과'의 경우에서는 앞명사의 받침이 이미 있어서 사이시옷이 자리를 잃었다. 그런데 사람들은 이 경우에 사이시옷이 없어도 '부인-꽈'라고 발음한다. 그러면 우리는 왜 두 명사가 이어 나올 때에, 그리고 뒷명사가 된소리화할 수 있는 자음으로 시작될 때에 이 자음을 된소리로 바꾸려고 할까?

우리는 '제사-집'을 '제사찝'이라고, 또 '일-군'을 '일꾼'이라고 소리 하거나 읽는다. 이 현상은 앞뒤 명사의 주체성을 살리기 위해서 일어난다. '일군'을 '일꾼'이라고 소리함은 '일군'이 한 단어로 된 표현이 아니고 앞낱말이 뒷낱말을 섬기고 있음의 선언이다. 이 경우 뒷낱말이 된소리가 됨은 마치 영어의 '소유 에스'가 앞명사에 붙어 한 묶음이 되어서 뒷명사를 수식함과 통한다.

두 명사가 합해져서 이처럼 사이시옷 현상—아니, 주체성 유지의 현상이 일어나는 것은, '모래-알'과 '보험-금'이 늘 모래알과 보험금으로 발음되는 사실이 설명하듯이, 모든 경우에 다 적용되지는 않는다. 우리는 뒷낱말이 된소리화할 수 없는 경우에는, 앞뒤 낱말의 주체성 유지의 필요성에도 불구하고, '촌-놈'의 경우처럼 아무런 변화도 실현할 수 없을 수도 있고, '위-녘'이나 '예-놈'이나 '풀-잎'이 '윈녘'이나 '옌놈'이나 '풀립'이 되는 것처럼 관계되는 자음의 겹소리로 변하기도 하고, '미래-일'이 '미랜닐'로, '나무-잎'이 '나문닢'으로 될 수도 있다시피, 또 '도토리-묵'이 '도토린묵'으로, 그리고 '수색-역'이 '수색녁'이 될 수도 있다시피, 새 겹자음 또는 홑자음이 끼일 수도 있다. 그리고 앞단어와 뒷단어의 주체성 유지의 필요에서뿐만이 아니라, 앞단어의 끝음절 받침과 뒷단어 첫자음의 접변 때문에 된소리가 되기도 하니, '삼겹-살'의 '쌀' 발음이 그 예이다. 그리고 '성과'가 '성꽈'로 흔히 발음되는 것에서 우리가 보다시피, 명백한 과오로 말미암아 된소리가 되는 수도 있다.

주체성 유지 현상의 적용을 결정하는 것은 사람의 경험이요, 습관이다. 또 실지로 두 명사의 경우가 아닌 한 명사의 경우에도 음절의 주체성 유지 경향이 있다. '김길용' 씨가 '김길룡' 씨로 발음되기 쉬운 것, 그리고 특히 경상도에서 '결혼'을 '결론', '월요일'을 '월료일'이라고 흔히 발음하는 것이 그 예이다. '결혼'을 '겨론', 그리고 '월요일'을 '워료일'로 발음할 때에 '결'이 '겨'로, 그리고 '월'이 '워'로 오인되는 것을 방지하기 위함이다. 이것은 물론 사이시옷의 경우와는 다르지만, 이 주체성 이론을 뒷받침하는 예로 들었다.

이 주체성 유지 현상이 완전히 경험이나 습관에 의해서만 결정 지어진다면, 우리말을 우리글과 연관하여 배우는 사람들이 옳게 발음하기가 여간 힘들지 않을 듯싶다. 현재의 관습으로는 '나무-군'은 '나뭇군' 또는 '나무꾼'으로, '일-군'은 '일군' 또는 '일꾼'으로, '치-과'는 '치과' 또는 '칫과'로, '의-과 대학'은 '의과 대학'만으로 쓰이고 있다. '나뭇군'과 '나무꾼' 가운데에서는 어느 것이 옳을까? 어린이가 거리에 있는 간판의 글씨를 보고 '치과 병원' 또는 '의과 대학'을 '치꽈 병원' 또는 '의꽈 대학'이라고 발음하지 않는 것을 꾸짖으려면, 그것이 '꽈' 자가 아니라 '과' 자라고 어린이가 대들 때에 이 어린이에게 이에 관한 설명을 해 줄 수 있어야 한다. 우리 나라에서 발행되는 출판물의 대부분은 '치-과'를 '치과'로 적고 '치꽈'로 자동으로 읽히기를 기대한다. 그리고 '도토리-묵'은 흔히 '도토릿묵'이 아닌 '도토리묵'으로 적히어서 '도토린묵'으로도, 또 '도토리묵'으로도 발음된다.

나는 주체성 유지 때문에 일어나는 두 명사 사이의 모든 발음의 변화를, 현재에 극히 제한된 단어의 경우에만 부자연스럽게 사용되는 사이시옷 대신에 하나의 점으로 표시하기를 제안한다. 그래서 '나뭇-군'은 '나무·군'으로, '치-과'는 '치·과'로, '의-과'는 '의·과'로 표시함이 바람직하되, 이는 '문화-공보'의 경우에처럼 '및' 또는 '와(과)'의 뜻을 나타낼 짧은 작대기 '-'와 구별해서 사용되기를 제안한다. 그래서 무슨 자음과 모음, 무슨 모음과 자음, 무슨 모음과 모음, 또는 무슨 자음과 자음 사이에 있는 '·'이 앞뒤 소리를 어떻게 바꾸는지를 가르쳐서, 한국말의 글공부를 처음으로 시작하는 사람에게도 어떻게 적힌 글자가 어떻게 발음되는지 일반화된 설명을 줄 수 있기를 바란다.

천구백칠십삼년, 배움나무

'있어서'와 '있어서의'

우리는 "후진국에 있어서 자유란 무엇인가"나 "후진국에 있어서의 자유"와 같은 표현들을 학식이 있다는 분들의 글이나 말에서 자주 보고 듣는다. 이 표현들 속에 있는 '있어서'와 '있어서의'는 글공부를 한 적이 없는 시골 할머니나, 라디오와 텔레비전이 없는 두메의 농부나, 지식 계층의 말때를 덜 탄 아이들의 입에서는 나오지 않고, 반드시 글깨나 깨우쳤다는 사람의 입에서만 나온다. 그러나 안다는 사람의 말이 늘 옳지만은 않으리다시피, 그들의 말투도 늘 옳은 것만은 아니다.

'있어서'와 '있어서의'의 뜻을 되씹어 보자. 그 으뜸꼴 '있다'의 뜻은 우리가 모두 잘 알고 있다. 그러면 '있어서'의 뜻은 무엇일까? 첫째로, '있어서'는 "이 작대기가 너무 길'어서' 못 쓰겠다"의 경우에처럼, 그 어미 '어서'가 '까닭'을 나타내는 재주를 부려 '있기 때문에'를 뜻할 수도 있겠다. 둘째로, 그것은 "물을 식히'어서' 마신다"의 경우에처럼 '어서'가 앞뒤 동작의 조화로운 순서를 나타내는 구실을 하여, '있은 다음에'를 뜻할 수도 있겠다. 셋째로, 그것은 "영화를 앉'아(어)서' 본다"의 경우나 "전화를 걸'어서' 알아본다"의 경우에처럼 '어서'가 한꺼번에 일어나거나 따로따로 일어나는 두

동작 사이에서 앞동작으로 하여금 뒷동작의 방법이나 보조 수단이 되게 하는 역할을 하여, '있으면서'나 '있음으로써'나 '있음에 의하여'를 뜻할 수도 있겠다. 그러나 이 세 갈래 풀이 속에 있는 '있어서'의 어느 뜻도 "후진국에 '있어서' 자유란 무엇인가"에 나오는 '있어서'를 설명하지 못한다. 그리고 또 도대체 이 표현이 암시하는 '있는 것'이 '자유'인지 또는 '우리'인지가 분명하지 않음은 말할 나위도 없다. 이는 그 세 갈래 풀이가 모자라서 그렇기보다는 '있어서'라는 말을 사용하는 지식인의 말투가 무식해서 그렇다.

"후진국에 있어서 자유란 무엇인가"나 "후진국에 있어서의 자유"라는 표현 속에 나오는 '있어서'나 '있어서의'는 현대 한국말에서 볼 때 밥 속에 섞인 뉘이다. 지난 몇 십 년 동안에 이 나라 지식인이라는 분들이 스스로도 모르는 사이에 그것에 맞서는 일본말 표현을 한국말로 직번역해서 만들어 놓은 언어의 사생아다. 그래서 그 '유식한' 지식인들의 무식한 말때가 '무식한' 대중의 유식한 말씨를 갉아먹으면서 오늘날엔 버젓이 한국말 행세를 하고 있다.

그러면 이처럼 '유식한' 지식인들이 무식하게 사용하는 '있어서'와 '있어서의'의 뜻을 나타내기 위한 한국말 표현은 무엇일까? "오늘날에 있어서 우리의 지상 과제는 안보다"는 그냥 "오늘날에 우리의 지상 과제는 안보다"로 하면 되고, "카터 당선 이후에 있어서의 미국의 대외 정책"은 "카터 당선 이후의 미국의 대외 정책"이면 되고, "다국 체제에 있어서의 중공의 역할"은 "다국 체제 속의 중공의 역할"이면 되고, "후진국에 있어서 자유란 무엇인가"는 "후진국에서 자유란 무엇인가"면 된다. 아니, 일본말 바람을 직접으로 또는 간접으로 쐬지 않은 사람이면 이처럼 당연히 자연스럽고 이치에 맞는 한국말 표현을 쓸 것이다.

오늘 우리 나라에선 분명히 텔레비전에 나와서 말깨나 하는 사람들이나 머리에 든 것이 많아서 글깨나 쓰는 사람들이 여기저기에 함부로 '있어서', '있어서의'를 내뱉는다. 그리고 그것이 우리말의 짜임새를 망가뜨리는 줄조차도 모르고 있다. 우리가 오늘의 지식인들이 시킨 대로 '있어서'나 '있어서의'를 옳은 우리말 표현인 것으로 받아들이려면, 오천 년에 걸쳐 다져 온 문법 질서를 그만큼 바꾸어야 하고, 사전에 나와 있는 '어서'의 풀이가 훨씬 더 복잡해져야 하며, 한국말의 조화로운 조직이 그만큼 더 아리송해져야 한다.

'때문'과 '까닭'

'때문'과 '까닭'은 우리가 거의 나날이 듣거나 읽고 말하거나 적는 낱말들이다. 그리고 우리는 흔히 이 두 낱말의 뜻이 같다고 생각한다. 그러기에 신문과 잡지의 기사들은 때때로 '-하기 때문에'와 '-하는 까닭에'를 '-하는 때문에'로 적는다. 우리의 손에 미치는 모든 국어 사전도 '때문'과 '까닭'의 뜻이 다 같이 '이유'나 '원인'인 것으로 풀이하고 있다.

그러나 대량 매체의 글이나 말이나 도시 대중이 '-했기 때문에'를 '-한 까닭에'로, '-한 까닭에'를 '-한 때문에'로 표시함이나 말함은, 기껏 지난 몇 해에 두드러지게 나타난 현상이어서, 말의 자연스러움을 공손하게 여기는 사람의 귀에는 거슬리는 표현이다. 어떤 표현이 듣거나 보는 사람의 귀나 눈에 거슬리는 데에는 두 가지 이유가 있을 성싶다. 하나는 그 표현이 한 언어 공동체 안에서 맞지 않아 듣거나 보기에 설음이요, 또 하나는 그 표현이 의미로나 논리로나 수락된 언어 질서에 견주어서나 마땅하지 않음이다. 나는 현대 사회의 대중과 매체가 '때문'과 '까닭'의 뜻을 동일시하는 것을 마땅하지 않다고 여기고 나무란다.

우선 '때문'이라고 하는 말의 뜻을 더듬어 보자. '뜰이 아름답다. 꽃이 피어 있기 때문이다'라는 표현에서 뒷문장의 사연이 앞문장 사연의 원인이 된다. 그런데 '꽃이 피어 있기 때문이다'라고 적힌 문장의 주어는 '꽃'이 아니다. '꽃'은 다만 '꽃이 피어 있기'라는 명사절의 주어일 따름이다. 오히려 이 문장의 주어는 생략되었고, 그것은 '뜰이 아름다움'이다. 그런데 '뜰이 아름다움'이 '꽃이 피어 있기 때문'이면, '호랑이는 짐승이다'에서 '호랑이'와 '짐승'이 동격이듯이, 이 '아름다움'과 '때문'도 동격이어야 한다. 그리고 우리가 흔히 생각하듯이 '때문'의 뜻이 '이유'라면, '뜰이 아름다움'이 '꽃이 피어 있기'의 '이유'이어야 하는데, 이는 '꽃이 피어 있음'이 '뜰이 아름다움'의 이유가 되는 본래의 사연을 뒤바꿔 놓는다. '뜰이 아름다움'은 오히려 '꽃이 피어 있음'의 원인이나 이유로 말미암은 '결과'나 '소산'이다. 여기에서 우리는 '때문'의 뜻이 우리가 흔히 생각하듯이 '이유'나 '원인'이 아니요, 원인이나 이유의 '결과'나 '소산'임을 알 수가 있다. 따라서 '사랑하기 때문에 결혼함'은 '사랑하는 까닭에'나 '사랑함으로 말미암아 결혼함'이 아니라 '사랑하기'라는 이유의 '결과'로 결혼함이다.

'까닭'은 무엇이랴? 그것은 우리가 흔히 생각하듯이 '원인'이요, '이유'다. 그래서 '꽃이 피어 있는 까닭'은, '꽃이 피어 있기 때문'과는 달리, 꽃이 피어 있는 상태의 원인이요, 이유이다. '뜰이 아름답다. 꽃이 피어 있기 때문이다'의 사연을, '때문'을 쓰는 대신에 '까닭'을 써서 표현하자면, '꽃이 피어 있다. (이처럼 꽃이 피어 있음이) 뜰이 아름다운 까닭이다'라고 할 수밖에 없다. '때문'과 '까닭'을, 앞것은 동명사(-하기) 다음에, 그리고 뒷것은 동사와 형용사의 형용적인 활용(-하는) 다음에 옴의 차이를 무시하고 동일시해서, '꽃이 피어 있기 때문이다'를 '꽃이 피어 있는 까닭이다'라고 표현하면 그 뜻이 송두리째 바꾸인다. '사랑하는 까닭에 결혼함'은 우리가 흔히 생각하듯이 '사랑하기 때문에'나 '사랑하기로 말미암아 결혼함'이 아니라, '대상이 상냥하거나 아름답거나 사랑을 받음 직함처럼 사랑함을 유도하는 원인들로 말미암아 결혼함'을 뜻한다.

'사랑하기 때문'에서도 '사랑하는 까닭'에서도 영어의 비코즈 오브(because of)로 시작되는 구(phrase)나 비코즈(because)로 시작되는 절(clause)에서와는 달리, '사랑하기'나 '사랑함' 자체가 '결혼'의 이유가 되지 않는다. 그래서 이 경우에 '결혼하는 사람'은 '사랑함의 원인'이나 '사랑하기를 원인으로 하는 결과'로 말미암아 결혼한다.

'때문'과 '까닭'은 이처럼 뜻이 서로 반대이다. 그래서 우리는 '그 이유를 모르겠다'라고 의도하기 위해서 '그 까닭을 모르겠다'라고 말하지, '그 때문을 모르겠다'라고 말하지 않는다. 뜻이 서로 반대인 두 낱말은 반대인 것으로 다루어져야 한다. 따라서 우리의 언어 생활에서 '-했기 까닭에'나 '-하는 때문에'와 같은 가치 와해의 표현은 쫓아내야 한다. 말의 역사가 우리에게, 원인을 뜻하는 '까닭' 앞에 나오는 그 결과로서의 동작이나 상태는 동사나 형용사의 형용적인 활용으로써 표시하고, 결과를 뜻하는 '때문' 앞에 나오는 그 원인으로서의 동작이나 상태는 동사나 명사의 동명사적인 표현으로 마무리됨을 가르쳐 주었다. 따라서 우리의 언어적 무의식은 이 법칙으로 묶여 있어서, 형용적인 활용 다음의 낱말은 자동으로 원인을 뜻하는 것으로, 그리고 동명사적인 표현 다음의 낱말은 자동으로 결과를 뜻하는 것으로 풀이하고자 한다. 그런데 기대와는 달리 원인의 자리에 결과가, 또는 결과의 자리에 원인이 오면 듣거나 읽는 사람은 원인과 결과를 혼동한다.

여자가 남자를 '사랑'하다니

얼마 전에 텔레비전을 보았더니, 어느 대학생 또래의 젊은 여자가 자기의 고모인가 하는 아주머니에게 "저는 미스터 김을 사랑하지는 않아요. 그저 좋아할 따름이에요" 하더군요. '사랑하는' 것하고 '좋아하는' 것하고를 가린다는 서양 사람의 사고방식이 이 젊은 여자의 말에 고스란히 나타나 있는 성싶었습니다. 그런데 이 여자의 말이 무척 제 귀에 거슬렸습니다. 그 미스터 김이라는 사람을 '사랑하기'까지 하지 않고 그저 '좋아하기'만 할 따름이어서가 아니라, 여자가 남자를 사랑한다는 표현이 제 느낌에 까끄러워서 그랬습니다. 그런데 왜 이 말은 제 귀에 거슬렸을까요? 여기에 대한 대답은 우선 사랑이라는 말의 뜻을 씹어서 맛보지 않고서는 얻기가 어려울 줄로 압니다.

도대체 사랑이라는 말엔 영원히 변치 않는 뜻이 있을까요? 옛날엔 그 말에 '생각'이라는 뜻도 있었으나 요즈음엔 없는 걸로 봐서 그렇지는 않는 성싶습니다. 이 말이라고 해서 어찌 역사의 흐름에 따라 뜻이 넓어지기도 하고 좁아지기도 하는 낱말들의 테두리를 벗어날 수가 있겠습니까? 무릇 낱말은 다른 말에 치여 죽기도 하고 가진 뜻을 빼앗기기도 하려니와 없다가 새로 생기기도 합니다.

우리 역사에 사랑이라는 말이 언제 생겼는지는 아무도 모릅니다. 다만 문헌의 기록으로 늦어도 조선 왕조 초기부터는 이 말이 있었다는 것을 알고 있을 따름입니다. 우리는 또 이런 고전의 기록에서 '사랑'의 전신인 'ᄉᆞ랑'이라는 말을 풀이하는 한자가 때로는 '사랑 애' 자이기도 하고, 때로는 '생각 사' 자이기도 했음을 알 수 있습니다. 이를테면 'ᄉᆞ랑'이 《월인석보》나 《용비어천가》에서는 '생각 사' 자의 뜻인 것으로 되어 있기도 하며, 《내훈》이나 《석보상절》에서는 '사랑 애' 자의 뜻인 것으로 되어 있기도 합니다(또 우리의 고전에서는 '사랑 애' 자로 풀이되는 말로서 'ᄃᆞᆺ다'는 말과 '괴다'는 말이 있었습니다). 여기에서 우리가 어렴풋이나마 짐작할 수 있는 것은 'ᄉᆞ랑'이라는 개념이 '생각'다운 것이었고, 'ᄉᆞ랑'의 후손인 '사랑'도 '생각'다울 수 있겠다는 것입니다. 그러면 생각이란 무엇일까요? 사유나 판단이나 궁리나 추리의 두뇌 작용뿐만이 아니라, "자식 '생각' 때문에 자기들은 빚에 쪼들리면서도 하숙비를 꼬박꼬박 부쳐 주는 부모"의 경우에처럼 보살피는 마음을 뜻하기도 합니다. 그러니 '생각'다운 사랑은 애욕이나 '에로스'일 수가 없습니다. 그것은 상당히 이지적이며, 서양 문화가 말하는 '아가페'에 가까운 것일 듯합니다. 그리고 예수교 《성서》의 〈고린도 전서〉 십삼장에 길게 나오는 아름다운 이야기 속의 '사랑'은 그토록 여러 가지인 서양 문화의 '러브' 중에서도 적어도 얼마쯤은 우리의 사랑 개념에 접근하고 있는 것이라고 할 수도 있겠습니다.

우리 나라 속담에 "사랑은 내리사랑"이라는 말이 있습니다. '내리사랑'의 뜻이 '내려오는 사랑'이라면 그 표현은, '올라가는 사랑'이 이론적으로 존재할 수도 있겠지만 '아름다운 진달래'가 모든 진달래는 아름답다는 생각에서 나올 수도 있다시피, 사랑은 올라가는 것이 아니라 언제나 내려오기만 한다는 것을 뜻할지도 모릅니다. 다시 말해서, 이 속담은 '늘 내려오기만 하는' 사랑의 성격을 강조하는 말일 수도 있고, 때때로 올라가는 수가 어찌 없다고 할까마는, 또 올라가기도 한다고들 믿고 있을지도 모르지만, 알고 보면 아래쪽으로 흐르기가 일쑤인 것이 사랑이라는 말일 수도 있겠습니다. 여기서 우리가 알 수 있는 말은 적어도 실질적으로 우리 민중의 사랑은 위에서 아래로 내려오는 것이라는 것입니다.

〈춘향가〉 판소리 사설에 '사랑가'가 나옵니다. 여기에서 이 도령이 사랑을 노래합니다. 물론, 이 '사랑'은 사랑의 행위를 뜻하지 않고 '사랑을 받는 사람'을 뜻합니다. 여기서 이 도령은 춘향이를 일컬어 "어리둥둥 내 사랑"이라고 합니다. 그러나 춘향이는 이 도령을 '내 사랑'이라고 일컫지 않고 그 대신에 "내 낭군"이라고 합니다. 이것은 사랑이 위에서 아래로 흘렀던 근세 역사의 한 증언입니다.

서양의 '러브'와는 달리 위에서 아래로 흐르는 사랑—그리고 아까 말했듯이 생각에 밀착되어 있는 사랑—은 또 무엇일까요? 그것은 보살피는 사랑입니다. 손윗사람에서 손아랫사람으로 흐르는 사랑입니다. 더 어진 사람이 덜 어진 사람에게 베푸는 사랑입니다. 슬거운 어른이 철없는 아이에게 주는 사랑입니다. 아무에게나 헤프게 주는 것이 아니라, 사랑스런 사람에게만 아껴서 주는 것입니다. 그리고 더 구체적으로 말하면, 어버이가 이녁 핏줄이 이어진 자식을 두고 느끼는 감정입니다. 솔개가 덮치려는 위험 속에서 병아리들을 품에 품고 깃을 곤두세우고 있는 암탉의 새끼탐입니다. 또 스승이 제자에게 베푸는 은혜입니다. 또 근세 역사 속에서 여자의 위에 있던 남자가 여자를 두고 느꼈던 감정입니다. 그렇습니다. 오늘까지 역사의 흐름

속에 있어 온 애정으로 얽힌 남녀의 사이에서 사랑이라는 것은 남자가 여자에게 주는 것이었습니다. 어머니가 아들을 사랑했으되, 이것은 여자의 사랑이 아니요, 윗사람의 사랑이었습니다. 이 사랑을 달라고, 또는 더 달라고 보채는 행위가 응석입니다. 응석을 부리는 남녀는 상대방의 애인이 아니라 애기입니다.

조선 왕조 후반기에 'ᄉᆞ랑'이 오늘의 '사랑'이라는 말 쪽으로 뜻이 점차 바꾸임과 함께 'ᄃᆞᇫ는다'는 말도 '괸다'는 말도 슬슬 사라지기 시작했습니다. 이제는 'ᄃᆞᇫ는다'는 말은 숫제 없어지고 '괸다'는 말이 남해안 일부에서 '보챈다'는 뜻으로 쓰이고 있을 따름입니다. 이런 말들이 사라진 자리에 '정이 든다'는 말이 들어섰습니다. 무엇이 듦은 없었던 것이 나타나는 변화의 현상이요, 그 현상은 자기의 선택으로 일어나는 것이 아니라 자연의 섭리로 생기는 피동적인 상태입니다. 철이 든다거나 병이 든다거나 하는 말을 생각해 보면 쉽사리 알 수 있습니다. '정이 드는' 것은 이처럼 피동적입니다. 그런데 이처럼 '드는' 것은 꼭 수직적인 것이라고 할 수는 없습니다. 오히려 수평적인 느낌이 더 짙습니다. '정이 드는' 것도 예외일 수는 없습니다. 또 방향이 수직적인 것으로 못박히지 않은 애정의 표현으로 '좋다'는 말과 '좋아한다'는 말이 있습니다. 울타리 너머로 서로 말을 주고받는 돌쇠와 순이는 애정의 표현으로 서로 "네가 좋아. 그래서 너를 좋아해" 합니다. '네가 좋은' 바깥 현상 때문에 '내가 좋아하는' 행위가 일어납니다. 또 우리는 무엇이 무서워서 그것을 무서워하고, 누가 미워서 그를 미워합니다. 이처럼 우리말의 조직 속에는 사물의 속성을 나타내는 형용사와 그 속성이 우리의 마음에 끼치는 반응을 나타내는 타동사와의 사이에 재미있는 관계가 있습니다. '좋아하는' 경우에도 '정이 드는' 경우에처럼 '나'의 '행위'는 바깥 현상이 낳은 결과일 뿐입니다.

남녀 사이의 애정은, 프로이트가 설명한 대로 성감과 흠모로 이루어진 이원론의 감정이거나, 그 자체가 하나로 뭉뚱그려진 응어리거나, 상상 속에서나 실재 속에서나 상대방이 있어야 나타나거나 생깁니다. 그리고 '내' 마음을 자극하는 상대방의 속성이 있어야 '내' 마음속에 애정이 일어납니다. 따라서 애정은 작용이라기보다는 반작용이기 쉽겠습니다. 또 그것은 애정을 느끼는 사람의 행위가 가져온 결과라기보다는 그의 상대방 속성의 발견이 가져온 결과입니다. 사람이 애정 때문에 저지르는 행위가 때때로 아무리 저돌적이고 공격적이더라도 그것은 역설적으로 수동적인 심리 상태가 몰고 온 현상이라고 할 수 있겠습니다. 따라서 우리가 '누구에게 정이 들거나' '누가 좋아서 그를 좋아하거나' 하는 애정의 수동적인 표현은 남녀의 애정을 그리기에 가장 정직한 말일 수가 있습니다.

사랑한다는 말은 능동적인 말입니다. 그 말의 뜻 속에 사유나 생각의 뜻이 훨씬 더 짙었던 시절에도 그랬을 것은 뻔합니다. 사랑함은 아까 말했듯이 보살피는 의지와 깊이 맺혀 있어서 '좋아함'과 같이 어쩔 수 없이 수동적으로 생기는 일이 아니라, 이지와 희생과 헌신과 보호의 능동적인 행위입니다. 또 '닪는다'는 말도 '괸다'는 말도 그것들이 능동적인 행동을 뜻한다는 점에서 그 피동적인 애정을 그리기에는 이상적인 말이 못 되었다고 짐작해볼 만합니다.

근세 역사 속에서 남자는 여자를 '사랑하기도' 하고 '좋아하기도' 했습니다. 그러나 바로 그때에 여자는 남자를 '좋아하거나' 남자에게 '정이 들기'만 했습니다. 그런데 남자는 그 체통 때문에 여자를 '좋아하는' 것을 감추어두고 여자를 '내 사랑'으로서만 보았습니다. 그리고 바로 그때에 여자는 남자를 '정든 님'으로 보았습니다.

그러다가 개화기부터 사랑이라는 말이 뜻이 바뀌어서 쓰이기 시작했습니다. 그리고 흔히 그 말을 사용하는 사람의 의도와 듣는 사람의 이해 사이에는 큰 틈이 있었습니다. 개화기 후에 나온 신소설에 나오는 '사랑'이나 '사랑의 고백'은 근본적으로 서양의 애정이나 애정 표현을 직역한 것입니다. 일본의 문예물들이 그렇게 하니까 신식이라고 해서 우리의 창작인들이 그 버릇을 받아들였던 것 같습니다.

그리고 예수교가 몰고 온 '사랑' 바람을 얘기하지 않을 수가 없습니다. 이광수의 〈사랑〉에 나오는 안빈의 사랑은 어떤 점에선 '보살피는' 한국식 사랑이라고 할 수 있겠으나, 동시에 기독교《성서》의 가르침대로의 '사랑'이기도 합니다. 예수교의 '사랑'은 전래적인 한국식 사랑하고 일치하는 점이 많으나, 한국식 사랑이 수호자의 권위주의 사랑임에 견주어, 아무나 누구에게 주어도 되고 어디에서 어느 쪽으로 흘러도 되는 윤리와 자선과 격정의 '사랑'입니다. 또 예수교《성서》에 나오는 '러브'나 '채러티'가 한국말로 '사랑'으로 번역되어서 한국 사람의 무의식 속에 많은 거부 반응을 심었다고 볼 수도 있습니다. 한국 사람의 무의식 속에는 '이웃을 사랑하라'는 기독교의 가르침은 '이웃의 윗사람이 되라'는 말일 수도 있고, 따라서 '이웃을 얕잡아 보라'는 말일 수도 있기 때문입니다. 이것이 어지신 예수의 가르침이었을 턱이 없습니다. 예수교의 언어에 익숙하지 못한 사람이 목사의 말을 듣고 흔히 역겨워 하는 것은 이처럼 우리말의 뜻을 비틀어서 쓰는 일이 흔하기 때문일 수도 있습니다. 이것은 마치 우리가 전통적으로 써 오던 '동무'라는 말의 뜻을 북녘 사람들이 왜곡시켜서 사용하는 것을 우리가 역겨워 하는 것하고 비슷합니다. 어쨌든, 서양 선교사들이 시작한 이 땅에서의 예수교의 가르침은 이 땅 사람들한테 사랑해서는 안 되는 사람을 '사랑하라'고 가르쳤고, 또 사랑한다고 얘기해서는 안 되는 경우에 '사랑한다'고 말하도록 부채질을 해 왔습니다.

예수교 다음으로 이 땅에 사랑이라는 말을 잘못 번지게 한 것은 해방이 몰고 온 서양 바람이었습니다. 서양 영화와 서양 음반과 서양 연극과 서양 문학 작품, 그리고 특히 이 땅에 온 서양 사람들의 입에서 헤프게 나오는 '아일러뷰'라는 외침이 한국 사람들에게 애정의 표시로 그 말을 직역해서 '나는 당신을 사랑합니다'라고 거침없이 말하는 연습을 시켰습니다. 또 이 버릇을 온 나라에 크게 번지게 하는 데에 신문과 잡지와 라디오와 텔레비전이 큰 구실을 해 왔음은 말할 나위도 없습니다. 게다가 서양 사람들이 누가 마음에 들면 '라이크' 하고 누구에게 반했으면 '러브' 한다고 해서, 앞에 말한 그 텔레비전의 젊은 여자 같은 사람들이 '좋아하고' '사랑하는' 것을 덩달아서 서양식으로 구분하는 버릇도 번졌습니다.

'사랑의 고백' 같은 것은 본디 서양 사람이나 하는 의식입니다. 우리는 누가 그런 고백을 하지 않더라도 눈치로 다 알게 되어 있습니다. 여러분 중에서도 영화의 주역 배우의 '스타일'대로 연애라는 것을 하실 적에 '사랑합니다'라고 말했거나 그런 말을 들은 적이 있는 분이 많을 줄로 압니다. 그때에 혹시라도 그런 말을 하기나 듣기에 실감이 안 났다면, 말하는 사람의 성실성 부족의 탓이 아니라 용어 선택의 잘못 탓이었을 수도 있습니다. 또 진짜로 한국식인 사랑을 두고 말하더라도 그렇습니다. 어느 어머니가 아들을 아무리 사랑한들 "아들아, 나는 너를 사랑한다"라고 서양 아낙네처럼 말하는 것을 들어 보셨습니까? 더구나 아들이, 오이디푸스 콤플렉스의 안에서나 밖에서나, "어머니, 저는 어머니를 사랑합니다"라고 말하는 것을 보셨습니까?

사랑은 위에서 아래로만 흐릅니다. 그리고 사랑한다는 말의 성격으로 봐서 그런 말을 하고 생색을 내는 것이 합당한 일은 아니로되, 누가 굳이 해야 하겠다면 아랫사람에게나 해야 합니다. 또는 다른 윗사람과 그 아랫사람 사이를 설명할 때나 하는 말입니다. 따라서 앞으로 어느 대통령이 "나는 국민을 사랑한다"라고 이야기한다면, 그는 스스로 임금님을 자처하는 셈이 될 터입니다. 아직도 남녀 평등의 이상이 덜 실현되어서 남자의 사회적인 지위가 여자의 것보다도 더 높은 것이 사실이라면, 남자는 여자를 좋아하면서도 동시에 사랑할 수가 있겠습니다. 그러나 이 경우에 남녀가 서로 사랑하는 법은 없습니다. 아니, 성을 가릴 것도 없이 두 사람이 서로 사랑하는 법은 있을 수가 없습니다. 설사 그런 법이 있다고 하더라도, 그것은 두 사람 사이의 질서가 형성되지 않은 상태에서나 — 예컨대 두 사람이 밥집에 가서 함께 밥을 사 먹고 한 사람이 질 때까지 서로 돈을 내겠다고 다투는 관계를 닮은 상태에서나 — 있을 수 있는 잠정적인 현상일 것입니다. 그러니 남녀가 "우리는 서로 사랑하고 있습니다"라고 하는 말은, 그들이 서양식으로 사랑을 풀이하고 있지 않다면 얼토당토않은 말입니다.

여자의 지위가 향상되어야겠다고들 합니다. 그런데 공교롭게도 한국 여자의 지위 향상을 외치는 사람들의 마음속에 지위가 향상된 여자의 본보기로 남자를 '사랑하기'도 한다는 서양 여자의 모습이 그려지기도 하는 성싶습니다. 그러나 이 서양 여자들은 여자의 '권한'이 커져야 하겠다고 특히 지난 몇 해 동안에 외쳐 왔습니다. 이 서양 여자들이 여권 신장의 상징으로 실천하고자 하는 행동들이 우리의 눈을 끕니다. 어디를 갔을 때에 남자들이 문을 열어 주는 것을 마다고, 남자들이 무거운 짐을 대신해서 들어 주는 것을 마다고 하여, '레이디 퍼스트'라는 표현이 상징하는 여성 특전을 거부하며, 남자와 맞서서 정구를 쳐서 이길 힘이 있음을 자랑하고자 하고, 시집을 갔다고 해서 남자의 성을 따라 이름을 가는 것을 거부합니다. 이런 점에서는 이 서양 여자들의 이상은 한국 여자들처럼 되는 것입니다. 서양의 여권 운동가들이 바라는 것은 여자에게 특전으로 감싸인 보호 대신에 '힘'이 주어지는 것인 성싶습니다.

사실, 힘으로 말하자면 한국 여자들의 힘은 대단합니다. 조선 시대부터 다져 온 여자들에 대한 제도적인 속박에도 불구하고, 또 부질없는 남자들의 횡포가 빚은 여자들의 불행이 오늘도 가정 법률 상담소와 같은 곳의 문턱을 닳게 한다고는 하더라도, 한국 여자들은 비록 남자를 '사랑하지'는 못하지만 그들이 행사하는, 숨은 힘은 엄청납니다. 남자들이 벌어다 '바친' 돈을 쓰고 늘리고 하는 힘이 흔히 여자에게 있고, 가을걷이를 곳간에 갈무리해 둘지, 장에 내다가 팔지를 흔히 여자가 '숨어서' 결정하고, 점쟁이에게서 물어 온 '지혜'를, 남편이 고관이거나 졸자이거나를 가릴 것 없이, 그의 직장에서 행동이나 결정에 반영하도록 '슬기롭게' 조종하는 힘이 흔히 여자에게 있습니다. 이런 점에서 한국은 절대로 여자의 지옥이 아닙니다. 그리고 이런 말은 이런 힘의 행사에 따른 여자들의 흔한 고생들을—때로는 야만스런 손찌검을 당해야 하기도 하고, 때로는 식구를 먹여 살리느라고 스스로 굶기도 하는 그 모진 고생들을—모르고 하는 말은 아닙니다. 한국 여자의 이런 힘은 '남자가 장가(에)들'던 옛 모계 사회의 흔적일지도 모릅니다. 어쩌면 여성 지위 향상의 운동은 이토록 이미 숨은 힘이 있는 여자들에게 사회적인 지위마저도 돌려 달라는 복고 운동인지도 모릅니다.

여성 지위의 향상은 흔히 생각하는 대로 한국 여자가 남자를 '러브하는' 서양 여자들을 닮아 감으로써 해결되지는 않습니다. 서양 여자도, 때때로 남편과 기계가 거들어 준다고는 해도, 집안의 살림살이에 매달리기는 마찬가지이고, 남자가 집에 돌아온 다음에 그에게 하는 서비스로 보면 한국 여자를 뺨치고도 남습니다. 더구나 흔히 남편과 함께 맞벌이하는 서양 부인의 일거리는 남자 것의 곱이 되기 십상입니다. 서울 명동에 있는 여러 가게에서 쓰이는 돈의 대부분이 여자의 결정으로 쓰이는 것하고는 달리 서양의 '명동'에서는 남녀 공동의 결정으로 쓰입니다. 이토록 힘없는 서양 여자에게 남편은 함께 나들이하여 두 사람이 바깥 세상에 노출되는 경우에는 그 기사도라는 겉치레를 발동하여 문을 열어 주기도 하고, 먼저 먹으라고 음식을 권하기도 하여 여자 우대를 하게 됩니다. 그러다가 이혼이라는 사건이 일어나면 남자는 여자 없이 살 수 있어도 여자는 남자 없이 살 수 없다는 듯이 남자를 빈털터리로 만들기 쉬운 위자료가 따릅니다. 그러니 근본적으로 서양의 여성 해방 운동가들은 여자의 힘이 여자의 사회적인 특징과 반비례한다고 믿는 성싶습니다. 따라서 한국 여자의 지위 문제는 한국의 상황에서 다루어져야지, 서양과 비교하여 따질 일이 못 됩니다.

흔히들 여자에게 돈 차지가 덜 가게 하는 상속법과 친족법이 여자의 지위를 낮게 하는 큰 요소라고 믿는 성싶습니다. 그러나 남자를 유리하게 만드는 상속법의 내용도 일본 지배의 영향에서 시작된 일이었으나, 장남의 경우를 제외하고는 남녀에게 재산을 꽤 골고루 물려주던 조선 시대 전기의 여자의 사회적 지위가 남자하고 같았느냐 하면 그렇지도 않았습니다. 그때의 여자들도 남자를 '사랑하지는' 못했습니다. 법률의 제도는 국회의 가결로 바꿀 수 있지만, 사람 마음의 밑바닥에 오래 깔려 온 가치관은, 특히 짧은 구호 같은 것으로는, 바꾸기가 힘들다는 말을 하고 싶을 따름입니다. 한국 여성의 지위 문제는 법률의 문제이기에 앞서서 유교의 가르침이 가져온 규범과 명분의 문화가—뽕 따러 가는 길이 임 보러 가는 것이 되기도 하고, 부처님 뵈러 가는 것이 중 만나러 가게 되는 일일 줄을 외면하고—여자를 집 안에만 가두어 두려고 수백 년 동안에 걸쳐서 속박해 왔던 것이 가져온 문제라고 생각합니다. 한국 여자의 한이라는 것은 바로 그가 모계 사회의 전통에서 이어받은 엄청난 힘을 '숨어서' 휘둘러야 했던 정도하고 비례하는 성싶습니다. 상속법이나 친족법의 내용이 더 공평하게 고쳐지는 것을 마음이 성한 사람치고 어찌 마다할 턱이 있겠습니까? 다만 더 많은 재산의 분배가 행복의 보장이라는 생각은 때로 위험할 수가 있습니다. 이런 것들에 비해 더 중요한 것은 우선 하늘이 여자와 남자에게 따로따로 부여한 사람 노릇이나 제대로 하고자 애쓰는 일일지도 모릅니다.

여자의 지위가 부자연스레 억눌림당하는 일은 하루빨리 개선되어야 합니다. 이것은 지난 서른두 해 동안 민주주의와 남녀 평등의 사상이 번져 많이 고쳐져 가고 있습니다. 그런데 이 개선이 더 빠르지 못한 것은, 숨어서나마 '너무나' 휘두르는 여자의 힘이 양성화되는 것을 무서워하는 남자의 걱정 탓일지도 모릅니다. 그러나 이 여자 세력의 양성화라고 불림 직한 여성 지위 향상의 운동은, 마치 한국이 여자의 지옥이라거나 여자에게는 힘이 없는 나라라는 그런 미신에서 출발해서는 안 되겠습니다.

윗사람과 아랫사람과의 질서가 지켜져야 할 점을 강조하는 '장유유서'의 사상은 중국식 규범 문화의 소산만은 아닙니다. 어쩌다가 그 유교의 가르침이 이미 윗사람에게 '합쇼' 하고 아랫사람에게 '해라' 하여 위아래 질서를 존중하던 이 땅의 백성에게 소개되어 '옳거니' 하는 맞장구 소리를 들었을 따름일 수도 있겠습니다. 앞으로 아무리 평등 사상이 이 땅에 팽배해지더라도 윗사람에게 존대하고 아랫사람에게 '해라' 하는 우리의 언어 구조와 그에 맞서는 사고방식을 허물기는 힘들리라 여겨집니다. 그런 점에서 사랑은, 그것이 위에서 아래로 내려오는 요소라면, 앞으로 여자의 사회적 지위가 더 향상됨과 함께 애정으로 얽힌 남녀 사이에서 저절로 여자에게서 남자에게 흐르는 수가 많아질지도 모릅니다. 그런 경우에 여자가 남자를 사랑함은, 선덕 여왕이 서라벌 백성을 사랑한 것처럼 지극히 당연한 일이 될 터입니다. 춘향이가 이 도령의 윗사람이 될 때에 이 도령을 사랑하는 것은 마땅합니다. 그러나 그런 때가 아닌 오늘에, 역사가 빚은 사랑이라는 말의 뜻이 특히 서양 대중 문화의 입김 때문에 변질되어 가는 것은 좀 안타깝습니다. 서양 사람이라면 '아일러뷰' 할 처지가 있더라도 그 눈빛만 보고도 '정이 들어 있음'을 남자가 알 터이니, 그 사랑이라는 거룩한 말을 서양 틀에 맞추어서 헤프게 쓰지는 맙시다. 그리고 굳이 한마디라도 해야 하겠거든, 그냥 좋아한다고 합시다.

천구백칠십칠년, 뿌리깊은나무

빼앗긴 이름

아득한 옛날에 우리 나라 사람은 이름과 성을 따로 가지고 있지 않았다. 어느 사람에게 그냥 어느 이름이 있었을 뿐이라고 한다. 그러다가 이웃 중국에서 사람들이 성과 이름을 따로 지닌 것을 보고 '성명' 제도를 채택했다고 한다.

'모밀 국수'의 경우에 모밀이 국수를 꾸미듯이, '김철수'의 경우에 '김'이 '철수'를 꾸민다. 따라서 '김철수'의 뜻은 '김'씨 집안의 '철수' 또는 '김'이라는 성을 가진 '철수'가 된다. 이 세상에서 철수가 아주 많을 터인데, 그 가운데에서도 김씨 집안의 철수를 들추기 위해서 '김철수'라고 말한다. 그러니 '김철수'라는 성명의 속 알맹이는 철수이다. '김철수'의 '김철수' 됨에는 '김' 됨보다는 '철수' 됨이 훨씬 더 본질적이다.

우리 나라에서 사용될 수 있는 이름의 종류는 거의 무한대에 가까우나 성의 수효는 한정되어 있다. '김'이라는 성을 가진 사람의 수효가 너무나 많아서, 누가 그를 '김'이라고 부름은 그를 '한국인'이라고 부름하고 아주 크게 동떨어지지 않는다. 누가 그를 김 선생이라고 불렀다고 해서 이름을 기억하는 공적의 인정을 크게 받지 못한다. 그가 '철수'라는 이름을 기억해야만 그의 김철수에 대한 높은 관심도가 인정된다.

옛날에는 누가 손아랫사람인 '김철수'를 부를 때에, 그가 '너'이면 '철수야'라고 불렀다. '김철수'가 부르는 사람의 생각에 높은 사람이면 '김 선생님'이라고 불렀으되, 존대의 대상이지만 꽤 가까운 사람이면 '철수 씨'라고 불렀다. '철수 씨'라고, 상대방을 존대하면서도 가깝게 생각하면서 부르던 경우가 성인끼리 하는 호칭의 큰 부분을 차지했다.

옛날의 '철수 씨'는 이제 '미스터 킴'으로 바꾸인다. 또 그 자리에서 '순애 씨'는 '미스 킴'이 되고, 그가 시집간 다음엔 '미세스 팍'이 된다. 다만 이 '미스 킴'은 경상도 지역의 도시에선 '김 양'(일본말)이 되기도 한다(또 경상도 지역의 도시에서는 '철수야'가 '김 군아'가, 그리고 '순애야'가 '김 양아'가 되기도 한다).

서양에서의 '미스터', '미세스' 또는 '미스'는, 우리 나라에서의 경우와는 달리, 누구를 '아무개 선생님'이라고 불러야 할 만큼 사이가 멀고 높은 예의를 갖추어야 할 경우에 사용된다. 그 말들의 뜻이 우리 나라에 들어와서는 전도되어서 '씨'를 갈음하게 되었다. 많은 한국인들이 서양 사람과 서양말로 하는 대화 속에서 서양말들을 이 전도된 뜻을 두고 사용하기 때문에 그들을 당황시키기도 한다.

이와 같은 서양말이나 일본말이 우리 나라 말 속에 들어와서 어휘를 풍부하게 했다면 불평할 이유가 없을지도 모른다. 그러나 이 말들의 한국어 속에서의 사용은 거기에 해당하는 한국어를 죽이거나 변질시킨다.

나는 '김철수'가 자기의 본래 이름인 '철수 씨'를 빼앗기고 '미스터 킴'이 된 것을 불쌍히 여긴다. 그리고 내가 그를 '철수 씨'라고 부를 때에 시대 감각에 뒤진 사람이 되어야 하는 것이 한스럽다.

빼앗긴 말

서양 공산당원들이 '콤리드 아무개' 하던 것을 시늉하여, 북녘 사람들이 '김 동무', '박 동무' 하던 것은 퍽 미련한 시도였다. 한국말의 질서 속에서 '동무'라는 토박이말이 칭호로 쓰인 일이 없었을뿐더러, 우리 역사 속에서 그 말이 삼인칭 말고 이인칭으로 쓰인 일은 더더구나 없었기 때문이다.

더구나 그것은 동무라는 말이 횡적인 관계의 사람을 가리키는 말이지, 종적인 관계의 사람을 가리키는 말이 아님도 모르는 체하고 우긴 억지였다. 그 때문에 그들은 지난 서른 몇 해 동안 아들더러 '동무' 하고 아버지더러 '동무' 한다고 해서 얼마나 흉을 잡혔던가! 그러나 공산주의의 규범 언어도 한국말의 존엄성 앞에서는 주눅이 들 수밖에 없었던 듯하다. 그래서 이제 그들은 '김 동무'라고 부르던 사람을 슬그머니 '김 동지'라고 바꿔 부르기 시작한다고 한다.

북녘 사람들이 동무라는 말의 뜻을 비틀어서 써 온 동안에 남녘 사람들은 자유당 경찰의 눈치를 보다가 그랬는지는 모르겠으되, 이 말을 숫제 사용해서는 안 될 금지어로 쳐 왔다. 그 자리에 친구라는 꽤 다른 의미의 낱말이 어설프게 들어왔다. '동무'가 부모에게서 배운 자연스러운 낱말이어서 모르는 사이에 입에서 불쑥 튀어나와도 얼른 집어넣지 않으면 이제 간첩으로 오해받기 알맞게 됐다.

실지로 외진 산모퉁이 같은 데에 붙은 간첩 식별 공고판에도 '동무'와 같은 말을 호칭으로 쓰는 사람을 일러바치라고 했다. 물론 그것은 "집에서 보채지 말고 나가서 동무들하고 놀아라" 하고 말한 어머니를 일러바치라고 하는 말은 아니겠다. '동무'라는 말 자체를 잘못으로 친다면 '동무'라는 낱말이 있는 노래를 부르는 초등학생들이 온통 처벌을 받아야 하고, '어깨동무'라는 이름의 잡지도 이 땅에 없을 것이다.

북녘의 어휘와 남녘의 어휘는 아마도 구십구 퍼센트가 일치할 것이다. 그들이 사용하는 단어라고 해서 우리가 무턱대고 마다해야 한다면 우리는 외국어를 쓸 수밖에 없겠다. 우리는 말을 그들에게서 되도록 많이 빼앗아 와야지, 빼앗겨서는 안 된다. 더구나 이제 그들에게서마저 버림받는 성싶은 '동무' 같은 우리말의 목숨을 우리가 안 살리면 누가 살릴까?

천구백칠십칠년, 동아일보

'아뇨'의 뜻이 바꾸이기 시작한다

우리의 언어나 사고방식 속에서는 부정적인 질문에 대한 대답이 질문에서처럼 부정적이면 '예'나 '네'였다.

대답이 '예'나 '아뇨'를 가림은 그것이 질문의 긍정성이나 부정성에 일치하는지에 달렸었지, 대답 자체가 긍정적인지 또는 부정적인지에는 절대적인 상관이 없었다.

그러나 오늘의 젊은 세대에게 물어보아라. '아직 저녁 안 먹었니?' 하면 흔히 '아뇨' 하면서 저녁식사를 안 했다는 의사를 표시한다. 이것은 아마도, 질문이야 무엇이었든지 대답만 부정적이면 '노' 하는 서양 사고방식의 영향으로 생긴 의사 표시이리라.

동양인과 서양인의 사고방식은, 적어도 우리 나라에서 바라보기에는, 서로 영향을 미치고 있는 동양인의 사고방식 중에서 훌륭한 점이 많다고 하여 서양인들이 채택하는 것은 그들의 일로 돌리고, 오늘 나는 우리의 생활 속에 그대로 또는 탈바꿈하여 스며든 서양 문화의 영향에 대하여 이야기하고 싶다. 우리는 지금 헌법도 정부도 기업도 학교도, 적어도 형식에 관해서만은 서양식을 따르고 있다. 그리고 주택도 입을 거리도 먹을거리도 서양의 것을 닮아 가고 있고, 사람들은 이를 근대화라고 부른다. 그리고 만일 우리가 서양 문화의 영향을 받기 시작하기 전 조선의 문화와 생활을 배타적으로 계승하고 있다면, 바깥 세상에서 보기에는 한국이 원시 사회로 보일 가망성도 있다. 늦게나마 서양 문화의 영향이 우리 생활에 스며들고 있음이 우리에게 다행스러운 일이다.

우리에게서 서양인들이 배워 가야 할 것도 많겠으나, 그들에게서 우리가 배워야 할 것 하나는 합리성이다. 그들이 만든 제도를 우리가 우리 일에 적용하기를 택한 것도 아마도 이 합리성 때문이리라.

그러나 이 합리성의 적용이 축복이라고 하면, 우리는 이 축복을 겉으로만 받고 있다. 교사와 부모는 어린이의 개성을 존중하자고 외치면서도 매질을 한다. 중학교 및 고등학교에서는 창의력을 살찌우는 일의 중요함을 부르짖으면서도 '생각하기' 보다는 '외우기' 를 익히게 한다. 대학교의 교수는, 적어도 정직하기는 하여 '모르겠습니다' 라고 적은 학생에게보다도, 질문과는 동떨어진 내용으로 답안지를 가득 채운 학생에게 더 나은 점수를 준다.

옛날에는 이와 같은 식으로 학교 교육을 받은 학생이 사회에 나와서 오늘에와 같은 불편을 느끼지 못했다. 자기들을 부리는 사회의 지도자들도 비슷한 교육의 소산이기 때문이다. 그러나 오늘날에는 학교 교육보다도 속도가 훨씬 더 빠른 사회의 변천이 있다. 옛날에는 회사가 모양새만 서양의 것들을 닮음에 만족하던 경영진이, 회사가 모양새만 서양의 것을 닮아서는 치열해진, 국내적이거나 국제적인 경쟁에서 이길 수 없음을 깨달은 것이다. 그리고 이들은, 특히 국제적인 사업에서는, 옛날식으로 일을 하다가는 망하기 꼭 알맞다는 것을 깨달은 것이다.

기업인들은 자기들이 구호로 외치는 경영 합리화의 실현을 위한 헛수고로, 흔히 또 하나의 모양새에 그치는 새로운 제도들을 모색한다. 제도가 일의 성취에 상관되기는 하지만, 나의 소견으로는 일의 성취에 제일 중요한 요소는 인력이다.

그런데 빨리도 바뀌는 사회 현실은 학교 교육의 교과 과정을, 그리고 교육 방법을 더 보잘것없게 보이도록 만든다. 지도자들이 그토록 중요하다고 외치는 경영의 합리화가 우리 나라의 현대화에 불가결하다면, 학교 교육은 마치 그 목적이 학생이 사회에 나와서 합리성을 적용하지 못하도록 함에 있는 듯이, 그리고 현대화가 제거의 대상인 듯이 수행되고 있는 것 같다. 나는 글로 된 보고서를 읽을 때마다 대학생의 답안지가 생각에 떠오른다. 그곳에는 화제와 상관이 없는 쓸데없는 말로 지면이 채워져 있다. 강조되어야 할 점은 빠져 있다. 뜻이 해석에 따라서는 둘, 셋, 넷이 되는 문장들이 많다. 심지어는 불러 놓고 물어보면 적은 이 스스로도 무슨 말인 줄을 모를 때도 있다. 이 현상은 글에서만이 아니라 말에서도, 행동에서도, 결정에서도 마찬가지이다. 우리는 지금 좋거나 싫거나 '아뇨'의 뜻이 바꾸이어 가는 시대에 살고 있다.

우리 나라의 현대화는 새 인력을 요청한다. 요청받은 인력에게 더 큰 성공의 가망성이 있다. 이 새 인력의 대열에 끼일 사람은, 비록 학교에서는 못 배웠을망정 외우기 대신에 생각, 생각하기를 적용하여 행동한다.

천구백칠십일년, 엉겅퀴

'해라'와 '하게'와 '하오'와 '합쇼'

우리가 나날이 만나는 남들은 두 갈래로 나뉠 수 있다. 우리는 한 갈래에게 '해라' 하거나 '하게' 하고, 다른 갈래에게 '하오' 하거나 '합쇼' 한다. '해라'나 '하게'는 남을 낮출 적의 말투요, 우리가 '해라' 하거나 '하게' 하는 대상은 아랫사람이다. '하오'나 '합쇼'는 남을 높일 적의 말투요, 우리가 '하오' 하거나 '합쇼' 하는 대상은 윗사람이다.

이 여러 가지 말투에도 불구하고, 한국인에게는 말의 상대방이 근본적으로 윗사람이 아니면 아랫사람이다. 한국인은 누구를 처음으로 만나면 쳐다볼지 또는 내려다볼지를 결정해야 한다. 서로 '말을 놓는' 벗들 사이도 따지고 보면 서로를 내려다보는 관계이다. 비록 벗이 자기를 내려다볼지언정, 자기의 생각에 관한 한에는 자기가 벗을 내려다본다. 벗들의 사이에서는 자기가 남을 내려다보는 것은 자기가 그냥 용서해 주는 남의 실수이다. 벗들은 서로의 실수를 용서하기를 기정사실로 삼는 관계 속에 있다. 남과의 수직적인 관계에서, 남의 윗사람 됨이 뚜렷하지 않은 관계에서 남이 자기를 내려다보고 '해라' 하거나 '하게' 하면, "언제 날 봤다고 '해라'나 '하게'를 하느냐" 하고 대든다.

두 사람이 서로를 존대한다고 해서 이들 사이에 평등이 존재하는 것은 아니다. 이 경우에 그들은 진심에서이든지 계략에서이든지 서로를 윗사람으로 여긴다. 서로 존대를 하는 관계도, 어느 때에는 한 사람이 다른 사람에게 "말씀 낮추십시오" 하거나, "동생 같으니까 말을 내리지" 하여 수정되기도 한다. 또 이 관계는 서로 말을 놓는 경우로 바꾸이기도 한다. 이 상호 존대는 계속해서 존속할 수도 있다. 그러나 자기가 상대방을 윗사람으로 생각하여 존대하는 것은 예사로우나, 윗사람인 상대방이 자기에게 존대하는 것은 자기가 관여할 필요가 없는 상대방의 일이라고 여겨 마냥 내버려두는 것은 잘못이다.

그래서 한국인의 남과의 관계는 수직적인 것이요, 그에게는 자기와 위치가 평등한 사람이 없다. 둘이 서로 평등하게 '해라' 하거나 '합쇼' 하는 것은 상대방이 자기와 평등함을 증명하지 못한다. '가'가 길에서 '나'를 만나 서로 '해라' 하고 있는 동안에, 마침 같은 길을 지나가는 자기 이웃 '다'를 보고 그와는 존대하며 이야기한다고 치자. '가'는 어찌 '나'와 평등해서 '해라' 하고, '다'와도 평등해서 '합쇼' 할 수 있으랴? '나'와 '다'가 '가'에게 다 평등하다면 양쪽에 다 보편타당성이 있는 하나의 말투가 '가'에게 필요하다.

한국인은 이와 같은 사회 생활의 수직성 속에서 되도록 많은 사람의 윗사람이 되고파 하여, 되도록 많은 사람에게 '해라'나 '하게'를, 그리고 되도록 적은 사람에게 '하오'나 '합쇼'를 해도 되는 처지를 바란다. 그래서 그는 사는 동안에 자기가 아는 남들을 두고 사용하던 많은 '하오'와 '합쇼'를 '하게'나 '해라'로 바꾸려고 투쟁한다. 그래서 그에게는 일 년 전의 '김 선생님!'이 오늘엔 '삼돌아!'로 탈바꿈한다.

요즈음에 한국인의 말투의 변천에는 두 가지 두드러진 현상이 있다. 하나는 높임말의 사용에서, 민주주의 사상의 보급과 함께 인식된 사람들의 기본권 의식이 '합쇼'를 회피하고 '하오'에다 살을 붙여 '하시오' 또는 '하십시오'를 즐기는 현상이다. 또 하나는 낮춤말의 경우에 '해라' 할지, '하게' 할지의 애매성 때문에 '해' 하는 반말이 급격히 보급되고 있음이다.

한국인에겐 윗사람이, 경우에 따라 다르지만, 대체로 존경, 흠모, 권위, 복종, 경원 또는 공포의 표적이요, 아랫사람이, 또 경우에 따라 다르지만, 대체로 보호하기, 사랑하기, 예속시키기 또는 깔보기의 대상이다. 아랫사람에겐 윗사람이 위대하고 무섭고, 윗사람에겐 아랫사람이 연약하고 무식하고 슬기 없다. 아랫사람은 윗사람보다 더 강해서도 유식해서도 슬기로워서도 안 된다. 윗사람이 아랫사람에게 질문을 하면, 가장 좋은 대답은 '예', '그냥', '몰라요' 또는 '글쎄요'다. 아랫사람은 이렇게만 대답하고도 훌륭하다고 칭찬을 받는다. 다른 대답을 시도하면 그것은 '말대답'이요, '말대꾸'이다. '예'는 대체로 윗사람에게 그의 의지의 실천을 확인시켜 드리기 위해서 사용된다. 아랫사람은 '그냥' 하면서 스스로가 분별심이 없음을 확인시키며, '몰라요' 하면서 자기의 무식을 다짐하고, '글쎄요' 하면서 자기가 슬기롭지 못함을 광고한다. 한국인은 윗사람에게 반항하면서 써야 할 '예'의 반대말이 없다. '아니오'는 '무엇이 아니다'의 서술형에서 나왔지, '예'의 반대 개념인 감탄사가 아니다. 윗사람이 아랫사람에게 쓰는 '예'는 '오냐'이다. '오냐'는 윗사람의 권위 의식에 얽힌 결단을 표시하는 감탄사다. 그리고 윗사람의 '오냐'에 반대되는 말로 감탄사 '아니'는 있다. 그들은 '아니' 하면서 언제나 부정할 수 있다. 그러나 윗사람은 '오냐'가 아닌 부드러운 긍정의 감탄사를 아직도 덜 다듬었다. '그래'는 있어도 이것은 형용사 '그러하다'의 변형이요, '응'은 있어도 이것은 편의로 그렇게 적은 것뿐이지, 사실은 소리도 정확하게 글자로 못 표시한 원시적인 비음이다.

한국인의 의사 소통은 윗사람에게서 아랫사람에게로 향하는 일방 통행의 의사 소통이라고 말할 수 있다. 그리고 이 일방 통행은 바람직하지 않다. 이 일방 통행의 해소는 윗사람만이 짊어진 짐이다.

천구백칠십이년, 배움나무

대한민국

누가 이 나라의 이름이 대한민국인 줄을 모를까. 그러나 그것이 어디서 나온 이름인 줄을 모르는 이는 더러 있을 듯하다. 천구백칠십이년에 나온 유신 헌법이나 육십이년에 나온 개정 헌법은 그 출처를 대지도 않고 대뜸 "대한민국은 민주 공화국이다"라는 제일조를 내밀어 그 소개를 하지만, 사십팔년에 나온 첫 헌법은 그 전문에서 "기미 삼일 운동으로 대한민국을 건립하여 세계에 선포한 위대한 독립 정신을 계승하여 이제 민주 독립 국가를 재건함"이라는 사연을 밝혀, 이 이름이 상해 임시 정부에서 지은 것임을 암시하였다. 또 알다시피 상해 임시 정부의 '대한민국'은 조선 왕조 말기에 고종 임금이 자기의 이십오대 조상 이성계가 칼로 집권하여 중국의 허가를 받아 고대 역사에서 꺼내다 사용하기 시작한 '조선'이라는 나라 이름을 갈아 새로 지은 '대한제국'에서 '제' 자만 '민' 자로 바꿔치기한 이름이라고 할 수 있다.

그러면 '대한민국'의 뜻은 무엇일까?

이 나라의 첫 대통령 이승만은 흔히 "우리 민국이" 어쩌고 하면서 이 나라 이름의 뒤켠 두 글자 '민국'을 공화국이라는 뜻의 보통 명사로 사용했다. 또 우리의 상해 임시 정부가 용어 선택의 신세를 톡톡히 진 '중화민국'의 수도인 대만에서 나온 신문을 요새 읽어 보더라도, '중화민국'의 '민국'이라는 두 글자는 독립해서 공화국이라는 뜻의 말로 쓰인다. 아니나다를까, 이 두 나라가 제 이름을 서양말로 내세울 때에, 저마다 '더 리퍼블릭 오브 코리아', 곧 '코리아 공화국', '더 리퍼블릭 오브 차이나', 곧 '차이나 공화국' 하지 않더냐? 그렇다면 '대한민국'은 '대한공화국'이요, '대한'의 '대'가 일본 사람이 제 나라를 '대일본 제국' 했듯이 목청 가다듬고 해 보는 '큰' 소리일 터이니, '큰 한 공화국'이요, 이 말을 서양말로 더 정직하게 옮기자면 '더 리퍼블릭 오브 코리아'가 아니라 '더 그레이트 한 리퍼블릭'이 되어야 할지도 모른다. 따라서 앞뒤에 꾸밈이 없는 이 나라의 이름은 그냥 '한'이라고 할 수 있다. 지금까지 헌법에서도 '한반도'라는 말을 사용하여 그 타당성을 인정하지 않더냐?

이 나라가 '대한제국'이 된 다음에도, 제국주의 일본이 그것을 집어삼킨 뒤에도, 또 상해에 '대한민국' 임시 정부가 들어선 다음에도 언어의 보수주의자인 민중의 마음에 심긴 이 나라의 이름은 그대로 '조선'이었고, 그들은 스스로 '조선 사람', '조선인' 했다. 많은 독립 투사들이 외친 구호도 '조선 독립 만세'였고, 해방이 되어 민중이 들고 나온 무명 현수막에 적힌 서툰 글씨의 사연도 '조선 해방'이었다.

그러나 세상은 변한다. "무궁화 삼천리 화려 강산(을) 대한 사람(이) 대한으로 길이 보전하세" 하는 〈애국가〉가, 처음에는 요새 나이트 클럽 같은 데서 문 닫을 것을 알리려고 틀게 마련인 아일랜드 민요 〈올드랭사인〉으로, 나중에는 안익태의 곡으로 전국에 고루 보급되고, 기념식의 만세 삼창이 '대한민국 만세'가 되고, '대한', '대한민국'이 나라 이름으로 교과서에 올라 뒤늦게 나온 '한국'과 함께 온 나라에 번졌으니, 오십년대부터는 누가 조선일보 회장이거나 조선 대학 총장이거나 조선 호텔 사장이거나 시골의 꼬부랑 할머니가 아니라면 '조선'이라는 말을 함부로 입 밖에 냈다가는 간첩으로 몰리는 세상이 되었다. 그러나 '조선'을 적는 두 중국 글자를 영어로 번역한 것을 다시 우리말로 되바꾸어 '조용한 아침의 나라'가 어쩌고 하는 것은 괜찮은 모양이다.

민중의 사용 빈도로 봐서 이제 '대한민국'이나 '대한'은 '한국'한테 진 셈이다. '대한민국'은 실제로 외교 문서 같은 공식 문서에서나, '대한민국 연극제'와 같이 허우대 큰 이름을 좋아하는 사람들의 입에서나, 또 헌법이 이 나라 영토를 '한반도와 그 부속 도서'라고 규정했으니 휴전선 북녘도 당연히 북녘 땅일 터임에도 아랑곳없이 '인민군' 병정이 '대한민국의 땅'으로 귀순했다고 관리들이 발표할 때에나 쓰이는 표현이 되었고, '대한'은 일흔 살이 넘은 노인이나 이 나라가 '큰' 나라가 되어 주기를 바라 일컫는 말이 되고 만 것 같다.

그런데 이처럼 '한국'이 득세한 까닭이 좀 아리송하다. 해방과 정부 수립이 되고 난 다음에 새로 생긴 대한 청년단, 대한 교육 연합회, 대한 여행사, 대한 조선 공사같이 정부와 관련된 거의 모든 단체나 회사의 이름에 '대한'이 들어간 것하고는 달리, 일본 제국주의 시대의 '조선' 은행이 '대한' 은행 말고 '한국' 은행으로 이름을 갈아 그중 '한국' 은행권을 온 나라에 헤프게 뿌려 '한국' 소개를 했기 때문일까? 또 정부 수립 뒤로 일본 언론이 이 작은 나라를 '큰' 이름으로 일컫기가 싫었던지, '다이칸(대한)' 하지 않고 대한 제국 시절에 이토가 이완용과 맺은 일본말 비밀 각서에서 그랬듯이 늘 '강코쿠(한국)' 해 왔는데, 육이오 동란 통에 부산에 쫓겨와 전황 파악에 목말랐던

지식인 체제가 이 나라 방송은 못 믿겠어서 라디오 다이얼을 맞춘 '후쿠오카 다이치 호소(후쿠오카 제일 방송)'에서 나온 '강코쿠' 소리에 귀가 익어 그것을 이 나라 말소리로 옮겨 퍼뜨린 것이 '한국'일지도 모른다.

아무튼 그 말이 번진 연유야 무엇이거나, 괜히 이름만 컸다가 큰 봉변을 당한 '대일본 제국'의 백성처럼 수사학의 과대망상에 걸리지 않아, 실속만 있으면 그 '큰 대' 자가 없어도 다 크다고 봐줄 터일 이치를 알아차리고 '한국'으로 하여금 '대한'의 몸을 받게 한 우리 민중은 마음이 썩 성숙했다고 봐야 한다.

이렇게 해서 우리가 '한국인' 또는 '한국 사람'이 되었는데, 〈애국가〉의 가사대로 '대한 사람' 하거나 '대한인' 할 수 없는 것은 아니지만, 그러려면 현대의 언어 감각으로는 요새 별로 인기가 없는 국수주의자나 우국지사로 오인을 받을 각오를 단단히 해야 한다.

그러나 이 '한국'이나 '한국 사람'이나 '한국인'이라는 말을 싫어하는 이들이 있다. 문화재 위원 예용해 같은 이는, 기미년의 〈독립 선언서〉에 나오는 '조선', '조선인' 하는 소리는 역사의 표현으로 받아들여져도, 우리가 우리 나라나 우리 자신을 일컬어 '한국'이니 '한국인' 또는 '한국 사람'이라고 하는 것은 마치 딴 나라와 딴 나라 민중을 일컫는 듯해서 정나미가 떨어지는 느낌이 든다고 한다. 또 '한국', '한국인', '한국 사람'이라고 하는 표현들이 많은 사람들의 마음을 사지 못하는 까닭으로, 그 '국'이 본디 중국 글자에서 온 소리여서 딱딱하게 들리는 사실이 있다. 서양 사람들은 듣기 좋은 소리를 '유퍼니'라고 하는데, 기역에서 시작해서 기역으로 거칠게 끝나는 이 '국' 소리는 유퍼니이기는커녕 오히려 '캐코퍼니', 곧 불협화음 축에 들지 않나 싶다. 이 나라에 미군으로 나와 있는 철없는 어린것들이 우리들을 경멸하여 때때로 '국'이라고 부르는데, 그 출처가 또는 그 나쁜 말이 이 나라 사람을 가리키는 데에 사용된 까닭이 '한국'의 듣기 싫은 '국' 소리에 있지 않았는지 의심이 들 때가 있다. 이처럼 딱딱한 '국' 자를 빼 버린 단어 '한인'이 없는 것은 아니지만, 기구한 역사의 장난으로 이것은 미국과 하와이와 멕시코에 사는 동포만을 가리키는 말이 되어 버렸다. 또 내친김에 한마디 더 하자. 이 '국' 자를 로마 글자로 음역해서 적자면 적어도 그 꽁무니 기역 자만은 '케이' 자로 표기해야 하는데, 이 글자야말로 로마자 스물여섯 글자 가운데서 가장 잘 쓰기 어렵고 비록 인쇄가 되었다고 하더라도 보기 싫기가 십상인 팔자 센 글자이다. 《한국일보》가 아침에 일찌감치 배달되어 새 소식을 전해 주어 반갑기는 한량없어도 적어도 내 눈에는 보기가 싫은데, 그것은 그 제일면 이마팍을 가로질러 영문으로 표기된 한'국'일보의 두 '케이' 자 때문이다.

아까 대한민국 헌법을 들어 '한반도'라는 표현으로 이 나라의 수식 없는 이름이 '한'임을 이야기했다. 그런데 구한말에 '한'의 출처인 대'한' 제국으로 나라 이름을 바꿀 때에, 왜 그 '한' 자를 '한나라 한' 자로 썼는지가 궁금하다. '마한', '진한', '변한'이 존재하던 역사를 돌아보고 거기에서 법통의 젖줄을 찾으려고 그랬을까? 이 '한나라 한' 자는 이 나라의 권위 있는 옥편에는 어느 것에나 짧은 소리 글자로 나타나 있다. 그러나 우리는 '한국' 소리를 낼 때에 그냥 짧은 소리로 '한국' 하지 않고 긴 소리로 '하안국' 하도록 되어 있다. 소리의 길고 짧음을 무시하는 현대인의 입에서 '한국'의 '한'이, 그리고 특히 음절이 더 빽빽한 '대한민국'을 소리낼 때의 '한'이, 요새 흔히 짧은 소리로 나는 것을 외면할 수는 없겠으나, 해마다 광복절이면 식에 나와 만세 삼창을 하는 애국 지사 이갑성의 고전적인 외침을 언제 들었더니 그 소리도 '대하안민국 만세'로 들렸다. 옥편은 이 '한' 소리가 짧은 소리라고 하는데, 왜 이 중국 글자의 소리가 이 나라 이름에 들어와서는 긴 소리가 됐나?

국어학자 한갑수의 말에 따르자면, '한옥'이니 '한복'이니 하는 소리가 우리가 생각하기보다는 훨씬 더 이르게, 이를테면 일본 제국주의 시대와 개화기뿐만이 아니라 그전에도 사용되었을 터이라는데, 다들 알다시피 이런 말의 소리가 '한복', '한옥'이 아니라 '하안복', '하안옥'이다. 이 '하안' 소리가 주시경이 만든 단어 '한글'의 '한'과 연결 지어지는, 이 민족을 가리키는 역사의 소리라면, 우리 조상이 흔들릴 수 없는 규범으로 그토록 높이 받들던 옥편 소리를 무시하여 '대하안민국' 하고 '하안복' 하고 '하안옥' 했던 것은, 그 '하안' 소리가—비록 한자가 아니면 글자가 아니라고 생각했던 그때 사람들이, 마치 요새 유식하다는 이들이 '생각'이라는 토박이말을 '날 생' 자와 '깨달을 각' 자로 적기 좋아하듯이 별생각 없이 '한나라 한' 자로 적었기는 하더라도—그 중국 글자와는 별 상관이 없는 토박이말 소리였기 때문은 아닐까? 또 '대한제국'의 '한'이 '하안옥'에서 바로 나오지 않고 '마한', '진한', '변한'에서 나왔다손 치더라도, 혹시라도 그 삼한 시대의 이름들 자체가—비록 나중에 역사를 공부하는 사람들이 한자 소리대로만 읽어 '마한', '진한', '변한'이라고 짧은 소리로 읽어 왔더라도—'마하안', '진하안', '변하안'이었을지 모를 토박이말 소리를 소리가 비슷한 한자를 골라 이두식으로 쓴 것은 아니었을까?

그래서 '마하안'의 '하안'과 '하안옥'의 '하안'은 알고 보면 출처가 같은 것은 아닐까? 이런 의문의 내용이 사실이라면, '대한민국'의 '한'은 애초부터 짧은 소리가 나는 '한나라 한' 자하고는 그리 큰 인연이 없었을 터이니,

아무리 한자가 아니면 글자 쓴 것 같은 느낌이 들지 않는 이라도 꼭 한글로 써야 할 것이다. 그러나 한 나라의 이름을 쓰면서 밥에 뉘를 섞은 것처럼 보기 싫게 두 나라 문자를 동원할 게 뭘까? 그러니 한자가 안 보이면 아무리 허전한 사람의 경우에도, 이 나라 이름을 적을 때에는 한글로만 적을 만하다. 그리고 여기서 우리가 곰곰이 생각해 보아야 할 것이 있다. '대한민국'의 '민국'이라는 말은, 아까 말했듯이, 중국 사람이 공화국을 가리켜 쓰는 단어이다. 그렇다고 해서 일본 사람들이 지어낸 공화국이라는 단어를, 북녘 사람들이 '주체'가 중요하다면서도 어처구니없게 쓰고 있듯이, '민국' 대신에 사용하여 이 나라 이름을 '대한 공화국'이라 할 수도 없겠다. 게다가 그 '대' 자가 헛치장이다. 그러면 이 나라의 알짜 이름은, 아까 말했듯이, 그냥 '한'이다. 그러나 이 외자 이름은 좀 허전하다. 따라서 우리 조상들이 나라 이름들을 '명나라', '청나라', '진나라'라고 불렀듯이, 그 소리도 부드러운 '한나라'로 부름 직하다. '나라'에 '공화국'의 개념이 여리다고 고개를 갸우뚱하는 이가 있다면, 한 번 더 깊이 생각해 보자. 민주주의 이념이 받들리는 이 세상에, 어느 나라가 진짜 '나라'라면 저절로 공화국이 되는 것이 아닐까!

헌법 개정 소리가 신문에 오르락내리락하는 이때에 나는 '한나라' 생각을 한다.

천구백팔십년, 뿌리깊은나무

'나'와 대통령

제십대 대통령 최규하 씨는 지난 십이월 이십일일에 있었던 대통령 취임식 연설에서 이녁을 가리켜 '본인'이라는 말을 열여섯 번 했다. 제오대, 제육대, 제칠대, 제팔대, 제구대 대통령이었던 박정희 씨도 공식 연설에서 거의 예외 없이 이녁을 일컬어 본인이라고 했다. 그이의 자상한 사연이 실린 연설집을 뒤적거려 보면 여기저기에 '본인' 천지다.

'본인'은 '나'라는 뜻으로 쓰이기도 하지만, 어느 장관이 자신을 긴히 만나고 오라고 중견 간부를 보낸 어느 단체의 우두머리를 꾸짖어 "본인이 오지 않고 건방지게 조무래기를 보냈다"라고 투덜댈 때에는 '장본인', '그 사람 스스로'의 뜻을 지니게 된다. 따라서 앞으로 어쩌다가 이녁을 '본인'으로 표현하는 어느 대통령이 "우리 국민은 모두 본인이 할 일과 남이 할 일을 판단할 수 있게 돼야 하는 것입니다"라는 말을 한다고 치면 그 '본인'이 가리키는 것이 대통령인지, 국민인지가 아리송하게 될 것이다. 그뿐만이 아니라 '나'라는 뜻으로 쓰일 경우 '본인'이라는 말은 서로 마음을 터놓고 주고받는 대화에서는 전혀 들을 수 없는 정나미 떨어지게 낯선 말이다. 그러니 만사를 되도록 정확히 해야 할뿐더러 상대방의 마음을 사야 할 직분을 가진 이

일수록 멀리함 직한 표현이 '나'라는 뜻의 '본인'이라고 할 수 있다.

역사를 뒤돌아보면, 통치자들은 늘 체통을 중요하게 생각했다. 바로 이 서푼어치 체통 때문에 동서양의 여러 임금이라는 것들이 민중에게서 착취한 금은붙이와 비단으로 몸을 꾸미고, 자신을 사람 위의 특수한 존재로 추어올려 일컬었으니, 이를테면 영국의 임금은 민중 사이에선 '우리'라는 뜻인 '위'를, 중국의 임금은 '짐'을 '나' 대신으로 썼다.

아무튼 이처럼 체통을 밝혀야 든든해 하는 마음을 시쳇말로 권위 의식이라고 하는데, 이것은 지난 서른 몇 해 동안에 이 나라 공직자들의 뇌리에 꽉 깔려 있어 왔다고 봐도 될 듯하다. 이것은 어쩌면 권위 의식으로 거들먹거리던 일본 제국주의자들에게서 이 나라가 근대 관료 조직을 물려받았기 때문인지도 모른다. 이런 것이 사실이라면, 일반 공직자가 '나'를 '본인'으로 승격시키는 사고방식의 출처가 뻔할지도 모른다. "본인은……해 마지않습니다" 어쩌고 하기 십상인 면장의 말투가 팔일오 해방 때나 이제나 거의 마찬가지인 것이나, 어찌 오늘까지 그럴까마는, 지난 몇 십 년 동안에 학생 교련을 맡은 하급 장교에서부터 이제는 자리에서 물러난 좋고 나쁜 장군들에 이르기까지 일본말 감탄사까지 곁들여 "에, 본관은" 어쩌고 하던 이가 수두룩했던 것도 다 이런 얄궂은 역사의 장난에서 씨받이가 된 것은 아닐까?

공직자에게 제 모습이 '나'와 '본인'의 둘로 보이게 한 자기 인식의 이중 구조가 이처럼 권위주의에서 나온 것이 사실이라면, 반갑게도 그것이 머잖아 바로잡힐 기미가 최규하 씨의 '위기 관리 정부'에서 엿보이지 않는 것은 아니다. 《뿌리깊은나무》의 '두드러기'가 유신 체제의 엄한 규율을 어기지 않으려고 더듬거리는 목소리로나마 천구백칠십팔년 팔월에 엇비슷한 주장을 이미 했거니와, 드디어 국무총리 신현확 씨도 지난 십이월 이십칠일에 그이를 각하라고 부르는 것을 마단다고 했다. 이것은 다만 한 인격 높은 관료의 겸손한 마음씨의 반영이기에 훨씬 더 앞서서 민중과의 관계에서 권위주의의 먹구름을 걷히게 하려는 이 새 정부의 갸륵한 시도라고 할 수 있을 것이다. 그리고 지난 십이월 십칠일에 문교부 장관 김옥길 씨가 문교부 관리들에게 여러 교육 기관에 보내는 통신 속에 '명령', '하달', '지시'와 같은 권위주의 용어를 사용하지 말라고 당부했다는 것이나, 그이가 서울특별시 교육 위원회에 들러 교육감과 얘기를 나눌 때에 교육감을 '윗자리'에 앉히고 이녁은 '낮은 자리'에 앉았다는 것에서 우리가 발견하는 것은, 한 별난 장관의 공문서 작문 취미나 의자 선택 취향이 아니라, 오히려 한 각료의 입에서는 진실로 오랜만에 나온, 사람이 지체가 낮아도 지체가 높은 이에 못지않게 옳고 귀중할 수 있다는, 알고 보면 퍽 평범한 진리의 존재 증명이다.

'총화 단결'의 시대에, 곧 그 거룩한 본뜻이야 둘째 문제로 치고 되도록 자주 외치고 되도록 많이 내다 붙여야 애국심이 증명되는 것으로 생각하는 사람들의 목청과 손에서 많이 더럼을 타서 그랬는지는 모르나 마침내 새 대통령까지도 '협동'이라는 새 낱말로 바꾸어 쓴 그 '총화 단결'의 시대에, 그토록 훌륭한 소리도 많았지만 "한국 사람은 독재를 해야만 말을 잘 듣는다"라는 자기 모독의 미친 소리도 들리지 않았던 것은 아니라면, 이 새 정부의 문교부 장관의 미쁜 발언은, 비록 어저께까지 해 오던 일이 가장 옳다고 우기기 좋아하는 눈먼 보수주의자들의 저항으로—이를테면 '명령'이나 '시달'이나 '지시'와 같은 군사 용어를 사용하지 말라는 그이의 당부가 그런 소리 하지 말라는 말일 뿐만이 아니라 그런 짓거리도 하지 말라는 말인 줄도 모르거나 모르는 체하고 그런 말을 어떻게 달리 표현할 줄을 몰라 쩔쩔맨다고 보도된 문교부 관리들의 코웃음으로—나중에야 흐지부지하게 돼 버린다손 치더라도, 이 새 정부가 민중을 어려워하고 민중의 마음을 사려고 애쓰는 낌새로 보여, 새 정부 대통령의 얼굴이 훨씬 더 어질게 보이도록 하였다.

권위주의의 탈을 못 벗은 정부가 이 지상에 수두룩하기는 하다. 그러나 그것들은 우리만큼 성숙한 민족이 본받을 대상은 아니다. 오히려 우리는 좀 사대주의스러워 보일지라도, 국가 원수 앞에서 "대통령 씨!" 할 뿐만이 아니라 때때로 우리식으로 말하자면 "철수야!"나 다름이 없는 "지미!"로 부르기조차 하는 미국 같은 나라에서, 본이야 그대로 뜰 수 없겠지만, 배울 바는 많다고 생각해야 하겠다. 다들 알듯이, 이런 나라에서 대통령을 일컫는 말 '프레지던트'는 무슨 위대한 뜻이 있는 말이 아니라, 회사의 사장, 가게의 주인, 단체의 회장을 가리키는 데에도 두루 쓰이는 우두머리라는 뜻의 말인데, 이 나라에서는 윗사람 하면 벌벌 기던 일본 사람들이 이 서양말을 '다이토료'로 번역했다 해서 그 한자 표현을 그대로 옮겨 와 '대통령' 했것다! 지난달 '마파람 소리'에서 이 나라 이름에서 '큰 대' 자를 빼자고 했듯이, 어차피 큰사람이 뽑혀 앉으면 저절로 '큰 통령'이 될 터이니 새 헌법에서는 '대통령'에서도 그 첫 글자를 빼 버리고 그냥 '통령'이라고 하자고 외치고 싶다. 말할 나위도 없이 이런 심정은 이 나라 공직자들이 목청을 가다듬고 "본인은" 어쩌고 하지 않게 되기를 바라는 소망과 그 밑뿌리가 같다.

대통령의 품위는 그가 '본인'이 아니라 '나'가 된다고 해서 격하되지는 않을 것이다. 그러길래 유신 헌법 제사십육조의 대통령 취임 선서도 "나는"으로 시작되었을 터이다.

그 숱한 흠 때문에 뜯어고친다는 유신 헌법이 천구백사십팔년의 구 헌법보다도 더 나은 데가 있다면 바로 그 대통령 취임 선서 대목이다. 구 헌법에서 "나는…… 선서한다"라고 규정하여 대통령에게 '해라' 하기를 시키던 대목을 유신 헌법에서는 "나는…… 선서합니다"로 고쳐 겸허하게 존댓말을 쓰도록 하였으니 말이다. 따라서 앞으로 만들 새 헌법에서는 한 걸음 더 나아가 이 대목을 "저는…… 맹세합니다"로 완성시킬 만하다. 맹세한다는 말이 민중 문화에 더 밀착한 표현이기 때문이요, '나' 아닌 '저'가, 훌륭한 대통령이면 반드시 갖추어야 할 품격일 예의와 존경심과 분별력과 겸허성이 두루 있는 빼어난 우리 나라 사람이 이녁이 섬기는 사람들 앞에서 자기를 가리키는 대명사이기 때문이다.

우리 나라 사람은 남과 대화를 할 때에 용언의 활용뿐만이 아니라 이녁을 가리키는 대명사의 조화로운 선택으로도 이녁이 상대방에 견주어 직위가 얼마나 높고 낮은지를 선언한다. 곧 우리에게는 말하는 사연에 못지않게 그 말을 듣는 사람의 높낮이를 제대로 알아차려 거기에 맞는 말씨의 사용으로 그와의 조화를 모색하는 일이 중요하다. 길에서 만나 아는 체하는 사람이 선배인지, 동창인지, 후배인지가 생각이 안 나서, '너' 할지, '자네' 할지, '형님' 할지, 또는 '잘 있었니?' 할지, '잘 있었어?' 할지, '안녕하셨어요?' 할지를 몰라 쩔쩔매던 기억을 더듬으면 이 말이 더 분명해진다. 우리말의 이와 같은 '지위 선언'은 인도유럽말에는 없는 추가 기능이다. 따라서 나쁜 내용의 말을 하고도 쉽사리 호감을 사는 수도 있고, 좋은 내용의 말을 하고도 핀잔을 듣는 수도 있다. 시장 바닥에서 일어나는 흥정의 다툼이 가끔 "너 날 언제 봤다고 얘, 쟤 하느냐?"의 윤리 논쟁으로 발전하는 것도 그 때문이다. 그러니 최근에 대통령 최규하 씨가 촉구한 '국민적인 합의'는 사람에 따라 달리 해석할 그 내용뿐만이 아니라, 정치 권력의 안팎에 있는 국민이 모두 서로의 지위를 존중하는 심리에서 조화롭게 추진하는 의사 소통의 과정도 가리킨다고 봐야 하겠다.

그러니 앞으로 새로 뽑힐 대통령은 비록 그 취임 선서에서가 아니더라도 국민 앞에서는 자신을 일컬어 꼭 '저'라고 해야 할 것이다. 선거에 앞서서는 골백번 절을 하며 자기가 겸허하게 '저'가 되는 국민과의 관계를, 곧 주권의 임자인 국민의 높은 지위를 인정하는 체하다가 선거 뒤에는 오만한 '나'로 환원되는 것이야말로 배신이기 때문이다. 이녁을 '나'로 보는 대통령의 권위가 그 자리에 있는 이의 눈에 비친 헛것이라면, 이녁을 '저'로 보는 대통령의 권위야말로 국민이 도장을 꽝 찍어 인정하는 권위다. 그러니 취임 선서에서도, 기자 회견에서도, 준공식에서도, 경축사에서도, 그리고 길거리에서 마주치는 사람과 나누는 대화에서도 늘 '저'가 될 사람이 아니면 절대로 새 대통령으로 뽑아 주지 말자.

천구백팔십십년, 뿌리깊은나무

스님과 따님과 각하

자신을 가리켜 '아무개 스님'이라고 하는 중들이 요즈음에 자주 눈에 띈다. '스님'은 본디 보통 중이 그의 스승이 되는 중을, 한 중이 다른 중을, 또는 보통 사람이 중을 존대해서 일컫는 말이다. 역사에 나타난 어떤 위대한 스님도 스스로를 스님이라고 부르지는 않았다. 상황을 속세로 옮겨서 말하자면 임금도 스스로를 임금'님'이라고 일컫지 않았다.

현대의 한국말에 나오는 '님'은 그리워하는 대상이 되는 사람을 뜻하는 '임'하고는 다르다. "임 향한 일편단심" 할 때의 '임'은 홀로 뜻을 나타내지만, '선생님' 할 때의 '님'은 꼭 어떤 인격을 나타내는 명사 뒤에 덧붙거나 '아버님'이나 '어머님'의 경우에서처럼 인격을 나타내는 명사의 끝부분이 되어 그 인격의 지위를 높여 주는 접미사다. 그러니 사람이 남을 존경해서 무슨 '님'이라고 하는 것은 백 번 옳아도 자신을 일컬어 무슨 '님'이라고 하는 것은 잘못이다. 중이 저를 일컬어 무슨 '스님'이라고 하는 것도, 통일교의 교주 문선명이 자신을 '선생님'이라고 일컫는 것도 좀 웃기는 일이다. 하느님도 한국말을 하신다면 스스로를 일컬어 그냥 '하늘'이라고 하실 것이다.

한글학회에서 《한글 새 소식》이라는 정기 간행물이 나온다. 거기에 언젠가 "대통령 따님 박근혜 아씨가 돈 한 봉지"를 한글학회에 보냈다는 글이 나왔다. 딸이라는 토박이말이 부끄러웠거나 '일국의 국가 원수의 자제분을 함부로 지칭하여' 그냥 딸이라고만 하기가 머뭇거려져서 고리타분한 한자말을 옥편에서 부랴부랴 끄집어내어 '대통령의 영애' 또는 '대통령의 큰 영애'라고 해 왔을 뿐만이 아니라, 대통령이 가난한 사람들에게 '돈 한 봉지'를 전해 줄 때에는 그것을 '금일봉'이라고 불러야 한다는 케케묵은 생각으로 대통령과 그 식구의 좋은 인상에 큰 누를 끼쳐 온 여러 언론 기관들에게 이것이 좋은 본보기가 되었다고 할 수는 있겠으나, 같은 간행물 속에 나온 아무개 '교수'는 '교수님'으로 되어 있지 않았으니 평등의 원칙을 벗어났다고 할 수 있다. 《한글 새 소식》을 포함해서 우리 나라의 모든 언론은 일반 국민의 큰딸을 그냥 '큰딸'이라고 할 바에는, 또 모든 사람의 칭호에 '님'자를 붙이지 않으려거든, 대통령의 '큰딸'마저도 '큰영애'니 '큰따님'이라고 해서 국민과의 사이에 틈을 벌리는 누를 끼치지 말고 그냥 '큰딸'이라고 부르는 것이 마땅하다. 그가 이끄는 '새마음 운동'에도 사람 사이에 차별을 두는 낡은 버릇에서 벗어나자는 갸륵한 뜻이 포함되어 있을 것이다.

'스님' 얘기와 '따님' 얘기가 나온 김에 '각하'라는 칭호 얘기도 좀 해 보자. 방송 같은 데에 나온 공무원이나 국회의원이나 통일 주체 국민회의 대의원이나 평가 교수단의 교수나 새마을 지도자나 대재벌 같은 사회의 지도층 인사들이 대통령을 가리킬 때에 이 칭호를 흔히 쓰는 것을 볼 수가 있다. "높은 집 아래"라는 뜻을 지닌 이 칭호는 "높은 집 처마 아래서 조아리며 아뢰옵니다"라는 말의 인상을 풍기는 왕조 시대의 용어이다. 그래서 독재주의의 칼날을 휘두르던 이승만 정권 때까지는 장관과 별 하나짜리 장군(대령은 부각하였다나?)과 도지사의 칭호에까지 '각하'가 헤프게 붙어 다녔던 것은 이해할 수 있는 일이다. 또 바로 그런 점에서 이제 이 표현이 국가 원수인 대통령(과 천주교의 주교와 대주교와 추기경)만을 일컫는 말이 된 것은 썩 다행한 일이라 하겠으나, 그것마저 사라지는 것이 더 좋을 성싶다. 이미 신문이나 방송이나 일반 국민은 각하라는 용어가 낡았음을 알고 대통령의 면전에서가 아니면 "대통령 각하(께서)는" 하지 않고 "대통령은" 하고 있다. 국민의 사랑과 정과 존경을 저절로 받아야 할 자리에 있는 이의 칭호에 덧붙은 왕조 시대의 그 겹칭호를 보통 사람치고 그리 쉽사리 친근하게 생각할 사람은 별로 없겠기 때문이다. 그러니 사회의 지도층 인사들도 '각하'라는 용어를 버림 직하다. 그리고 '님' 소리 공부도 좀 해 보아야 한다. '님'은 저 아래에 있는 '계장님'이나 '면장님'에게만 붙는 말이 아니라, 우리에게 목숨을 준 '아버님'과 '어머님'에도 붙고, 인류를 건진 '예수님'과 '부처님'뿐만이 아니라 나라의 어른인 '임금님'과 온 누리의 임자이신 '하느님'에도 붙는 가장 높은 존경을 나타내는 접미사다. 이처럼 거룩한 표현이 대법원장'님'과 국회의장'님'과 장관'님'에서 뚝 그치지 말고, 이 나라의 대통령'님'(과 천주교의 주교'님'과 대주교'님'과 추기경'님')의 경우에도 그 딱딱한 '각하' 대신에 쓰였으면 좋겠다.

천구백칠십팔년, 뿌리깊은나무

사장님과 선생님

이 나라의 도시 사회에 하도 많이 번져 있는 버릇이어서 들먹이기조차 진부한 것이 하나 있습니다. 바로 술집, 밥집이나 여러 서비스 업체에서 남자 손님들을 '사장님'이라고—그리고 요새는 '회장님'이라고까지—부르는 습관입니다.

대체로 나잇살깨나 먹은 사람치고, 그리고 흔히는 젊은이들까지도 그리 부르면 싫어하는 이 드물다는 전제 아래서 그런다고들 이해되고 있습니다. 얼핏 보아 그런 관찰은 그른 것이 아닙니다. 초밥집 카운터에 앉은 대학 교수도, 술집 테이블에 자리 잡은 회사나 관청의 과장도 종업원이 '사장님' 하면 나무라는 일 거의 없다시피 합니다.

무슨 기관원 같은 이가 정체를 감추려는 시도에서 자신을 사장이라고 부르는 수도 있습니다. 또 직장을 정확히 댈 수 없는 건달들이 흔히 자기 이름 뒤에 그 벼슬을 달기도 하지요. 게다가 작은 가게의 주인들도 종업원이 자기를 그리 부르면 처음에는 마지못해, 그리고 나중에는 당연하다는 듯이 내버려두기도 하고요.

그처럼 이녁이 남의 눈에 사장으로 오인되기를 바라는 이가 아니라면, 또

막말로 해서 회사에서 사장 임명을 받은 지 일 년 안팎 될까 말까 한 이가 아니라면, 진짜 사장도 사장 아닌 이도—특히 진짜 사장의 경우에는 자기가 밥벌이로 관여하는 기업 활동의 영역 밖에서는—어디 가면 '사장' 대접 받고 싶어하기보다는 오히려 '사람' 대접 받고 싶어한다고 봅니다. 초밥집 카운터에 앉자마자 자기를 알 턱이 없는 종업원이 자기를 그리 부른대서 진짜 사장인들 좋아하겠습니까? 까마귀 날자 배 떨어져서, 어쩌다가 진짜 사장의 귀에 들렸다손 치더라도, 거짓으로 한 줄 뻔히 들여다보이는 그 소리 듣고 사람 대접 받았다고 느껴지겠습니까?

그러니 "'사장' 하면 싫어하는 사람 없어" 하는 투의 흔한 주간지 기사의 내용은 야바위꾼들 사이에서나 옳은 이야기입니다. 실제로 모르는 사람을 무턱대고 사장이라고 부르는 사람의 심사는—그것이 버릇이 된 이들에게는 좀 미안한 얘기입니다만—사기성이 더러 농후하달 수도 있습니다. 그 심사에는 "이래도 안 좋아해? 엿 먹어라!" 하는 멸시와 조롱과 심술의 물이 들어 있기 십상이기 때문입니다.

막상 회사 조직의 발상지랄 수 있는 서양에서는 회사 임원들의 이름을 직장 칭호를 붙여 부르지 않고 흔히 그냥 아무개 '씨' 합니다. 그런데 그런 전통을 지닌 한 서양 은행의 한국 지점 외국인 간부들이 돈 꾸어 가고 이자 바치는 한국 회사의 '사장'들에게 영어로 '프레지던트' 아무개 하고 부르기 시작했습니다. 제 나라 말로 했으니 제 나라 말의 뜻으로 보아 아무개 '대통령님' 하는 셈이라는 말씀이올시다. 한국 사람 사장 소리 듣기 좋아한다는 말 들었것다, "이래도 안 좋아할래? 빚이나 꼬박꼬박 갚아라!" 하고 부르는 엿 먹이는 소리라고도 할 수 있겠습니다.

앰한 사람에게 그리 말로 사장 노릇을 시키는 버릇에 악의가 없다고 합시다. 그렇더라도 그리 부르는 것은 실제로 큰 실례가 된달 수 있습니다. 투서질 하고, 사람 자살하게 하고, 마침내는 스스로 쇠고랑을 찬 최근 '범양' 사장을 굳이 보기로 들지 않더라도, 이 사회에서 '사장' 만큼 사람들의 마음에 '더러운' 칭호로 비치는 것도 드뭅니다. 육이오 뒤로, 진짜 사장들도 가짜 사장들도 대체로 소행이 그만큼 너절했다고 봐야 할 듯합니다. 왜 하필 그 더럼 탄 소리로 멀쩡한 사람 이름에 먹칠들을 하는지 모르겠습니다.

사장이라는 것은 동양에서나 서양에서나 그리 그럴싸한 것도 못 됩니다. 그것은 '법률적인' 칭호도 아닙니다. 주주 독재 체제인 주식 회사에서는 법률적인 감투로 이사, 대표이사 같은 것만을 둘 뿐이니, 사장이라고 해 봤자 고작 '상머슴' 으로 채용되는 이에게 붙여 주는 편의상 칭호에 불과합니다. 개인 업체에서도 '업주' 또는 '대표' 가 있을 뿐이니, 그 사장이라는 말은 가짜 벼슬입니다.

그러니 그 사장 소리 좀 덜 들었으면 좋겠습니다. 또 그 소리 들어 마음 귀찮을 때마다 자기가 사장이 아님을—그리고 진실로 사장이더라도 상대방이 무턱대고 그리 부르는 사장이 아님을—알려 줄 것을 촉구하고 싶습니다. 또 이 글을 읽는 이가 가정부인이라면, 부부 나들이 때에 혹시라도 낯모르는 이가 남편을 사장이라고 부르더라도 그것이 꼭 그 양반의 명성이나 사장다운 풍채 때문만은 아님을 명심하셨으면 합니다.

우리의 언어 습관으로 보아, 서비스 업체의 주인이 설사 손님의 이름을 알더라도 서양에서처럼 아무개 씨 할 수야 없겠습니다. 그러면 '사장님' 말고 뭐라고 불러야 할까요? 손님을 '손님' 이라고 부르기만큼 정직하고 예의 바른 것 드물다고 봅니다. 고객이니까 '손' 님이요, 정중히 모실 이이니까 손 '님' 입니다. 또 특별히 존경하는 대상이어서 '손님' 으로 마음이 덜 차면 '선생님' 할 수도 있을 터입니다.

다만 그 '선생', '선생님' 하는 말도 요새 크게 상업화되고 있음만은 지적되어야 합니다. 예술을 등에 업은 장사꾼들이 실제로 자신을 일컫는 말도 되고야 말았습니다. 이를테면 그릇 구워 파는 사이비 '도예가', 흔히 수료증 장사가 주업인 꽃꽂이, 분재, 가부키, 다도의 대가라는 이들이 자기 이름 끝에 사람들이 붙여 주기를 기대하는 일본식 칭호가 그것입니다. 이 위선적인 습관이 한일 수교 정상화라든가 하는 것 뒤로 이 나라에 홍수처럼 범람해 왔습니다.

그리하여 이른바 예술이나 문화나 전통의 탈을 쓴 장삿속을 들여다보면, 무슨 '선생', 무슨 '선생님' 천지입니다. 이를테면 머리에 피도 마르지 않은 젊은이가 돈 되겠다 싶어 신식 도자기 공장을 차리고 그릇을 대량으로 구워 내어 허겁지겁 '호'까지 지어 덧붙여 오동나무 상자에 아무개 '선생 제작'이라고 제 손으로 쓰고 도장까지 '꽝' 찍어 시장에 내놓는 수가 흔하며, 일본의 정신적인 '형님', '언니' 들이 흔히 그리하여 돈 번다니까 무슨 느닷없는 신식 '옛날' 재주 내세워, '선생' 가르침, '선생' 작품 팔아먹는 수가 흔해졌습니다.

그런 이들이 하는 일과 내다 파는 것은 흔히 훌륭한 상품이 됩니다. 그러나 작품으로 볼 때에는 흔히 가짜입니다. 또 그런 이들은 스스로 장사꾼임을 인정할 때쯤에야 선생이 됩니다.

그러니 사장이라는 소리처럼 선생이라는 소리도 함부로 부르고 부름받고 할 소리가 아닐 줄로 압니다.

천구백팔십칠년, 샘이깊은물

3

열매보다는 뿌리를 생각하는 마음

on my Perfor
kind,
to the airport.
bit of art per
small stage
man of his so
cribe better.
by far

토박이말과 기업

토박이말이란 우리가 어머니 품에서부터 배워 온 어미말(모국어)을 말합니다. 이 어미말은 조상으로부터 물려받은 유산으로서 우리 피와 살처럼 되어 있는 말입니다. 이 어미말은 그것이 없이는 한순간이라도 지내기 어려울 만큼 필수적인 요소입니다.

따라서 우리는 이 어미말이 함부로 바뀌거나 그것이 다른 말이나 불순 요소로 인해서 오염되고 침범되는 것을 싫어합니다.

자기의 정신이나 몸을 순수하게 지켜 나가려는 본능이 있는 것과 마찬가지로, 우리의 순수한 어미말이 남의 말이나 글로 인해서 조금이라도 더럽혀지는 것은 결코 바라지 않습니다. 더구나 말이 우리의 정신과 의식 구조 형성에서 차지하는 비중이 무척이나 크기 때문에 언어의 더럽힘은 바로 우리 정신 문화의 더럽힘이 되는 것입니다. 우리말은 우리의 논리적 사고의 바탕을 이룹니다. 한국 사람의 사고방식에 독특한 면이 있다면 그것은 바로 우리 언어가 가진 특성에서 기인하는 것입니다. 일반적으로 우리 토박이말은 우리의 사고를 논리적으로 짜임새 있게 해 나가는 데 매우 이상적인 도구라고 인정되고 있습니다.

우리는 조상으로부터 물려받은 우리 언어의 순수한 특성, 그리고 우리의 논리적 사고에 가장 알맞은 언어의 기능을 깨끗이 가꾸고 지켜 나가야 할 민족적 의무와 권리가 있습니다. 그런데 요즈음 두드러지게 성장하는 기업들이 이런 민족적 사명에 어긋나는 언어적 영향을 많이 끼치고 있습니다. 나는 오늘 이 점에 관해서 몇 가지 사실을 지적하고자 합니다.

세종 임금께서 우리 토박이말에 알맞은 글자를 만들어 쓰시기 전에는 말할 것도 없고, 그 이후 오백여 년 동안에도 우리말은 한자어의 영향을 무겁게 받아 왔습니다. 이런 의미에서 우리의 사고방식, 표현 방식에서도 중국식을 많이 닮아 왔다는 것을 인정하지 않을 수 없습니다. 그리고 지난 삼십육 년 동안의 일본 제국주의 지배 밑에서 우리말에는 일본말식 불순 요소가 수없이 끼어들었습니다. 일본말 세력은 지금도 계속 밀려 들어오고 있는 실정입니다. 일본말은 소리 그대로, 또는 직역된 형식으로, 또는 일본식 한자어 그대로 우리의 언어 속으로 물결쳐 들어오고 있는 중입니다. 심지어는 반일 사상을 두드러지게 가지고 있는 사람들에게서마저 알지 못하는 사이에 일본식 말의 영향을 심히 받고 있음을 가끔 볼 수가 있습니다.

해방이 되고 나서도, 우리 나라의 주식 회사에도 구멍가게에도, 또 이들을 다스리는 상법이나 민법에도 일본식 언어 질서가 바닥에 깔려 있었습니다.

해방 이후의 경제 질서를 근본적으로 일본 교육을 받은 분들이 구축하였고, 바로 그분들이 그 의식 구조를 가지고 후계자를 길렀습니다. 국어로 학교 교육을 받은 사람도 기업 속에 들어가서는 반복되는 경험의 마술 때문에 기업의 종래 체제에 따를 수밖에 없었습니다. 따라서 우리 나라의 기업적인 체제에 속해 온 사람들은 스스로도 모르는 사이에 재래식, 곧 일본식 사고방식과 일본식 언어 구사에 젖어 왔습니다.

기업은 스스로를, 또 그것이 빚어내는 사회 현상을 돈과 숫자만으로 해석합니다. 그러나 어느 어머니가 그 아들에게는 어머니이지만 조카에게는 아주머니도 되다시피, 기업은 여러 가지 부가적인 구실을 합니다. 사람의 가치관을 형성하기도 하고, 사람의 의식 구조를 제약하기도 하고, 사람의 생활양식을 결정 짓기도 함으로써 문화 양상의 형성 요인이 되기도 합니다. 기업이 다루는 돈이 우리 생활에서 아주 중요한 요소로 받아들여지는 만큼, 기업의 여러 가지 구실은 그 영향 아래에 있는 대중을 구속합니다.

따라서 기업은 우리가 누리거나 겪어야 할 문화적인 환경의 중요한 부분을 차지합니다. 신문이나 방송의 내용이 퍼뜨리는 기업의 이야기만큼, 그리고 기업이 돈의 위력으로 내는 광고의 영향력만큼, 우리는 기업의 문화적인 노예가 되고 있습니다. 기업은 돈이나 산업과 같은 경제적인 활동하고만 관계가 있는 것이 아니라, 기업 스스로도 모르는 사이에, 우리의 문화와 사고방식과 언어를 구속합니다.

이 기업이 어찌 우리를 문화적으로 다스리는지에 관해서 세 가지 예만 들겠습니다.

첫째로, 기업은 새 상품과 새 생활 방법을 대중에게 소개함으로써 그들의 마음에 새 개념을 심어 줍니다. 이 새 개념은 주로 일본에서 한자로 쓰이는 것을 소리만 바꾸어 우리말에 등록한 것이니, '냉장고' 같은 낱말을 생각해 보면 알 수 있습니다. 또 일본어화한 외국어를 직수입한 것으로 '에어컨'이나 '텔레비전'을 생각해 보면 알 수 있습니다. 우리 나라에도 전에 없던 '빠른 길'이 생겼는데 이를 일본에서 '고속도로'라고 하니까 우리도 그렇게 해야 했고, '땅 밑 길'이 생겨서 거기에 전차가 다니게 됐는데, 이것을 일본에서처럼 '지하철'이라고 해야 했습니다. 일본 통운이라는 회사가 일본에서

짐을 나르면 한국에는 '대한 통운'이 있어야 했습니다. 일본에 '일본 여행사'가 있으면 우리 나라에는 '대한 여행사'가 없어서는 안 되었습니다. 일본에서 '주간지'가 그런 잡지이면, 우리 나라의 '주간지'도 그런 잡지여야 했습니다. 드디어 우리 대중의 사고방식 속에서는 '빨래'라는 말이 사라지고, '세탁'이라는 말이 활개를 치고 있습니다.

둘째로 이런 명사적인 표현 말고도 기업이 채택하는 의사 전달 방법이 우리의 문화적인 환경을 조성합니다. 이것은 주로 광고나 선전의 형태로 나타납니다.

기업은 소비자의 구매 욕구를 부추기기 위하여 시각적이고 청각적인 광고를 합니다. 돈이 중요하고, 돈을 현명하게 지출해야 하고, 상품을 효율적으로 선택해야 하는 현대의 대중에게 광고가 관심거리임은 더 말할 나위도 없습니다. 그러나 관심이 없어도 광고를 보아야 하고 들어야 하는 숙명이 오늘의 대중에게 있습니다. 도시 거리에서 보이는 대부분의 글자가 상업하는 분들이 내다 붙인 간판 글자들이요, 신문이나 라디오나 텔레비전에서, 좋거나 싫거나, 우리는 광고를 보고 들어야 합니다.

그런데 이 광고들이 사용하는 언어가 일본 광고를 직역한 것 또는 흉내낸 것투성이입니다.

단어 하나하나의 선택에 관한 이야기는 이미 말씀드렸습니다만, 여러 단어가 합해져서 의사를 전달하는 짜임새나 방법에서까지 일본투를 흉내냅니다.

셋째로, 기업 내부에서나 기업끼리의 의사 소통에 사용하는 언어가 우리의 상상 이상으로 일본 언어와 일본 사고방식의 직역임을 지적하지 않을 수 없습니다. 자본주의 체제에서, 큰 생산 공장에서 가정용 부엌에 이르기까지, 경제 질서가 사회 질서에서 차지하는 몫에 정비례해서 기업의 세계는 큽니다. 그 속에서 사용되는 언어가 일본 것을 닮은 만큼 대중의 사고방식이 일본 것을 닮게 됩니다.

물론, 우리는 여러 천 년의 역사 속에서 우리가 우리임을 유지해 왔기는 합니다. 문화의 유입이 위에서 아래로 흐르는 물처럼 자연스런 현상이라고 해서 이것을 막으려는 인위적인 노력이 헛수고라고 하는 분들도 있습니다. 그런데 우리의 고유 문화가, 우리 선조가 한자와 일본말을 사용함으로써 상당한 영향을 입었다고 봐야 하겠습니다.

특히 일본말은 우리말과의 구조적인 유사성 때문에 저항을 덜 받고 우리말 속으로 기어들었습니다. 문화적인 또는 언어적인 물이 위에서 아래로 흐름이 자연스런 현상이라고 내버려둘 것이 아니라, 이를 관개하여 흐르게 해야 하겠습니다.

다른 분야라고 해서 어찌 크게 다르겠습니까마는 기업의 세계 안에서 일본 문화의 입김이 한국 문화 속으로 쉽게 스며들게 하는 가장 두드러진 중매쟁이가 바로 한자입니다. 일본말에서의 한자 표현이 우리말에 유입되어 우리말의 어휘를 풍부하게 한다고 이를 유리한 것으로 받아들이려는 분이 있는 듯합니다. 그러나 우리가 곰곰이 생각해 보아야 할 일은 우리말에 침식하는 하나의 일본식 표현은 거기에 해당하는 적어도 하나의 토박이 표현을 죽이거나 약화시키고 만다는 사실입니다.

이는 명사에서뿐만이 아니라 거의 모든 품사에서 그러하고, 이들 낱말들이 짜여서 의사를 전달하는 방법에서도 그러합니다. 일본식 언어 습성이 우리말 속에서 번짐은 우리말 속에 잠재해 온 말의 논리를 파괴시킵니다. 오늘날 이 파괴 작업은 부끄럽게도 일본 분들이 아닌 우리 스스로의 손에 의

해서 이루어지고 있습니다.

《독립신문》의 언어가 오늘날 신문의 언어보다도, 그리고 《독립신문》에 나온 광고의 언어가 오늘날의 광고 언어보다도 훨씬 더 토박이 언어였음은 그동안에 우리가 아주 뛰어나게 일본 언어 동화 작용으로 기울어져 왔음을 밝혀 줍니다.

저는 며칠 전에도 '텔레비전' 광고에서 어린이에게 파는 '대형 껌'의 선전을 보고 들었습니다. 또 그 회사는 우리말의 두음 법칙을 무시하고 자기 이름의 첫소리를 일본에서처럼 'ㄹ' 자로 시작함을 보았습니다. 그리고 소리로 광고할 때에는 '쌍ㄹ'로 발음하기도 하더군요. 우리 나라의 모든 기업들은 자기들이 사용하는 일본말이 돈이나 경제에만 국한되는 것이 아니고 국민의 문화와 사고방식에 영향을 미친다는 것을 잊지 말아야 합니다. 역사를 길게 내다볼 때에 기업의 문화적인 영향력이 경제적인 영향력보다 훨씬 더 클지도 모릅니다. 오늘 제가 기업체들에게 드리는 제안은 그분들의 경제적인 활동 수단인 언어의 사용에 토박이말을 꺼내다 표시하라 하는 것입니다.

기업의 힘은 아주 큽니다. 기업이 퍼뜨리는 언어는 직접 오고, 또 간접으로 그 영향을 받는 대중에게 가장 당연한 경험과 환경이 됩니다. 기업은 그 큰 힘을 가지고, 조금만 노력하면 우리 문화의 수호자가 될 수 있습니다. 그러나 돈과 숫자만이 중요하다고 보아 온 지금까지의 장님 노릇을 계속하면, 문화적인 공해를 이 땅에 너무 크게 끼쳤던 일로 고민하게 될 날이 반드시 올 것입니다.

천구백칠십사년, 수도여사대 학보

껌의 민주화와 사보의 민주화

"국민학교 졸업하고 바람이 나서 초컬레트, 양키 껌이 안 떨어지네……" 어쩌고 저쩌고 하는 노래가 오십년대에 이 땅에 널리 번진 적이 있다. 그만큼 그때에는 껌이 귀했을뿐더러 껌을 씹는 행위도 사람들의 눈에 건방지게 비쳤다. 내가 살던 시골에서는 어쩌다 껌이 하나 생기면 그것을 동네 아이들이 돌려 가며 씹었다. 그리고 그렇게 돌려 가며 씹었던 껌도 한 번만 씹고 버리는 것이 아까워서 밤에는 벽에 붙여 놓았다가 이튿날 아침에 다시 떼어서 씹는 방법으로 며칠을 두고 씹었다. 껌이 없어서 그런 즐거움마저 누리지 못하는 아이들은 밀을 씹으면서 껌을 씹는 기분을 내기도 했다. 그러나 이제 세상이 바뀌어서 아무리 외진 시골에 사는 어린이라도 한 번 씹었던 껌을 동무에게 주어서는 안 된다는 것을 알 만큼 위생에 밝아졌다. 또 껌도 귀하기는커녕 너무나 흔해 빠지고 너나없이 씹다가 아무 데에나 뱉어 내서, 껌을 만드는 회사에서마저 씹다 버린 껌이 빚는 공해를 인정하고 "껌을 버릴 때에는 종이에 싸서 휴지통에 버리십시오" 하고 호소하게 되었다. 적어도 껌에서만은 한국인의 미각이 그만큼 평준화되고 민주화되었다고 할 수 있겠다.

이렇게 껌이 모든 국민의 기호 식품이 된 데에 가장 큰 공헌을 한 것이 바로 이른바 '롯데 껌'이다. 물론 나같이 롯데 껌의 대량 판매에 큰 공헌을 한 숨은 소비자가 있어서 그랬기도 했겠지만 말이다(내가 당당하게 이렇게 이야기하는 데에는 까닭이 있다. 단물 콤플렉스 때문인지는 모르나 나는 껌을 사면 한 통을 모조리 까서 입에 한꺼번에 탁 털어 넣고 단물만 쪽 빼먹고는 뱉어 버리는 버릇이 있다). 이 '롯데 껌'의 '롯데'가 이제 롯데 그룹으로 자라서 여러 분야에서 활발하게 기업 활동을 벌이고 있음을 나는 '롯데'의 사보인 《롯데》 유월호를 보고 알았다. 그뿐만이 아니라 롯데가 공업 진흥청의 품질 관리 지정 업체이며, 사내에 직업 훈련소를 두고 직원들에게 배움의 기회를 주고 있다는 것도 이 책자를 통해서 알았다. 브리태니커에서 발행하는 월간 문화 종합지인 《뿌리깊은나무》가 《배움나무》에서 법통을 받았고, 《배움나무》가 본디 브리태니커의 사보였던 만큼 사보에 대한 내 관심은 남달리 크다.

내가 우연한 기회에 본 롯데 그룹의 사보 《롯데》는 몇 가지 개선할 점이 있기는 했으나, 집안에서 식구들에게 알리고 식구들의 교양을 높일뿐더러 밖에 있는 사람들에게 롯데 안에서 일어나는 일을 자세하게 알려 주고 롯데와 가까워질 수 있는 길을 마련해 주는 임무를 알차게 수행하고 있는 것처럼 보였다. 언젠가 이 사보가 자라서 《뿌리깊은나무》가 그러듯이 모든 사람을 위한 잡지가 될지도 모르고, 어쩌면 더 크게 한국인 됨과 한국 문화에 공헌하는 책이 될지도 모른다. 바로 이 때문에 나는 롯데 기업을 아끼는 이웃의 처지에서 사보 《롯데》에 관해서 한마디 부탁을 하고 싶다. 내가 판단하기로는 롯데에도 충실하게 의무 교육을 마치고 사회인으로서 손색이 없는 훌륭한 자질을 지니고 있으나 한자를 배울 기회가 없어서 한자 섞인 글을 읽는 데에 어려움을 겪는 식구가 적지 않으리라고 생각한다. 그런데도 내가 본 사보《롯데》에는 한글로 표기해도 누구나 알아들을 수 있는 낱말들이 한자로 적혀 있었다. 모든 사람이 롯데 껌을 씹으면 롯데에 큰 이익이 돌아오겠듯이 모든 롯데 식구들이, 그리고 롯데를 아끼는 이웃들이 그들을 위해서 만들어지는 사보를 빠짐없이 읽게 되면 거기에서 생기는 이익도 엄청나리라고 여겨진다. 롯데는 껌으로 한국 사람의 미각을 한번 민주화하는 데에 성공한 숨은 힘을 지닌 기업이다. 이렇게 큰 영향력을 지닌 기업이 쉬운 한글 쓰기를 통한 인쇄 매체의 민주화에마저 눈길을 돌리면 그로 말미암아 많은 사람들에게 돌아갈 이득은 따질 수 없이 크리라고 여겨진다. 그 큰일을,《뿌리깊은나무》가 그랬듯이, 사보 시절의《롯데》에서부터 시작하기 바란다.

천구백칠십육년, 롯데 사보

'청주'의 복권과 청주병의 한국화를 먼저

술은 한 모금도 못하는 나조차도 누가 '정종' 하면 '백화수복'이 머리에 떠오른다. 또 흔히들 술꾼들 사이에서 국산 위스키로는 백화에서 나오는 '베리나인 골드'인가 하는 것이 맛이 으뜸이라는 소리도 듣는다.

술을 하지 못하는 나도 백화를 그만큼 알고 있으니 백화는 술장사로 크게 성공한 업체다. 술 빚어 파는 업체에 할 말이 있으면 아무래도 이런 큰 업체의 귀에다 대고 해야 말한 보람도 커질 수 있을 것이다. 평소에 '정종' 업체에 하고 싶은 말이 있어 온 터에 그토록 큰 업체, 백화에서 내 말을 듣겠다고 하니 반갑디반갑다.

술도가가 양조장으로 변모하여 시장을 넓히기 시작한 전통은 일본 제국주의 시대에 싹텄다. 그때에 '정종'이라는 상표를 단 일본 청주가 크게 판을 친 것 때문에 해방 뒤로 사십 년 가까이 세월이 흐른 오늘날에도 사람들은 청주를 '정종'이라 부른다. 이처럼 강력한 근대 시장 경제 체제는 한 나라의 문화 체계를 와해하기도 하고 그것을 바로잡으려는 노력, 이를테면 '정종'을 다시 '청주'로 부르려는 노력을 헛수고로 만들기도 한다.

하기야 오늘의 '청주'는 독에 술 빚어 놓고 용수 눌러놓고 그 속에서 떠낸

맑은 술인 전통 청주보다는 현대식 생산 공장에서 대량으로 생산하여 쉬지 못하게 약 타 넣은 '정종'을 더 닮았을 터이다. 따라서 현대식으로 대량으로 생산하여 전국적으로 보급하는 전통 청주가 있어야 한다면, 그것이 어차피 '정종'을 닮을 수밖에 없을 터임도 부인할 수 없다. 그러니 이 나라에서 나오는 '정종'은 이 나라 전통에 맞닿은 술이라고 할 수 있을 것이다.

'정종'이 이처럼 한국 술인데도 아랑곳없이 이 나라를 찾는 서양 사람들에게 사람들은 흔히 이 술을 '코리언 사케'라고 소개한다. 사케가 술 또는 '정종'이라는 일본말이니, 이런 표현의 밑바닥에는 '한국 사람들이 만들어 본 일본 술'이라는 뜻이 깔려 있다. 이런 현상은 우리 나라의 양조 업자들이 그 엄청난 광고의 힘을 휘두르면서도 지난 서른 몇 해 동안에 '청주'라는 말에 더 강력하게 제자리를 찾아 주지 못한 데서도 나왔음은 그리 짐작하기 어렵지 않다.

백화 회사에서는 이제 '정종'의 상표 딱지에 '청주'라는 말을 빼내 버리고 '백화수복'만 찍어 넣었다. 어제까지 '청주' 대신에 '정종' 했듯이, 앞으로는 '정종' 대신에 '백화수복' 하라는 암시일 것이다. 이 일이 성사가 되어 한국인의 입에서 '정종' 대신에 '백화수복'이 보통명사 구실을 하게 될 날이 진정코 올지도 모른다. 그러나 나는 한 기업이 돈의 힘으로 한 나라의 언어 체계를 뒤흔드는 것을 반가워하지 않는다. '백화수복'이 그 빼어난 맛으로 이 나라 술꾼들의 마음을 아무리 많이 휘어잡는다손 치더라도, 그것이 '청주'임을 밝히는 것이 더 겸허할뿐더러—세상에서 가장 오만한 사람은 높은 자리에 올라서 이만하면 세상이 다 안다고 치고 명함에 이름 석 자만 찍어 내미는 사람일 것이다—식민주의 세력의 영향으로 잃어버린 '청주'의 이름을 되찾아 주는 데에 공헌하게 될 터이기 때문이다.

청주를 '코리언 사케'로 오해하도록 부추기는 요소가 또 하나 있어 왔다면 그것은 청주병의 의장이다. 오늘날 청주 회사들이 내놓는 그 청주병은 그 모양이나 크기가 근본적으로 일본 사람들이 내놓던 정종병, 또 오늘날 도쿄에서 내놓은 사케 병 그대로다. 요즈음은 그 자형이 많이들 바뀌었지만, 얼마 전까지만 해도 상표의 '로고'도 획 끝에 터럭 난 그 일본 '정종' 병 글씨였다. 그러나 현대와 맞닿아 있다고 할 수 있는 전통 한국 술병의 조형은 그것이 아니다. 일본 제국주의자들이 이 나라를 강점하기 전의 이 나라 백성은 지배 계층도 민중도 고려 자기 매병을 거꾸로 뒤집어 세워 놓은 듯한 모습을 한 술병에서 술을 따라 마셨다(이 나라 민중이 공유하는 보통명사인 '법주'를 가져다가 용감하게 고유명사로 사용하는 한 회사에서는 배부른 곳이 두 군데 있는 그 표주박 꼴의 호리병을 술병으로 사용하고 있으나, 그것은 고려 시대나 조선 왕조 초기에 더러 있기는 했으되 현대와 맞닿아 있지 않고 단층을 이루어 적어도 나의 생각에는 현대인이 따뜻한 정을 느끼게 하지 못하는 술병이다). 백화수복을 그 아름답고 따뜻한 조선 백자 꼴의 병에다가 담아 시장에 내다 파는 상상을 해 보면 저절로 즐거워진다. 백자가 비싸면 그 꼴을 옹기로 만들어도 되고 유리로 만들어도 될 터이다. 그러면 그것이 '코리언 사케'라는 인상, 그것이 '정종'이라는 인상은 저절로 씻길 것이다.

나는 오늘의 양조장이 그 엄청난 규모와 시설에도 불구하고 술도가의 전통을 이어받는 인상을 시장에 심는 노력에서 얻을 이익이 많으리라고 생각한다. 그리고 그런 노력이 바로 술의 탈식민주의 운동이 되리라고 생각한다. 그런 운동이 큰 술도가 백화에서 나옴 직한 것은 말할 나위도 없다. 그래서 '청주'의 복권과 청주병의 한국화를 맨 먼저 백화에게 주창한다.

천구백팔십삼년, 백화 사보

간판 타령

이윽고 외국 글자로 이름을 써서 단 가게들이 닦달을 당하기 시작했다. 보도에 따르면, '광고물 등 단속법'과 '서울 특별시 광고물 단속법 시행령'을 어기고 외국 글자 이름의 간판을 건 열아홉 업체들은 즉결 심판에 넘겨졌다가 벌금을 물고 풀려났다. 곤욕을 치른 가게들의 주인에게는 좀 미안한 얘기지만, 이 사건은 우선 흔히들 딴 일에만 넋을 팔고 있는 줄로 알고 있는 경찰이 문화의 수호에도 관심이 있음을 우리에게 다짐해 주는 것 같아 반가웠다. 한마디로 말해서, 늦게나마 잘한 일이다. 본디 법이 있으면 이를 집행하고, 한눈을 팔다가 일찍이 집행하지 못하였으면 늦게나마 집행하는 것이 경찰의 의무다.

이 나라의 업체들이 간판을 한글로 적어 달아야 하는 것은 그것이 법이나 시행령의 요청이기 때문만은 아니다. 또 그것이 입버릇처럼 주체성 내세우기 좋아하는 사람들의 국수주의에서 나온 주장일 것 같기 때문만도 아니다. 거기에는 훨씬 더 중요한 이유가 있다. 간판은 주인이 제 돈 들여 써 붙인 한 시설의 이름표일 뿐만 아니라, 그것이 눈길에 미치는 거의 모든 사람에게 '독서'를 강요하는 문화의 환경이 된다. 그것들을 내거는 주인의 자유는 행인들에게 그것들을 좋아하거나 싫어하거나 보아야 하는 실질적인 의무를 지운다. 언뜻 생각하기엔 하찮아 보일지도 모르는 거리의 간판들은 사람들에게 생활 정보를 대어 주기도 하고 눈을 즐겁게 하는 수도 있지만, 사람들의 눈살을 찌푸리게 할 수도 있고, 그들 스스로도 모르는 사이에 그들의 사고와 행동이 독재적인 존재가 되기도 한다. 간판을 내거는 행위에 사회적인 책임이 따르는 것은 그 때문이다.

간판을 내거는 이유는 사람들로 하여금 그것을 알리는 데에 있다. 따라서 영국에 나붙은 간판이 영어를 모국어로 사용하는 영국 사람들로 하여금 그것들이 가리키는 시설이 어느 곳에 있음을 로마 글자로 알려 주듯이, 이 나라의 거리에 나붙은 간판이 한국말을 사용하는 이 나라 사람의 것이라면 한국 글자로 적히는 것은 마땅하다. 이 한국 글자가 바로 한글이요, 그것으로 간판을 적을 것이 법의 요청이다. 이 지극히 당연한 상식이 굳이 '서울 특별시 광고물 단속법 시행령'에까지 오르게 된 곡절은 해방이 되고도 서른 몇 해가 지나고서도 이 나라의 상업인들 틈에 그것을 외면하는 쓸개 빠진 장사꾼들이 많이 끼여 있기 때문이다.

이 나라 사람들이 두루 알아보는 한국 글자를 마다하고 굳이 로마 글자나 중국 글자로 간판을 적어야 직성이 풀리는 장사꾼들은 우선 그럴싸한 것 좋아하는 권위주의 사고방식에 젖어 있기 쉬움이 지적되어야 한다. 그들은 대중과 의사 소통을 하기에 관심이 있기보다는 오히려 "몰랐지?" 하면서 뭐나 된다는 듯이 뻐기는 사람들이다. 그러나 이 외국 글자 간판들을 가까이 들여다보면 막상 그럴싸하지도 못하기 일쑤다. 멋과 유행의 본부라는 서울 명동에서마저도 서양 글자나 중국 글자로 된 간판이 말도 안 되는 소리를 적었거나 글자나 글자의 획이 틀려서, 본고장 사람들의 눈에 뜨일 때는 핀잔을 받기가 일쑤다.

가게 이름을 외국말로 짓거나 그 간판을 외국 글자로 적는 장사꾼들의 짓거리는 또 지극히 위험한 민족 열등감에서 출발했기가 쉽다. 제 나라 말과 제 나라 글자가 부끄러워 외국과 자신을 동일시하고파 하는 이 사람들이 탐내는 것은 어처구니없게도 '부끄러운' 이 나라 사람들의 돈이다. 게다가 이들 중에는 국제 상업 윤리의 도둑들이 많이 섞여 있다. 명동에 나붙은 많은 간판의 서양 글자는 서양의 유명한 상호와 상표를 버젓이 베껴 쓴 것들이 많다. 철딱서니 없는 장사꾼들의 상표와 상호 도용이 얼마나 크게 한국인의 얼굴에 똥칠을 하는지는 근래에 크게 국제적으로 말썽이 붙은 '까르띠에르'와 '아디다스' 사건이 잘 풀이해 주고도 남는다.

공교롭게도 이처럼 외국말이나 외국 글자로 상호나 상표를 정한 업체들은 흔히 제 분야에서 크게 성공한 업체인 것은 사실이다. 이 나라에서 가장 큰 재벌 기업 축에 드는 업체의 이름이 '럭키 치약'의 이름에서 출발한 것도 사실이고, 구두를, 양장을, 양품을 잘 만들어 팔아 성공하고 있는 것으로 알려진 업체치고 그 상호를 외국말이나 외국 글자로 표시하지 않아 온 곳이 드문 것도 사실이다. 그러나 이것은 남에 앞서서 상품을 더 잘 만들어 파는 장사꾼들 틈에 그처럼 문화적인 줏대가 없는 사람들이 끼여 있어 왔음을 설명할 따름이지, 그런 성공에 외국말이나 외국 글자가 필수적이었음을 증명하지는 못한다. 우리말로 된 이름으로 성공한 업체들의 수는 그보다도 훨씬 더 많기 때문이다. 오히려 그 민족적인 열등감에 빠진 사람들은 그들의 가게를 드나들고 상품을 사 가는 사람들에게 모르는 사이에 품질이나 품위를 외국말이나 외국 글자를 동일시하는 버릇을 심었다고 보아야 하며, 엇비슷한 사업을 벌이려는 다른 많은 사람들에게 외국말이나 외국 글자의 상호가 성공에 불가결하다는 미신을 퍼뜨렸다고 보아야 하고, 상대적으로 여러 천 년에 걸쳐서 목숨을 이어 온 한국말과 한국 글자를 부끄러워하는 생각을 민중의 의식 속에 심었다고 봐야 한다. 이런 생각은, 경제 선진국 사람들이 주무르는 돈의 액수에 정비례하여 세계 구석구석의 문화가 경제 선진국의 것에 동화되고 획일화되는 경향을 한탄하고, 지구의 곳곳에서 다양한 토박이 문화가 서로 다른 꽃을 피우고 조화를 이룰 때에 진정한 세계 문화가 형성된다고 믿는 세계주의자들의 근심이기도 하다.

이번에 경찰이 그 간판 닦달을 이른바 관광 사업체에는 적용하지 않았음을 우리는 눈여겨보아야 한다. 이 관광 사업체들로 하여금 '카지노'라는 이름의 노름판을 벌이게 하여 내국인들에게는 금지시키는 도박 행위를 외국인들에게 시키고, '토산품점'이라는 '내국인 출입 금지'의 가게를 열게 하여 평등의 원칙을 무시한 것까지는, 적어도 형식으로 봐서는, 합법적이었다고 할 수 있다. 그러나 간판이 한글로 되어야 하고 간판 속의 외국 글자는 크기가 한글의 반이어야 한다는 법을 두고 관광 사업체라고 해서 못 본 체하는 것은 법의 존엄성을 깔아뭉개는 처사다. 무릇 법은 관리가 필요하다고 생각할 때에 꺼내서 써먹는 것이 아니라 만인에게 고루 적용되어야 할 것이기 때문이다. 이번에 경찰이 법의 공평한 집행을 염두에 두었다면, 그 법의 폐기를 건의하거나 조무래기 가게들만 닦달할 것이 아니라, 호텔과 대형 관광 사업체와 아직도 권위주의에 사로잡혀 중국 글자 간판을 버젓이 내걸고 있는 신문사와 같은 곳의 간판도 함께 단속하였어야 할 것이다.

관광 업체의 간판이 서양뿐만이 아니라 줏대 없는 동양의 여러 나라에서도 로마 글자로 적힌 것이 사실이기는 하다. 영어가 사실적인 국제어가 된 것과 함께 외국 손님들의 식별과 편의를 위해서 관광 업체들이 이름을 서양말과 서양 글자로 적는 것이 언뜻 보기에는 타당성이 있다. 그러나 이 나라를 보러 온 서양 사람들은 죄다 서양 문화의 연장을 확인하는 데서 기쁨을 느끼는 제국주의자들일까? 오히려 호텔 간판의 한글 이름 아래에 작은 글씨로 적힌 로마 글자를 읽고, "아, 이 호텔의 이름을 한국 글자로는 이렇게 적는 모양이구나" 하고 신기해 하면서 자기들이 외국 유람을 하고 있음을 실감하는 사람들이 더 많을 것이다. 이런 점에서, 뉴욕에 가서는 거리의 간판들이 자기들이 한마디도 못 알아듣는 로마 글자로 적힌 것에 대해서 한마디 투정도 못하면서 한국에 와서는 거리의 간판이 죄다 한글로 되어 있어 못 알아들어서 한국의 관광 사업에 지장이 있다느니, 획일화된 사회라는 인상을 준다느니 하는 일본 사람들의 사고방식에, 자기들이 제국주의 시대에 이 나라에 강요한 일본식 한자 표현이, 곧 일본 문화의 연장이, 한국의 거리에 부활하기를 기대하는 생각이 도사리고 있음을 우리는 경계해야 한다. 또 어차피 그들은 대부분이 무슨 뾰족한 문화 의식이 있어서 이 나라를 찾아오는 사람들이 아니라 이 나라의 값싼 술과 '계집을 홀리러' 온 사람들임을 깜박 잊고, 그들이 철없는 소리 몇 마디 한다고 해서 관광 업소에 간판에 관한 법을 어기는 치외법권을 허용하는 버릇은 당장 바로잡혀야 한다. 따라서 '광고물 등 단속법'과 '서울 특별시 광고물 단속법 시행령'은 관광 업소에까지도 집행되어야 한다.

화장품 광고의 일본-서양 흉내

광고는 광고주가 이익을 추구하는 수단이다. 그리고 광고는 그 잘잘못이 수용자의 사고와 생활 방식을 주름잡는다. 잘된 광고는 수용자에게 훌륭하고 유용한 생활의 정보가 될 수 있으나, 잘못된 광고는 비록 그것이 광고주가 뜻한 바가 아닐지라도 수용자에게 커다란 피해를 입힐 수도 있다. 광고의 공헌도 갖가지려니와 그 해독도 갖가지이다. 이를테면 '태평양 화학'이라는 회사가 '인류를 아름답게, 사회를 아름답게'라는 깃발을 드높이면서 기업 광고 캠페인이라는 것을 벌이면서도 그 광고에 나오는 눈이 움푹하고 콧날이 날카로운—서양 여자의 얼굴을 많이 닮은—여자 모델을 아름다운 여자의 본보기로 여러 매체에 나오는 광고에 내세울 때에, 그것은 알타이어족의 핏줄을 이어받아 어차피 얼굴이 온화하고 숭굴숭굴하게 생긴 한국의 여성들에게 열등감을 느끼도록 부채질을 한다.

이달에는 화장품 광고들의 해독, 그리고 특히 외국에서의 화장품 광고를 흉내내는 버릇의 국가적인 피해에 대한 얘기를 해 보고자 한다. 외국 것을 시늉하는 광고를 거듭해서 보는 사람들은 자기도 모르는 사이에 그 영향을 받는 만큼 외국 것을 자기 것인 양 착각하게 되기 쉽고 자기 것을 망각하게 되기 쉽기 때문이다. 이처럼 외국 것을 흉내내는 광고의 범람은 한국 사람에게 여러모로 올바른 심미안이나 가치 기준이나 언어 감각을 와해하는 점에서 문화적인 공해가 되고 해독이 된다.

한국 화장품 광고의 가장 두드러진 특징은 외국 것, 특히 서양 것을 흉내내는 데에 잘 길들여진 일본의 화장품 광고를 '언니'로 모시는 버릇이다. 눈이 움푹하고 콧날이 날카로운 여자 모델을 내세운 '태평양 화학'의 경우는 앞에서 이미 말했거니와 '한국 화장품 공업'의 남성 화장품 광고도 그런 버릇의 두드러진 본보기를 보여 준다. 곧 찰스 브론슨이라는 서양 광대를 '심벌 캐릭터'라는 흔히 부르는 상징 인물로 내세워서 광고를 하는 것이 그것이다.

화장품 회사들의 이런 버릇은 사실 하루 이틀 사이에 이루어진 것이 아니다. 화장품을 담은 그릇이며 포장에서부터 이 '흉내 버릇'은 너무나 잘 발휘되어 있다. 태평양 화학의 많은 화장품 그릇들이, 또 한국 화장품 공업의 그릇들과 그 포장이 일본 시세이도 화장품의 그릇들을 거의 그대로 베낀 사실도, 일본의 단초 것을 흉내내었다는 사실도 이제는 비밀이 아니다.

화장품의 그릇이나 포장을 빌려 오는 것은 바로 어떤 특정한 상품의 이미지를 빌려 오는 것과 같다. 그러므로 그릇이나 포장을 빌리는 데서 그칠 수가 없고 저절로 그 회사가 쓰는 모든 이미지 전달 수법을 고스란히 빌려 오게 된다. 한국 화장품 공업이 찰스 브론슨을 내세우는 것도, 그리고 가을철 광고의 한쪽 구석에 가을 '추' 자를 운치 있게 갈겨 쓴 것도 모두 단초로부터 빌려 온 것들이고, 한국 화장품 공업의 광고 노래와 광고 영화와 광고 포스터, 그리고 선전 책자를 만드는 수법까지 거의 다 일본 '형님'들의 소행을 본뜬 것이라고 해도 지나친 말이 아니다. 한국 화장품은 단초의 흉내만을 내는 데에 그치지 않는다. 화장품 그릇들 중 일부는 또 프랑스의 가르댕 화장품 그릇들과 너무나 비슷하다.

프랑스 화장품 회사의 이미지를 빌려 온 예로서는 또 쥬리아를 들 수 있다. 쥬리아 회사에서는 '크리스찬 쥬리아'라는 화장품을 내놓으면서 그릇의 꼴에서부터 화장품의 이름 및 그릇의 글씨 모양에 이르기까지 프랑스의 크리스티안 디오르의 것들을 본뜬 적이 있었다.

그러나 뭐니 뭐니 해도 우리 화장품들의 일본이나 서양 숭배 버릇은 상품 이름들의 서양 소리 흉내에서 가장 두드러지게 드러난다. 태평양 화학의 '아모레'나 피어리스 화장품 회사의 '피어리스'는 이제 그 고전적인 표본이 되어 버렸지만, 보건 사회부에서 서양식 이름을 짓지 말라는 지시가 나온 다음에 생긴 이름들도 '꽃샘' 같은 드물게 성공한 토박이 이름을 빼놓고는 거의 다 서양 소리를 닮았다.

새로 보았다는 뜻을 가진 한국말이라고 우겨서 통과된 한국 화장품 공업의 '새로본'도 외래어의 인상을 주려고 발버둥치는 느낌을 준다.

'라미 화장품'의 화장품 이름, '라피네'는 '라미가(꽃이 피듯이) 피네'라는 뜻의 한국말이라고 우겨서 통과된 것이라고 한다. '라미'나 '라피네'가 굳이 한국말이라고 봐줄 수 있다손 치더라도, 'ㄹ'이 단어의 첫소리가 되지 않는 한국말의 두음 법칙에 어긋나는 억지 표현일뿐더러, 텔레비전이나 라디오에 나오는 '라피네'의 소리짓—사운드 로고—을 들어 보면 구역질이 나올 만큼 혀놀림이 방정맞다. '라피네'가 한국말이라면 그냥 '라-피-네'라고 소리를 낼 일이지, 그것이 무슨 프랑스나 영국의 말이라도 되는 듯이 '롸-퓌-네이'라고 소리를 내야 할 게 뭐람!

서양 모방의 버릇은 '이본느 화장품'에도 도사리고 있다. 화장품 그릇과 포장에서 미국의 맥스 팩터 회사의 제품을 거의 그대로 흉내낸 '이본느 화장품'은 멀쩡한 한국 여자를 사진 박아 내놓으면서 천연덕스럽게 "미스 이본느예요"라고 하고 있다.

한국의 거의 모든 화장품 회사들의 서양 숭배 버릇은, 그들이 제품들의 이름을 광고에서는 한글로 적고 제품 용기에는 거의 빠짐없이 로마 글자로—게다가 '라피네'와 같은 경우에는 그것이 진짜 프랑스 말이라는 듯이 맨 끝 글자 '에'의 위에 옆으로 작대기까지 그어 놓고—표기하는 것이 충분히 설명해 주고도 남는다.

이제 한국의 화장품 사용인들은, 생산 업자들이 그들을 아무리 깔보더라도, 한국에서 생산되는 화장품들이 국산품인 줄을 알 만큼은 귀가 뚫렸다. 심지어 광고주들까지도 그들이 돈을 쓰고 내는 광고의 한구석에 "부정 외래품 몰아내어 명랑 사회 이룩하자"라고 외침으로써 자기가 만든 것들이 국산품임을 어차피 시인하고 있지 않느냐? (하기야 그것은 나라의 분부 때문에 울며 겨자 먹기로 하는 말인지도 모른다.) 일본 사람들이 무슨 광고를 하고 무슨 그릇을 써서 이미지를 심는 데에 성공했으면, 바로 그것의 흉내가 한국에서의 성공도 보장한다는 미신에 많은 회사들이 홀려 있는 성싶다. 때때로 부분적인 기술 협력이라는 구실로 그 모방을 정당화하려고도 하지만, 그런 구실이 한국의 상품 광고에 한국의 창의력을 동원하지 못한 것에 대한 충분한 설명이 되지는 못한다.

이제부터라도 한국의 화장품 생산 업자들은 이토록 서툰 일본 시늉이나 서양 흉내를 그만두고 한국 소비자의 입맛에 맞는 한국 광고를 끊임없이 창조해 내는 데에 힘을 기울여야 할 것이다. 화장품 광고주들의 소갈머리 없는 버릇들이 그들 스스로의 사업에만 해로운 영향력을 미친다면 몰라도, 그것이 모든 민중의 문화 의식에 공해를 주고 있기도 함을 생각할 때에 그들의 심각한 각성을 촉구할 수밖에 없다. 그들이 흉내와 시늉에 들이는 돈과 노력을 당장이라도 우리 문화에 밀착한 창조와 창의 쪽으로 그 방향을 바꾸어야 사업의 성공이 더 다져지고, 그들이 소리쳐서 외치는 사회에의 공헌도 소리에 그치지 않고 실천으로 옮겨지게 될 것이다.

천구백칠십칠년, 뿌리깊은나무

흉내와 창조와 속임수

창조와 흉내는 친척 관계를 갖는다. 창조가 새로운 것을 만들어 내는 것이요, 흉내가 남이 창조한 것을 베끼는 것이기 때문이기도 하려니와, 실지로 우리가 창조라고 부르는 많은 것들이 남이 이룬 창조를 바탕으로 삼아된 것이기 쉽고, 남이 이미 이룬 창조 자체를 그 몸의 일부로 가지고 있기 쉽기 때문이다. 순수하고 독립적인 창조 행위는 무척 드물다. 그러나 현대 사회는 이미 보편화된 크거나 작은 창조에 작거나 큰 창조를 덧붙이는 사람들이 스스로 확보하고자 하는 이득이나 특전을 보호하는 것을 옳은 일로 친다. 그래서 특허와 저작권을 법으로써 보호한다. 그리고 국제 협약에 따라서 이 보호의 영역은 국경을 넘나든다. 그러나 어느 사람의 창조 행위가 어느 나라에서 이루어졌거나, 또 어느 나라에서 특허와 저작권 등록으로 법의 보호를 받고 있거나 말거나를 따질 필요도 없이, 남이 한 일이나 남이 지은 이름을 남의 허락이 없이 자기가 한 일이나 자기가 지은 이름인 양 내세우는 것은 도둑질이요, 속임수요, 민중을 얕잡아 보는 태도의 결실이다.

첫째로, 그것이 도둑질인 것은 그것을 창안한 사람의 허락 없이 가져다 썼기 때문이다. 둘째로, 그것이 속임수인 것은 그 출처를 아는 사람들로 하여금 그것을 흉내내어 사용하는 사람들이 그것을 창안해서 사용한 사람들과 관계가 있다고, 따라서 그것을 창안해서 사용한 사람들이 다짐한 품질 같은 것이 흉내내서 사용하는 사람들의 일에 반영되어 있다고 잘못 생각하도록 홀리기 때문이다. 셋째로, 그것이 민중을 얕잡아 보는 태도의 결실인 것은 그 '훔친 것'을 자기 것인 듯이 내세우고도 '눈이 먼' 민중에게 들키지 않으리라는 자신을 갖기 때문이요, 또 들킨다고 하더라도 무력한 민중이 그들의 도둑질을 용납하는 수밖에 달리 도리가 없으리라고 확신하기 때문이다.

근래에 어느 믿음직스런 출판사에서 정성을 다하여《세계문학사상백선전집》을 출판했다. 이 '두드러기'를 쓰는 사람도 그 가운데에서 여러 권을 책방에서 샀다. 그런데 이 전집의 이름이 문제다. 우리말로 '세계문학사상백선전집'이 이름인 듯한데, 신문 광고에서, 또 책방 서가에서 이 책들을 '그레이트 북스'라고 내세웠으니 말이다. 그런데 미국 시카고 대학교의 석학 로버트 허친스 박사와 모티머 애들러 박사가 백여 명의 박사들을 동원하여 십여 년에 걸쳐서 편집한 서구 세계의 고전 전집이《그레이트 북스》이다. 이《그레이트 북스》하고 그 한국 출판사의《그레이트 북스》사이에는 하늘과 땅 차이가 있다. 이 한국《그레이트 북스》광고 문안에 미국《그레이트 북스》하고 맺은 협정이나 협력에 대해서 아무런 말이 없는 것으로 미루어 보아 아마도 깊은 뜻이 없이 가져다 붙인 이름이었겠다. 설사 그것이 우연의 일치라고 하자. 그렇더라도 우리 나라의 고전 전집이 영어로 '그레이트 북스'여야 할까? 또 그것이 영어로 '그레이트 북스'여도 괜찮다고 치더라도, 그토록 큰 회사에서 그토록 큰 두뇌들을 동원하여 만든 책 이름이 서양의 모방이 아니도록 확인하는 작업이 있었어야 하지 않을까? 신문 전면을 독차지하여 나온 한국 《그레이트 북스》의 비싼 광고에 사진을 곁들여서 나온 한국 원로 학자의 추천사가 부끄럽다.

또 근래에 우리는 신문 광고에서 《웹스터 한영 사전》의 광고를 보았다. 그런데 그 사전 이름이 문제다. 서양에서 오랜 전통을 자랑하는 사전 출판 회사 메리엄 웹스터 회사의 '마크'까지 표지에 곁들여서 나온 이 한영 사전의 광고 문안에 웹스터 회사와 맺은 유대 관계, 또는 이름 사용 허가에 대한 한마디 설명도 없는 것으로 보아, 막상 웹스터 사전 회사의 사전하고는 아무런 관계도 없는 출판물임이 틀림이 없을 듯하다.

이제는 품질을 내세우기 위해서 서양을 팔 필요는 없어졌다. 또 굳이 그렇다 하더라도 '훔치지' 않고 협약을 맺어 정당하게 파는 길이 트였다. 또 사회에서 끊임없이 남에게 배워서 실천해야 하는 것이 현대인의 운명이라면, 또 이처럼 배워서 실천하는 것이 때때로 흉내내는 것을 포함할 수밖에 없다면 흉내는 되도록 창조로워야 하고, 무엇보다도 속임수가 되어서는 안 된다.

천구백칠십육년, 뿌리깊은나무

서기 노릇

며칠 전에 미국에 있는 한 거물급 인사로부터 국제 전보가 하나 왔다. "선생님의 사무실 주소는 종로구 관철동 십번지입니까, 종로구 관철동 십번지입니까?" 한국말로 번역을 하니 같은 주소이지만, 위의 두 주소는 영어로는 달리 적히었다. 우리 회사에서 사무실 이전 통지를 할 때에 봉투 인쇄한 부분에서 주소를 로마자로 표기한 것과 내용물에 적힌 주소의 로마자 표기가 다른 것이 빚어낸 혼란이다.

나는 이 주소 이전 통지를 지시하였을 적에 이와 같은 혼란을 예견하였다. 위의 인사로부터 이와 같은 전문이 오게 하고, 그리고 전문으로 답을 올려야 할 비싼 일들을 필요로 하는 사람들이 늘 나로 하여금 가지고 있도록 촉구하는 예견이다. 외국이나 외국인에게 보내는 통지서, 그리고 국내에서 인쇄할 모든 인쇄물에 나타날 새 주소 및 건물 이름의 로마자 표기는 건물주가 표시하는 대로, 즉 건물의 놋쇠 간판에 나타난 것을 그대로 베끼어서 하라고 하였다. 그리고 외국에 나가는 통지도 우표 값만 더 들 터이니 봉투에 담아 내보내지 말고 엽서에 인쇄하여 보내라고 하였다. 불행히도 내가 보낸 것으로 되어 있는 이 통지의 내용 가운데에 본디, "내 방의 전화 번호는……" 하였던 것이 "내 전화 번호는……"으로 둔갑하여서, 이 통지를 받은 또 한 사람의 외국 수신인으로부터, "그 전화 번호는 선생님 사무실의 번호요, 선생님 댁의 번호요?"라고 묻는 확인 전보를 받게 했다.

편지나 글은 의사 소통의 수단이다. 마음대로 적어 보내는 것으로 사명이 그치지 않는다. 받는 사람이 정확히 이해하여야 한다. 뜻의 모호성이 미리 의도되었다면 몰라도, 받는 사람으로 하여금 정확히 이해하도록 하기 위해서는 자기가 적은 글이 받는 사람의 해석으로 두 가지 이상의 뜻을 갖도록 하는 표현을 삼가야 한다.

우리 나라에서 박은 인쇄물들과 간판들에서 보는 영어의 그릇 적힘을 보고 영어를 아는 사람들은 무척 한탄한다. 그러나 우리 나라에서 우리말로 출판된 서적들의 대부분이, 만일 학교에서 배운 문법의 원칙들이 다 적용되어야 한다면, 그릇 적힘의 투성이라고 하면, 왜 우리는 이를 용납하여야 하나? 문법이나 철자법의 무질서는 다들 그러하다시피, 용납해 주자고 하자. 우리의 눈이 맞는 거의 모든 글의 구문이나 문맥에 논리가 없다. 이 현상을 비논리적인 사고방식을 가진 국민의 속성이라고만 방관해야 할까? 비록 우리가 전통과 인습에서 비논리적인 사고방식을 배워 왔다고 하더라도, 우리의 일상 생활에서 빼놓을 수 없는 의사 표현의 노력에서는 이것을 추방하도록 노력해야 할 것이다.

우리 사무실이 있는 건물의 엘리베이터에 붙은, "출근 시간에 한하여 운행 변경 안내"를 보라. 출근 시간에 한하여 운행하던 것을 변경함을 안내함이냐, 출근 시간에 한하여 운행을 변경함을 안내함이냐, 운행의 변경을 출근 시간에 한하여서만 안내함이냐?

이와 같은 뜻의 모호성이나 비논리성은 법조문에서도, 가장 뜻이 정확해야 할 계약서에서도 우리는 얼마든지 볼 수 있다. 실로 우리 나라에서 우리 나라 말로 적힌 많은 계약서를 냉혈적으로 해석한다면, 아무런 뜻도 구속력도 없어야 마땅할 것들이 너무나 많다.

의사 소통의 과정에서, 특히 글에서 표현의 정확성과 논리성을 추구하는 일을 사소하고 시시한 일로 생각하는 사회에서의 삶이 우리가 겪는 불행의 일부분이다. 뻔히 글로 계약서까지 적어 놓고도, 사람이 특정 약속을 했는지 안 했는지를 법정에까지 가서 따져야 한다. 계약 당사자들은 서로 모호한 계약에 서명하고도 상대방이 자기에게 유리한 방향으로 해석해 주기를 기대한다.

나는 우리 나라의 관광 진흥을 위하여 나를 빼놓고 위대한 사람들이 모여 회칙을 만드는 일에 참여한 일이 있다. 거기에서 나는 이 정확성과 논리성을 따지다가, 나중에 서기가 해도 될 사소하고 시시한 일에 신경을 쓰는 사람으로 낙인이 찍혔다. 이 일이 맨 아래 서기나 해야 할 일이라면, 우리 나라에는 위대한 지도자가 너무나 많고, 서기가 너무나 적다. 나는 나와 함께 서기 노릇을 하고픈 사람을 만날 때마다 기쁨을 느낀다.

천구백칠십일년, 엉겅퀴

사일구와 사점일구

요즈음엔 숫자의 개념이 글자의 개념을 뺨치고 있다. 전산기가 셈해 낸 온갖 숫자들이 우리의 삶을 규제하고 있다. 숫자는 글자와는 달리 그 인상이 차디차다. 이 차디찬 개념의 신세를 지지 않고서는 사람들은 자기가 받을 돈이 얼마인지를 셈하지 못하게 되고, 그 돈을 세는 자기 손가락 수가 몇인지를 설명하지 못하게 된다.

우리가 이 숫자의 개념을 빌려 그 정체를 표시하기로 약속한 것에 해와 달과 날이 있다. 무슨 해, 무슨 달, 무슨 날에 태어난 사람은 숫자를 기억하지 못하고서는 자기의 생일을 설명하지 못한다. 사람이 태어나서 사람 노릇을 하려면 이처럼 숫자로 된 수많은 날짜를 기억하고 있어야 한다. 그리 두드러지지 않는 사람들의 조그마한 생활 속에도 혼인한 날짜, 정혼한 날짜, 가족이나 친척이나 친지의 생일, 여러 조상의 제삿날과 명절의 날짜 들이 빽빽하게 들어차 있다. 이런 날짜들만이라도 제대로 외워 두고 그때그때에 해야 할 일을 수행하는 것만도 보통 사람에겐 상당히 무거운 수학 숙제다.

그런데 일제 시대부터 무슨 큰 정치 이변이 일어나면, 그 사건이 일어난 날짜에다 다른 단어 한둘을 덧붙인 것을 그 사건의 이름으로 삼는 습관이 생겼다. 삼일 운동은 그것이 사흘 동안에 걸쳐서 일어난 운동이 아니라, 삼월 일일에 일어났다고 해서 생긴 이름이다. 또 이 나라가 일본의 쇠사슬에서 풀려난 해방은 팔월 십오일에 일어난 일이어서 팔일오 해방이라고 불린다. 사일구라는 말은 이제 천구백육십년 사월 십구일에 벌어진 학생 운동을 일컫게 됐고, 오일륙은 천구백육십일년 오월 십육일에 일어난 군사 혁명을 일컫는 말이 됐다. 어쩌다가 시월 유신의 이름에는 프랑스나 러시아의 몇몇 혁명들의 이름에 그것들이 일어난 '달'만이 업혔듯이, 날은 빠지고 달만 들어갔다. 그것뿐이랴! 지난 서른두 해 동안에 일어난 여러 정치 사태들을 일컫는 이름들을 살펴보자.

일사 후퇴, 일이일 사태, 이사 파동, 이팔 독립 선언, 삼일 운동, 삼일오 부정 선거, 사일구 혁명, 오일륙 군사 혁명, 오이륙 정치 파동, 육삼 사태, 육십 만세 사건, 육이오 동란, 칠사 공동 성명, 팔삼 사태, 팔일오 광복, 팔일오 저격 사건 및 구이팔 수복과 같은 것들이 있다.

이토록 많은 '날짜 작명'은 이 나라의 정치 세력들과 신문의 합작으로 이루어진다. 앞으로 무슨 사건이나 파동이 터질 때마다 새 날짜들이 사건의 이름에 등장할 것이고, 그러다가 보면 한 날짜 위에 두세 사건이 겹치는 수도 있겠고, 드디어는 일 년 삼백육십오 일이 다 사건 이름에 동원되어 십이월 십이일에 일어난 일은 '십이일이 사태'로 십이월 오일에 일어난 사건은 '십이오 사건'으로 불리게 될지도 모른다.

그런데 대다수 신문들이 이 날짜 이름들을 표기하는 방법이 꼴불견이다. 이를테면 사일구는 '4·19'로 표시한다. 이 표기에 나타난 가운뎃점은 수학에도 없고 우리말 문법에도 없는 점이다. 그 점이 아래로 처져 내려오거나 했으면 훌륭한 수학 부호나 된다. 그리고 《조선일보》에서 하는 대로 옆으로

긋는 작대기로 바뀌면 문법 기호인 '슬래시'가 된다. 그러나 그 점이 그대로 있거나 '슬래시'로 바뀌면 '4·19'로 표기된 '사일구'는 사일구라고 읽을 수가 없고 '사(가운뎃점 또는 슬래시) 십구'라고 읽히는 것이 논리적이다. 그리고 그 점이 아래로 처져 내려오면 '사일구'는 수학 개념인 '사점일구'로 탈바꿈한다. 사건들의 작명에 날짜가 동원되는 것이 용서받은 일이라고 치더라도 그것을 우리 나라 신문들처럼 숫자로, 또 게다가 국적이 일본인 그 '가운뎃점'을 찍어서 표기하는 것은 큰 모순이다.

날짜로, 곧 숫자로 지어진 사건의 이름은 앞으로 점점 더 수가 늘어날 터이니 머잖아 곧 정치 하는 사람과 신문 하는 사람 사이에서나 이해되는 암호로 둔갑할 가망이 크다. 따라서 이 사건의 이름은 그것들을 가장 뚜렷하게 특징짓는 개념의 단어가 동원되어 지어지는 것이 바람직하다. 그렇잖아도 차가운 숫자들로 가득한 머리에 하고 많은 사건들마저도 숫자로 바꾸어 표기를 강요받는 것은 조금도 유쾌한 일이 못 된다.

천구백칠십칠년, 뿌리깊은나무

두 겹, 세 겹의 표준

어린아이들이 글을 배운 다음에 맨 처음으로 해 보고 싶어하는 일 중 하나는 먼 곳에 사는 사람에게 편지를 보내어 답을 받아 보는 일이다. 우편이라는 신비로운 조직을 통하여 자기의 뜻을 먼 곳에 보내고 거기에서 답을 받아 보는 일을 지극히 대견스러워 한다. 또 학교에서 글을 배운 어린아이는 그가 더 어렸을 적에 동전 한 닢을 들고 구멍가게에 가서 사탕 하나를 사 들고 집에 돌아올 수 있음에서 큰 성취감을 느꼈듯이, 제 발로 우체국에 가서 시골의 삼촌에게 전보를 하나 치고 돌아올 수 있음도 큰 자랑거리가 될 수 있다.

때때로 소포와 같은 짐을 날라다 주는 짐꾼 노릇과 우편 저금을 받는 은행 노릇도 하지만, 체신부의 주요 업무는 말과 글을 날라다 주는 장사이다. 그리고 그런 장사를 하는 곳일수록, 또 특히 그곳이 통치 기구의 한 부서이면, 국민의 정신 질서와 사고방식을 주름잡는 말과 글에 대해서 다른 기구보다—이를테면 담배 장사를 하는 전매청 같은 곳보다—더 남다른 정성을 쏟을 만하다.

학교에서 글을 배운 어느 아이는 글을 띄어서 쓰는 것을 배웠다. 그리고 생전에 처음으로 우체국에 가서 시골 삼촌에게 전보를 치려고 유리 칸막이 안의 직원에게 전보 '용지'를 달라고 해서, 전보 내용을 학교에서 배운 대로 띄어서 써서 내밀었다. 그 직원은 아이에게 그 내용을 띄어서 쓰지 말고 붙여서 쓰라고 일러 주었다. 띄어서 쓴 글이라도 특별한 부탁이 없으면 수신인에게는 '붙여져서' 배달되며, 띄어 쓴 글자의 전보를 치려면 단어와 단어 사이에 점을 찍어야 되고 그러려면 돈이 더 든다고 친절하게 설명했다. 이 아이는 갑자기 학교에서 배운 것이 허사임을 알아차렸다.

글자 하나하나를 따로따로 읽고 앞뒤로 맞추어 봐서 뜻을 짐작하던 낡은 습속을 없애고, 사람들로 하여금 단어의 단위로 말을 익히게 하려고 우리나라의 교육 기관들은 서른한 해 동안 땀을 흘렸다. 그런데 바로 이 서른한 해 동안에 체신부의 전보 제도는 그것이 아무 소용도 없는 일이라고 열심히 부정해 왔다. 아직도 단어 단위의 말이 아닌 음절 단위의 말로 전보를 접수하는 일본의 제도에 어긋나면 큰 탈이 날 것 같아 그래 왔을까?

일본 얘기가 나왔으니 말이지만, 바로 이 체신부에서 요구하는 규격 봉투의 요구 사항이 일본 것의 판을 박았다. 우선, 크기 같은 것은 덮어 두자. 글자의 기계화가 외쳐지는 이때에, 그 규격 봉투에 주소를 타자기로 찍을 것을 짐작해 보자. 봉투를 가로 눕혀 놓고 수신인의 주소를 찍은 다음엔 그걸 다시 번거롭게 빼서 세로로 세워 놓고 우편 번호의 공간—이것도 타자 글자의 크기는 내팽개쳐 놓고 정한 넓이이다—을 채워야 한다. 일상 생활에 쓸 타자기가 없는 일본—그런 점으로는 상당히 원시적인 나라—에서 쓰는 봉투의 크기와 꼬락서니를 그대로 시늉하여 제도화한 탓이렷다!

타자기로 찍은 국내 전보를 받아 보면 어리둥절해진다. 자모 하나하나가 음절로 모여지지 않고 옆으로 나란히 풀려서 찍혔다. 이것은 풀어 보아야 하는—아니, 엮어 보아야 하는—암호문 같다. 또 어느 컴퓨터로 찍었다는 전화 요금 통지서의 글자꼴이나 얽음새가 다르고, 다른 컴퓨터로 찍었다는 전화 요금 독촉장의 그것들이 다르다. 그런데 글자는 의미 연상의 매개체이다. 그런 만큼 어느 뜻을 연상시키는 글자의 꼴이나 그것이 차지하는 평면은 한가지인 것이 이상적이다. 이런 생각이 어찌 체신부에 없었을까 —다만 그것을 머리에서 꺼내다가 쓰지 않았을 따름이었겠다!

체신부는 정부의 문화 사업체이다. 그 돈벌이 자체가 민중의 문화 형성에 힘을 미친다. 그 힘은 아이가 학교에서 배운 것을 부정하는 것이어서도 안되고, 민중에게 두 겹, 세 겹의 표준을 받아들이도록 강요하는 것이어서도 안 되겠다. 체신부라고 해서 남의 나라에서 훌륭한 것들을 배워 오지 말라는 법은 없다. 그러나 골라서 배워 와야 하겠다. 이를테면 십팔 세기에 독일의 체신부 장관이었던 슈테판이 토박이 민중의 언어를 받드는 문화 의식을 가지고 외래어투성이였던 체신 용어들을 토박이말로 바꾸었던 용기와 같은 것을 배워야 하겠다.

천구백칠십칠년, 뿌리깊은나무

똥 묻은 개와 겨 묻은 개

눈에는 눈곱이 끼고, 손톱에는 시커먼 때가 낀 의사가 몸이 깨끗해야 건강에 좋다는 말을 해 봤댔자 설득력이 있을 수 없다. '케이비에스'나 '티비시'나 '엠비시'라는 이름들이 제 이름인 것으로 내세우는 한국의 방송국들이 아무리 길고 잦은 시간을 국어 순화 운동에 바치더라도, 그것은 똥 묻은 개가 겨 묻은 개를 나무람에 그치기 쉽다.

해방이 되자 조선 총독부의 지배 아래에 있던 우리 나라의 방송 시설이 미국 군정청의 감독을 받게 되었고, 머릿글자들이 '케이'와 '비'와 '에스'로 된 '한국 방송 조직'이라는 뜻의 영어 이름이 등장하였다. 이처럼 미군들이 지어 준 이름이 이제는 의젓한 국립 방송국이 된 한국 방송 공사의 라디오와 텔레비전 방송의 약식 이름인 것으로 여러 십 년 동안이나 내세워져 왔다.

한국에 번지는 버릇의 정당성을 우기기 위해서 흔히 일본의 경우를 내세우기를 좋아하는 이들이 있다. 곧 초등학교에서 한자를 가르쳐야 할 이유를 초등학생이 자라서 신문도 못 읽음에 두면서도 신문더러 한자를 사용하지 말라고 하면 될 것을 모르고, 굳이 일본의 초등학교에서 한자를 가르치니 우리 나라에서도 그렇게 해야겠다고 우기는 경성 제국 대학 출신의 모범적인 식민지 교육 학도로서, 그 가치관이—때때로 일본을 미워하는 애국심에서마저도—꽤 일본에 동화된 오늘의 많은 어른들과 같은 이들이 그 축에 든다. 이런 어른들은 일본에서도 국립 방송이 '엔에이치케이'라는 영어 약자 이름을 쓰는데, 그까짓 이름 하나를 가지고 무슨 수선이냐고들 하신다. 그러니 일본식을 들고 나와야 이해가 빠른 이들에게 말해야겠다. 적어도 '엔에이치케이'는 일본 표현인 '니혼 효쇼'를 번역하지 않고 그대로 영문으로 표기한 것의 약자이기나 하다는 것을.

본디 방송국엔 제 이름 말고도 국제 호출 부호라는 것이 있도록 되어 있다. '에이치엘케이에이'와 같은 것들이 그것이다. 이것은 국제 협약에 따라서 로마자로 표시하도록 되어 있다. 우리의 귀에 익은 미국의 '엔비시'나 '시비에스'의 방송국들도 이 호출 부호가 저마다 따로 있고, '엔비시'나 '시비에스'라는 이름들은 제 나라 말로 된 제 이름의 머릿글자들을 따서 만든 제 나라 말 약칭이다. 이것을 보고 서양 시늉하기를 좋아하기로 세계에 이름을 떨친 일본 방송국이, 굳이 약칭이 필요하거든 제 나라 글자로 할 것을 잊고 '스타일'을 한번 내보려고, 비록 제 나라 말로 된 이름의 소리를 로마자로 음역한 것의 머릿글자로나마 '엔에이치케이'라 했다.

우리 나라 방송국들도 아마도 제 이름을 간단하게 부를 약칭이 필요한 것만은 사실이겠다. 그러나 '엠비시'나 '티비시'나 '케이비에스'의 소리들은 국문으로 옮겨 적었을 때에, '문화방송'이나 '동양방송'이나 '중앙방송'의 글자 수보다 기껏 한 글자가 적거나 마찬가지거나 할 따름이며, 또 글자 수가 한 자가 더 많다고 하더라도, 한국말 속에서 '삽살개'라는 말과 '미꾸라지'라는 말의 소리가 차지하는 시간이 실제로 같아지기 쉽고, 또 굳이 서양 이름으로 말하더라도 '케이비에스'의 소리가 차지하는 시간과 '엠비시'의 소리가 차지하는 시간이 같듯이, 그처럼 덧붙는 한 음절이 조금도 시간의 낭비를 뜻하지 않는다. 방송국들이 이 이치마저도 못 알아듣는다 하자. 그러면 이 방송국들은 왜 제 이름의 약자를 '문방(국)'이나 '동방(국)'이나 '중방(국)'이라고 하지 않았을까? 그 이름들이 로마자로 적히었을 때에 머리에 떠오르는 기호 영상의 간결성 때문이었을까? 왜 그러면 'ㅁㅂ'이나 'ㄷㅂ'이나 'ㅈㅂ'을 사용하지 않았을까?

방송국들이 펼쳐야 할 국어 순화 운동의 대상은 국민이기에 앞서서 자기들 스스로이어야 한다. 그리고 이들 방송국들이 국어 순화 운동을 위해 해야 할 일은 부끄러운 영어 이름을 갈아치우는 일뿐만이 아니라, 그토록 엄청나다고 알려진 수입의 조그마한 한 부분이라도 쪼개어서 텔레비전 화면의 자막에 나오기 쉬운 무식한 국어와 방송 요원들의 방송 언어를 다듬는 연구와 교육에 쏟아야 할 일들을 포함한다. 방송이 수만 명의 대중에게 국어를 순화하자고 외치는 것보다도 그렇게 외치는 소리가 순화된 국어로 외쳐지는 것이 국어 순화에 더 중요하다.

천구백칠십육년, 뿌리깊은나무

호텔과 여관

손님에게 잠자리를 주고 밥을 먹여 주는 시설로 호텔과 여관과 여인숙과 하숙옥이 있다. '숙박업법'이라는 법에 그렇게 등급이 매겨져 있다. 고급 숙박 시설은 호텔이라는 서양말로 부르고, 싸구려 숙박 시설은 제 나라 말로 부르는 것은 일본 사람들의 자아 열등감에서 나왔던 나쁜 버릇이다. 이 사대주의적인 일본식 발상이 이 나라 관리들의 손으로 고스란히 법에 옮겨졌다.

또 위의 호텔과는 달리 '관광사업법'의 규정에 따라 이미 등급이 매겨진 관광 호텔이라는 것이 따로 있다. 외국 관광객이 드나든다는 이유로 짓거나 운영하는 데에 이런저런 제약을 많이 받기도 하지만, 바로 그 구실로 이런저런 혜택을 많이 받기도 하는 큰 '고급' 호텔들이다. 그러나 이들은 내국인도 손님으로 받아들인다. 아니, 내국인이 발을 끊으면 당장 망할 팔자다.

또 몇몇 도시에서는 주로 '무슨 장'이라고 이름을 달고 나온 보통 호텔이나 여관이 이른바 관광 호텔보다는 크기는 더 작을지언정 시설과 서비스는 더 낫다. 관광이라는 말의 사용이 무슨 명예나 된다는 듯이 '관광사업법'이 그 말을 보통 업체의 이름에는 붙이지 못하도록 못 박은 것이 부끄럽게 됐다.

오히려 이런 '관광' 호텔의 이름은 참 엉뚱한 이유로 정직한 이름이 되어 버렸다.

우리 나라가 관광 사업의 본보기로 삼는다는 서양에서는 관광 호텔이라는 말이 고급 호텔이라는 뜻보다 오히려 어중이떠중이들이 모여드는 덩치만 큰 싸구려 호텔이라는 뜻이 되기 때문이다. 좋은 인상을 심기 위해서 지은 이름이 오히려 나쁜 인상을 심기에나 알맞게 됐다.

이 나라에 있는 모든 호텔은 그 돈들이 어디에서 왔는지를 가릴 것 없이 그 기둥이 이 나라에 박혔다는 이유 하나만으로라도 그 이름을 '무슨 호텔'이 아닌 한국말로 바꾸어야 한다. 그리고 그 이름을 외국말로 부를 때에만 '무슨 호텔'이라고 하여야 한다. 또 그 현관이나 건물 꼭대기에 대문짝만 하게 붙인 서양 글자 이름도 국문으로 바꾸임 직하다. 그래도 꼭 서양 글자로 한마디 해야 하겠거든 그 아래에 조그맣게 적어 붙여라.

천구백칠십팔년, 국제신보

서재필의 '목소리'

지난달 삼일절에 방송국 사람들이 틀어 준 서재필 씨의 목소리를 들으셨습니까? 저는 잡담하는 옆사람들에게 면박을 주면서 귀를 기울이고 거의 종교적인 체험에 가까운 감응을 받으며 들었습니다. 그이가 그 《독립신문》을 낸 선각자가 아니었더라도, 또 그 목소리의 사연이 그리 간절한 것이 아니었다손 치더라도 저는 틀림없이 그러했을 터입니다. 일찌감치, 특히 지난 세기에 이 나라에 태어나 말을 배웠으나 얄궂은 역사의 장난으로 딴 나라에 발이 묶였던 이의 화석화된 옛날 말, 옛 말씨, 옛 말소리에는 그전부터 마음이 사로잡히곤 했습니다. 그때에 적은 이야기책이 있건만 그건 '입의 말'이 아니요, 비슷한 때에 태어나 시방까지 살아온 노인들의 말이 들리건만 그 이들의 말은 시대의 흐름과 함께 바뀌어 와서 별로 신기하지 않기 때문입니다.

그리하여 저는 케이비에스 화면에서 가끔 나오는 중국 길림성 동포들의 일제 시대 말을, 그 독재 행적은 싫어도 이승만 씨의 목소리를—이를테면 그 양반이 일정 시대에 '미국의 소리' 방송으로 이천만 동포에게 고하던 소리나 천구백사십팔년에 읽던 대통령 취임사의 목소리를—라디오 같은 데서 나오면 경청합니다. 거기에는 그럴 만한 사연이 있습니다.

말은 어차피 변천한다고 합니다. 그러나 이십 세기 들머리부터 시방까지 해 온 남한말의 변천은 좀 더 유별납니다. 우선 한국말을 아예 없애려 했던 일본 사람들의 입내를 쐬지 않았습니까? 더구나 해방 뒤로 이제까지, 특히 식자일수록 어휘뿐만이 아니라 그 구문까지도 크게 일본화된 병신말을 한국말로 오해하고 있으면서도 한국말은 다 안다고들 생각하여 주로 영어 공부만을 해 온 바람에, 영어 발음, 영어 말투, 영어 어휘, 영어 구문까지가 한국말에 떼지어 기어들어 오지 않았습니까? 더러 보탬이 되는 수도 있었지만, 흔히 좋은 것 하나 잡아먹고 들어선 나쁜 것이기가 쉬웠습니다. 그리하여 방송 듣지 않고 신문 읽지 않은 시골 무식쟁이 노인들의 입에서 나오는 말이 더 빼어난 한국말이라는 소리까지가 나왔습니다.

서로 비슷하게 십구 세기 해거름에 이 나라에서 태어나서 미국에 가 백발이 되도록 살았으면서도, 이승만 씨는 이 나라에 돌아와 티 없다고 할 만큼 '화석화된' 왕조 시대의 말을 했으나, 서재필 씨의 왕조 시대 한국말에는 미국 티가 적어도 하나는 섞여 있었으니, '조선을' 하고 '멸망' 하면서 ㄹ을 받침 소리를 미국식에 동화해 내었습니다. 이 씨는 미국 사회의 밑바닥에 깊이 끼어들지 않고 주로 한국 사람을 만나 독립 운동을, 서 씨는 의사로서 미국 환자들과 피부를 맞대면서 밥벌이를 했기 때문인지도 모릅니다.

굳이 서재필 씨가 아니더라도, 저는 쉬운 말로 해서 '혀 꼬부라진' 소리를 들을 때마다, 사람은 성공과 밥벌이의 야망 때문에도 말소리가 바꾸인다는 생각을 더러 합니다. 이를테면 화면에서 늘 호감을 주었으나 이제는 안 보여 섭섭한 케이비에스 앵커맨 최동호 씨가 내는 ㄹ을 받침 소리도 더러 그 서재필 씨 소리를 닮았는데, 저는 그런 소리를 듣노라면 한 손에는 줄친 콘

사이스, 또 한 손에는 타임 잡지를 들고 영어를 정복하고야 말겠다고 마음먹고 공부하는 학생의 모습이 머리에 떠오릅니다. 그런 학생 말고도 무엇보다 성공을 위하여 외국어 공부를 부지런히 하다가 마침내 스스로도 모르는 새에 어머니 젖 빨면서 배운 모국어 소리에 생채기를 내기까지 하는 이가 이제 이 나라에 수두룩한 듯합니다. 혀 꼬부라진 소리는 그런 이들의 입에서만 나오는 것만은 아닌 듯합니다. 더러는 역부러 그런 소리를 내는 낌새마저 있습니다. 우선 노래하는 이들의 소리를 들어 봅시다. 많은 가수들이 '사랑' 소리를 패티김이 시킨 대로 '싸랑'으로, 김상희의 입에 맞추어 '샤랑'으로 내는가 하면, 윤복희의 구령에 따라 '나는' 소리를 '나눈'으로, '어머니' 소리를 '어머늬'로 냅니다. 어찌 '은혜를 주셔서' 소리를 '은혜를 주셔셔'로 내는 순복음교회 목사 조용기 씨까지 그 축에 들 턱이 있겠습니까마는, 아무튼 그 사람들은 거개가 우리말 소리를 일부러라도 미국 사람 혀놀림 닮게 내야 그럴싸하게 들린다고 판단했을 터입니다. 그런 미국 입김이—또는 일본 입김이—말소리에만 미친 것은 아닌 듯합니다. 어휘나 문법이나 사고방식도 일본물, 미국물이 들고 있으니, 소설가들은 느닷없는 억지 대명사 '그녀'를 쓸데없이 만들어 쓰고 있으며, 학자들의 입에서는 '그럴 만큼'의 몸을 받은 '그럴 이만큼'이 나오고, 대도시의 젊은이들은 밥 안 먹었을 때에 '안 먹었니?' 하면 더러는 '예' 하지 않고 미국식으로 생각하는 사람이 되어 거개가 '아뇨' 합니다. 누가 뭐래도 탈은 좀 나 있습니다.

감히 말하거니와, 혀끝과 붓끝이 그리 놀도록 허용하는 것은 국어에 대한 반역입니다. 아무리 자주 들리더라도, 또 아무리 유명한 이의 입이나 글에서 나왔더라도, 코 흘리면서 익힌 말의 조직에 우선 어긋나면 의심합시다. 영어 공부로 말하더라도 이렇습니다. 영어 말고 그 할애비, 일본어 말고 그

할미를 배우는 공부라도 국어를 지키면서 또 국어 공부를 더 속 깊게 하면서 할 수 있습니다. 그래야만 미국 유학을 하고 돌아와서도, 이를테면 "우리 마을은 들머리가 길이 넓이가 좁다"는 영어와 다른 표현을 두고 주어가 여럿이어서 비논리적이라는 성급한 판단을 내리기 전에, 세계 문화가 세로로 서 있어야 할 '하나'가 아니라 가로로 펼쳐져서 서로 화합해야 할 '여럿'임을, 곧 이 나라도 그 본부가 되고, 이 나라 사람도 그 주인이 되고, 이 나라의 글이나 말도 재산이 되는 것임을 알아차릴 수 있을 줄로 압니다.

천구백팔십육년, 샘이깊은물

말 못하는 가수

세월에 따라, 세대에 따라 즐기는 노래도 달라집니다. 그러니 요새 젊은 이들이 즐기고 부르고 하는 노래가 예전 것들과 달라졌다고 해서 꼭 그르다고는 할 수 없겠습니다. 이마적에 성급히 '전통 가요'라고 해서 지난 시대의 얌전한 노래인 양 분류를 하는 많은 유행가에는, 처음으로 나왔던 일이십 년 전에만 해도 전위 음악이기나 하다는 듯이 눈살을 찌푸리며 거부들을 하던 것들이 있습니다.

그러니 새 세대가 즐기는 소리가 듣기가 좀 거북하더라도 어지간하면 참아 주는 것이 미덕일 줄로 압니다. 그렇지만 한 시대에 새 변화가 어떤 곡절로 어떤 모습을 하고 일어나고 있는지는 꿰뚫어 보아야 할 줄로 압니다.

요새 젊은 가수들의 노래가 같은 시대의 서양 가수들을 바짝 뒤좇아 가면서 흉내내어 부르는 노래임은 크게 보아 '전통 가요'와 다를 바 없을 듯합니다. 저쪽 사람들이 고양이가 되면 이쪽에서도 고양이 시늉하고, 저쪽 사람들이 호랑이가 되면 이쪽에서도 그 시늉하며, 저쪽이 토끼 걸음, 거북이 걸음 걸으면, 이쪽에서 그 흉내내 왔다는 것밖에 달리 할 말이 많지 않습니다.

다만 이마적에 저쪽 시늉을 하며 이쪽 가수들이 흔히 부르는 노래는 좀 유별납니다. 떼쓰는 소리, 대드는 소리 같기도 하고, 깨지는 소리, 찢어지는 소리 같기도 합니다. 더러는 흘레 낸 암수 짐승이 서로 몸 섞으며 내는 소리 같기도 합니다. 나태하게 들리기도 하고 잔인하게 들리기도 합니다. 피학대성 성격의 사람이 사슬에 꽁꽁 묶여 벗어나고파 꿈틀거리면서도 제 몸에 난 핏자국을 보며 쾌감을 느끼며 내는 소리 같기도 합니다.

체제를 부정하고 반문화적이고 파괴적인 '몸짓'을 하는 듯하지만 실은 서구 '문화 제국주의'의 충실한 추종자일지도 모른다는 점에서는 운동권 학생들의 타도 대상이 될지도 모르는 젊은이들이 요새 노래를 한다면서 흔히 그런 소리를 내는 것입니다. 어쩌면 일이십 년 전의 노래 자랑 대회에 나갔다면 단박에 하단해야 할 찢어진 목소리, 쉰 목소리, 혀 짧은 목소리, 코 먹은 소리, 마이크의 요술이 없으면 얼굴도 못 내밀 소리를 낼 수 있어야 요새 가수로 흔히 성공하는지도 모르겠습니다.

그러나 좋아서 그리 부르고 그것 듣기를 즐긴다니, 무슨 권리로 그걸 나무랍니까? 오히려 요새 젊은 세대의 노래가 절 더 성가시게 하는 점은 그 가사와 그 발음에 있으니 그 사연이나 사뢰겠습니다. 그러나 흔히 말도 안 되는 가사는 부르는 이가 아닌 딴 사람이 지었기 쉬우니, 여기서는 그 발음 얘기만 하겠습니다.

많은 젊은 가수들은 어떻게 하면 자기가 부르는 노래의 가사를 서양 사람처럼 발음할 수 있을까 하고 연구에 골똘한 듯합니다. '니' 소리를 들어 봅시다. 남한말을 하는 이들이 내는 이 소리는—'무늬' 할 때의 '늬', 곧 영어의 '엔, 아이' 소리와는 달리 구개음화한 소리입니다. 그럼에도 불구하고 구창모는 '아닌', '가만히', '가니', '뿐이네'를 '아늰', '가마늬', '가늬', '뿌늬네'로, 나미는 '그 님'을 '그 뉨'으로, 윤수일은 '영원히'를 '영워늬'로 흔히 소리 내는 듯합니다. 그런가 하면 '으' 소리를 내지 못하는 서양 사람들을 시늉하여, 이를테면 김범룡은 '슬픔'을 '술품'으로, 이재성은 '슬픔'과 '가슴'을 '슬품'과 '가숨'으로, 이문세는 '사랑하는'을 '사랑하눈'으로, 윤수일은 '늦지 않았어'를 '눚지 않았어'로 소리 내는 수가 있는 듯합니다. 서양 사람 흉내는 시옷 소리에도 있습니다. 조용필과 이선희는 더러 사랑을 '싸랑'으로 소리내는 듯하고, 구창모의 노래에서도 '미쏘'가 된 '미소'를 듣고, 나미의 노래에도 '우리 싸이'가 된 '우리 사이'가 있습니다. 이은하의 시옷 소리 서구화는 '사랑'을 '샤랑'으로, '모습'을 '모시읍'으로 가끔 발음하는 듯하다는 점에서 양상이 좀 다릅니다. 그런 서구화 말고 딴 수가 없나 해서 찾아낸 것인지는 몰라도, 이재민의 입에서는 '쓸쓸한'이 '씨을씨을한'이 되었고, 이재성의 입에서는 '있어'가 '이서'가 되는 수도 있습니다. 그런가 하면 서구화가 꼭 미국화에만 그치는 것도 아니니, 이를테면 구창모가 '모르는'을 스페인, 독일, 이탈리아 가수처럼 '모르르르는' 하고 소리 내던 기억도 납니다.

젊은 가수들의 국어 배반이 꼭 서구화와 이어지는 것은 아닙니다. 김완선이나 이은하는 고향이 꼭 충청도인 것은 아닐 터임에도 불구하고, '보여유', '무서워유' 하거나, '했나유', '않아유' 합니다. 또 제 음반이 낡아서 그랬는지는 몰라도 김범룡의 '잊어버려야 할'과 '빠져 버렸네'와 '파란 꿈'은 꼭 '잊어버뎌야 할', '빠져 버뎠네', '파단 꿈' 같이 들립니다. 들국화의 '나의 과거는'은 '날 과거는'으로 들리고, 이선희의 '외로움' 소리는 '왜로움'인지, '웨로움'인지가 알쏭달쏭합니다. 이용의 '감나무'가 적어도 입에서는 '가암나무'가 되어야 옳음은 말할 나위도 없고요. 그러나 김범룡의 그 유명한 '아, 아' 소리—저로 치자면 똥 누는 소리—는 훈민정음 시절에는 국어에 있었다고 보는 이도 있으니 눈감아 줄까요?

여기에서 트집 잡힌 목소리들은 오히려 제가 좋아하는 소리에 듭니다. 적어도 그것이 무슨 소리인지 알아듣기나 했으니까요. 오늘날 명성을 드날리는 젊은 가수들의 소리로는 숫제 무슨 말인지 못 알아들을 대목이 숱합니다.

훌륭한 가수는 노래로 소리를 할뿐더러 말도 해야 합니다. 그 말이 한반도에서는 국어입니다.

천구백팔십칠년, 샘이깊은물

개성과 규율

갓난아이와 어른과의 의사 소통은 표정과 손짓과 몸짓과 말이 아닌 소리로만 이루어진다. 그러다가 이 아이가 자라는 과정에서 말을 배움과 함께, 또 그 배우는 정도와 거의 정비례하여 어른은 그에게서 인격을 발견하기 시작한다. 우리가 누구를 어린아이로 여겨 '탓하지' 않는 것은 그의 인격이 모자라다고 생각하기 때문이다. 따라서 아이의 언어 습득 과정은 점점 더 커가는 인격을 그와 의사 소통을 하는 사람들에게서 인정받는 과정이기도 하다. 이 아이가 초등학교에 들어갈 나이에 다다르면 모국어의 숨은 얼개, 곧 문법에 거의 통달하게 되고, 이에 맞서서 그 인격의 틀도 거의 완성된다고 한다.

어린아이가 배우는 말과 말씨는 그에게 가장 자주 말을 거는 사람, 곧 어머니, 할머니, 유모, 식모가 그에게 사용하는 말과 말씨이다. 이를테면 어머니가 그에게 반말을 하면, 그가 어머니에게 하는 말도 저절로 반말이 된다. 이와 마찬가지로 아이가 자라는 과정에서 자주 마주치는 사람들의 행실도 곧 어린이의 인격 형성에 투영된다.

한국말이 한 갈래라는 알타이말은 경어법이 있는 것이 특징이다. 곧 알타이말이 모국어인 사람들은 윗사람에게 높임말을 쓰고 아랫사람에게 낮춤말을 쓴다. 그런데 대체로 한국 사람들은 아이가 철이 들기 시작하여 사리를 분별할 능력이 생길 적에 높임말을 가르치기 시작한다. 스스로 아이들에게 높임말로 말함으로써 가르침을 실천하는 부모가 전혀 없는 것은 아니지만, 또 유치원이나 초등학교 같은 데서 선생이 여러 아이들에게 이야기할 때에 존댓말을 사용하기도 하지마는, 흔히 어른들이 아이들에게 하는 높임말의 가르침은 반말로 실천이 되며, 비록 어른들은 그에게 반말을 하더라도 그가 어른에게 하는 말은 존댓말이어야 한다는 것이다. 과연 이것이 요즈음에 받들어지는 평등주의 원칙이나 인간의 본성에 어긋난 것이어서 언젠가 없어져야 할 습관일까? 어머니가 아들에게 "진지 잡수세요" 하고, 군대의 상관이 사병들을 모아 놓고 "앞으로 가십시오" 하거나, 젊은이가 노인에게 "너, 이리 와" 하고, 사병이 장교에게 "네가 시킨 대로 총질하고 돌아왔다" 하고 보고할 날이 올지 안 올지는 하늘만이 아는 비밀이다.

아무튼 우리 나라 상황에서 아이들에게 가르쳐 온 존댓말은, 사회 생활에서는 사람이 하고 싶은 일만이 아니라 해야 할 일도 있다는 사실을 일깨워 주는 상징이 되고 있는 것만은 틀림없다. 아이는 어머니의 젖가슴과 할머니의 등허리를 떠나 밥숟가락과 손장난과 걸음걸이에 익숙해짐과 함께 울음이 모든 소원을 다 들어주는 도구가 아님을 알아차리게 되고, 이녁의 욕구와 '남'의 욕구 사이에 조화와 형평이 있어야 함을 깨닫게 되고, 달라고만 하면 저절로 배달되기 일쑤이던 것들이 마침내 옳고 그름을 가리는 체에 걸러져야 손에 들어온다는 것을 배우게 된다. 이 나라 아이들이 배우기 시작하는 존댓말은 이를테면 이런 사리 판단의 상징이 된다. 이런 점에서 존댓말은 '내가' 상대방의 품에 감싸여 있는 어린 몸이 아니라 그의 보살핌에서 벗어난 개체라는 독립 선언의 상징이 된다. 우리가 어렸을 적에 어른들의 분부로 어머니, 할머니에게 존댓말을 사용하기 시작했을 때에 가졌던 허전하고 섭섭한 느낌을 상기해 보면 이것은 꽤 분명해진다.

그런데 근래에 이변이 하나 일어났다. 어머니가 꼬부랑 할머니가 되기까지 아들딸이 그에게 낮춤말을 사용하는 풍습이 있는 지역이 전통 사회에서도 전혀 없었던 것은 아니지만, 이제는 대학에 다니는 큰애기가 아버지에게, 장가간 아들이 어머니에게 흔히 반말을 하는 것이 도시 생활의 풍조가 되어서, 학교에 갔다가 집에 돌아오는 아들이 가방을 내팽개치면서 하는 인사가 "아빠, 오늘 일찍 퇴근했어?"와 같이 되는 것이 꽤 자연스럽게 들리는 세상이 되었다. 과연 우리는 이것을 부모와 자식 사이의 수직 관계가 파괴되어 평등주의가 반영된 것으로 보고 환영해야 할까? 그러면 왜 오늘의 부모와 자식은 서로 평등하게 존대를 하지 못하는 것일까? 그런 것이 평등주의를 반영한 것이라면, 그것이야말로 참 버릇없는 평등주의이다. 아이들이 자라나는 과정에서, 미혼모가 내다 버린 고아들처럼 반말로 응석을 부릴 상대마저 잃는 것도 바람직하지 않은 일이려니와 오늘의 사회 분위기가 새 세계를, 인간으로서 지켜야 할 예의와 규율을 도외시하는, 전통 사회가 말하는 버릇없는 후레자식으로 기르고 있다면, 그것은 심각하게 반성해 볼 만한 것이 아닐까.

아동 교육의 중요한 과제로 개성의 존중이라는 것을 친다. 서른 몇 해 전에 이 나라에서 민주주의라는 꽤 낯선 관념이 자유의 이념과 함께 소개된 뒤로 교육에서 저절로 강조되어 온 것이 바로 이 개성의 존중이었다. 학자들이 정의하는 바는 추상적이었고, 교사들이 해석하는 바는 피상적이었으며, 부모들이 실천하는 바는 맹목적이었다. 일본 식민주의 시대의 고생과 육이오 전쟁 통에 겪은 가난에 한이 맺힌 수많은 부모들에게 이 개성의 존중이라는 관념은 아이들이 하고 싶어하는 대로 내버려두는 것으로 오해되었으니, 먹이지 말아야 할 것도 먹고 싶어하면 먹게 하고, 입히지 말아야 할 것도 입고 싶어하면 입게 하고, 존대를 하기 싫어하면 반말하게 내버려두었다. 어찌 생각하면 절 받던 전통 사회의 성장 과정에서 배운 사회 생활의 예의와 규범을 무시하고 아이를 기르는 것이 아이의 개성을 존중하는 것이라고 오해한 세대가 오늘의 부모들일지도 모른다. 그러나 인간의 생활에는 특수성보다 보편성이 더 깊다고 봐야 한다. 오늘 아이를 잘 기르는 방법이라고 해서 어제 아이를 잘 기르던 방법의 정반대일 턱이 없고, 아이의 개성을 존중한다는 서양의 가정 교육이라고 해서 동양의 예절과 규율이 거꾸로 된 것일 턱이 없다. 오늘의 부모가 자라는 과정에서 배운 예의와 규율은 오늘의 아이들에게도 타당성이 있다고 봐야 하며, 그런 예의와 규율은 비록 하찮은 차이는 있더라도 아이의 개성이 존중된다는 서양의 아동 교육에도 적용된다고 봐야 한다. 아이의 가정 교육에 적용되는 엄격한 규율이 그 아이의 개성을 해친다면, 오늘날 아이의 개성이 가장 존중되지 않는 사회는 오히려 서구 사회라고 봐야 한다. 서구 사회의 가정 교육은 우리 나라의 가정 교육보다 훨씬 더 엄하고, 서양에서 자라는 아이들이 훨씬 더 버릇이 있기 때문이다. 여기에 한마디 덧붙일 말은 서양 사회의 엄한 가정 교육은 부모가 아이들에게서 기대하는 바를 스스로 실천하는 원칙에서 출발한다는 것이다. 말로만 윽박질러 시키는 교육이 아니라 부모가 손수 시범하여 가르치는 교육이 어찌 서양만의 것일 수 있을까? 우리의 전통 교육에서도 아이들이 도둑질하지 말기를 가르치는 부모는 스스로 도둑질을 하지 않았다. 따라서 오늘의 버릇없는 아이들은 알고 보면 똑같이 버릇없는 부모들 시늉을 하고 있을 따름일지도 모른다.

개성의 존중은 버르장머리 없는 아이들 천지인 이 세상을 정당화하지 못한다. 오히려 어찌 보면 부모들이 아이들의 개성을 존중하지 못하기 때문에 아이들이 버르장머리 없게 되고 있는지도 모른다. 도덕도 염치도 없어 제 아이가 무턱대고 점수 경쟁에서 이기기만을 기대하여 돈질하고 과외하고 극성 부리는 부모들이 아이들에게 베푸는 것이 과연 개성의 존중일까?

반말과 다툼

시장에선 소리를 크게 지르는 사람이 흥정에서 이긴다는 말을 듣고 픽 웃은 일이 있다. 한국인들은 남과 싸울 적에 주먹으로 때리지 않고 삿대질을 하며 소리만 고래고래 지르느냐고 어느 이방인이 묻더라. 폭력이 오가는 짐승스런 짓을 싸움이라고 뜻 매기면, 한국인은 아무리 분통이 터져도 고작 소리로 다툼질이나 하는 착하디착한 백성일지도 모른다. 주먹을 턱 앞 한 치에까지만 휘두르면서 큰 소리로 모욕하여 성나게 만들어 상대방으로 하여금 이녁을 먼저 때리게 함이 싸움에서 이기는 것으로 쳐주는 나라도 있다던데, 그곳이 이탈리아라던가?

한국인이 흔히 싸우지 않고 그저 다툴 뿐이라면, 많은 경우에 작은 다툼을 큰 다툼으로 키우는 요소에 '반말'이 있다.

처음에는 그리 높지 않은 소리로 실랑이할 뿐이다가도, 한쪽에서 반말이 나오면 "이놈, 너 날 언제 봤다고 반말이냐?" 하고 소리 지르며 대드는 일이 따르게 되고, 이때부터는 이 다툼이 본래의 화제를 잃고 말씨의 윤리성에 관한 것으로 탈바꿈한다.

듣는 이가 갖는 이녁하고의 높낮이에 따라서 우리는 우리가 말하는 사연을 '합쇼'나 '하오'나 '하게'나 '해라'로 표현하는데, 반말은 누구에게 '하게' 해야 할지, 또는 '해라' 해야 할지를 따지지 않고 '해' 하는 말이다. 반말은 신문 기사 표제어 꼴을 닮았는데, 용언의 씨끝이 없어져서 '간다'가 '가'로, '꺼져라'가 '꺼져'로 된 말이다.

반말이 '온말'보다 더 짧을 바에야 이 긴박한 환경에서 그것이 언어의 경제성 때문에 번지는 것으로 마땅히 받아들여야 한달지도 모른다. 그러나 반말은 본디 흐리멍텅한 말이요, 모자란 말이요, 말할 상대를 '합쇼' 하거나 '하오' 하거나 '해라' 할 사람으로 가리는 한국인의 의식 구조를 깨뜨리는 말이다. 곧 반말은 '자네'와 '너'를 혼동시킨다.

싸움이나 다툼은 덜 잦을수록 좋고, 싸움이 있어야 하면 피는 덜 봄이 좋고, 다툼이 있어야 하면 소리가 낮을수록 좋지만, 꼭 싸워야 직성이 풀릴 경우에는 여느 때에 반말이나 '해라' 하지 않던 상대와의 다툼에선 예의 바른 존댓말을 쓰자. "만일 다른 놈이 선생님처럼 세를 삼 년이나 물지 않고 이 집에 머물러 있어 왔다면, 저는 아마도 그놈을 도둑놈이라고 부를 수도 있겠습니다"에서와 같이 우리말로는 예의 바른 모독도 가능하거늘, 화난다고 해서 반말을 쓰다가 트집을 잡혀 본래의 화제는 팽개치고 말씨 다툼으로 핏대를 올릴 필요야 없겠다. 다투어야 하겠거든 조용히 존댓말로 다투자. 이것이 서양의 싸움보다, 그리고 흔히 들리는 시끄러운 반말지거리 다툼보다 더 나으리라.

천구백칠십사년, 전남일보

더러운 정치

정치는 더럽다. 더러 깨끗할 수도 있지만, 거기에 덤벼들거나 끼어드는 이들의 소행을 보면 흔히 더럽다.

총칼로 사람이 죽고 사람을 죽이고 하기조차 하는 것이 정치다. 한번 권좌에 오르면, 거기에 이른 좀 켕기는 과정이 언론의 강요된 침묵으로 정당화되는 수도 있는 것이 정치다. 어느 나라의 국가 원수도 비록 행적이 좀 켕겨 보이더라도 옳은 소리만을 목청을 가다듬고 골라 하는 것으로 보면 꽤 깨끗해 뵈는 것도 정치다. 그러나 권좌에 오른 이가 그런 옳은 소리 하는 동안에 뒷구녁(뒷구멍)으로 그 동생이 해먹고 그 장인이 해먹었다는 소리, 그의 이름 넣어 지은 재단에 돈 긁어모아 스스로 살 요량으로 아방궁 지었다는 소리를 들으면 다시 더러워 뵈는 것이 정치다.

더러운 정치의 주인공은 꼭 그런 거물이어야 하는 것도 아니다. 누가 하더라도 더러워지기 쉬운 것이 정치다. 아무리 잘났더라도, 생각해 보면 생각해 볼수록, 또 생각이 깊으면 깊을수록, 제 자신이 못났음을 확인해야 할 인간이 남 앞에 나가 '내가 더 잘났다', '내가 더 잘한다'는 지각 없는 말, 부정직한 말, 때 묻은 말을 해야 하는 것이 정치이니, 어느 수준의 것이거나 그 출발 자체부터가 더러운 것이랄 수 있는 것이 정치가 아닐까?

사월의 대한민국은 그런 더러운 정치, 게다가 특별히 더러운 정치의 달이었다. 전국에서 국회의원 선거와 그 운동이 벌어졌고 그 선거와 운동이 특별히 더러웠기 때문이다. 거의 다들 법을 어기고 돈을 특별히 많이 썼다고 하고, 유례없는 돈 경쟁으로나마 당선되는 사람이 많아야 더 큰 이득을 본다고 생각하는 세력이 이를 실제로 방관하다시피 했다니 특별히 더러웠다.

더러운 것은 돈 때문만이 아니었다. 그전 같으면 증명 사진에서처럼 근엄하거나 씩씩한 표정을 짓기가 고작이었던 입후보자들이, 이번에는 포스터 사진에서조차 더러는 웃는 듯 마는 듯한 표정으로 근엄할뿐더러 인자하기도 하다는 듯이 둔갑을 하는가 하면, 천하를 호령한다는 듯이 팔을 펼쳐 들고 있기도 하고, 화가 났다는 듯이 이를 악물고 짐승 표정을 하고 있는가 하면, 상대방 없이 악수하는 시늉, 누구하고 전화하고 있다고 믿게 하고 싶어 하는지는 몰라도 수화기 들고 전화하는 시늉을 하고 있었던 것은 비로소 이 민주화 시대라는 때에 새로 등장하는 풍물이어서 오로지 생소함 때문에 부정직하게, '더럽게' 보일 따름이었다고 치자. 그러나 입후보자들이 하는 말들, 자주 신문과 방송에 소개되기도 하고 유세장에서 들리기도 했던 그들의 말들을 듣고는 이 제육공화국 안의 정치가 더럽다 못해 구리기까지 하다는 것을 우리는 확인했다. 흔히 그들이 폭로한 썩은 '정칫속' 때문에도 더러웠다. 흔히 그들이 내세우는 주장과 약속들도 부정직하거나 위선적이고 허풍떨거나 과장하는 것이어서 그들이 썼다는 돈만큼이나 더러웠다.

입후보자들은 말을 입뿐이 아니라 글로도 한다. 그처럼 글로 하는 '말'의 매체로 현수막과 포스터가 있다. 현수막과 포스터는 비록 거개가 법을 버젓이 어기고 내다 걸고 붙이고 한 것이라고는 하나 그 기록성이 지우는 책임의 짐 때문에 그 말이 입의 말보다는 대체로 좀 더 얌전해질 수밖에 없다. 그러나 입후보자들이 마음먹고 얌전히 하는 말도 여느 사람이 거칠고 모질게, 그리고 더러는 나쁜 심보로 하는 말에 해당할 수 있어 흔히 유별나다. 그런가 하면 그 정직성, 진실성과는 관계없이 오히려 무척 재미있을 수 있다. 상업 광고의 문안, 연극 배우의 대사처럼 말이다. 그러니 서울에서 눈에 띈 그 '얌전한' 말들, 아니 그 일부만이라도 음미해 보자.

작년에 미국의 민주당 대통령 후보감으로 높이 떠올랐던 바이든 상원의원은 그의 여러 연설이 여러 나라 선배 정치인들의 연설을 베껴 한 것이었음이 들통나 물러서야 했다. 사월 선거의 입후보자들이 서울에서 즐겨, 그러나 바이든 의원과는 좀 다르게, 베껴 먹었달 수도 있는 것으로는 천구백팔십년에 군사 정권이 목 졸라 죽인 월간지 《뿌리깊은나무》의 이름이었다. 장본인들에게야 그 잡지의 이름과는 상관없이 독창력으로 그 뜻이 좋아 내건 '상표'가 되었을 뿐이었을 수도 있겠지만, 많은 사람들의 눈에 그 출처가 그 잡지로 비쳤음은 말할 나위도 없다. 우선 남도 아닌 그 잡지의 목을 조른 군사 정부의 핵심 인물 틈에 끼었던 종로구의 이종찬(민정당) 씨가 넉살 좋게 스스로를 일컬어 "종로의 뿌리 깊은 나무"라고 했다. 기발한 생각이라는 반응을 보이는 이가 있는가 하면, 몰래 숨겨 두었다가 이때에 써먹으려고 팔 년 전에 책방에서 그 이름 사라지게 했는가고 투덜대는 사람도 많았다. 그것이 기발한 응용인지 '도둑질'인지는 바라보는 사람에게 달렸겠거니와, 적어도 도덕적으로 꺼림칙해 뵈는 행실이었다면, 원망의 화살은 민주당 쪽으로도 날아간다. 곧 송원용 씨는 "동대문 구민이 길러낸 뿌리 깊은 나무"가 되었고, 정순주 씨는 "구로의 뿌리 깊은 나무"로 자처했다. 그 이름이 그토록 사람 끄는 매력이 있었나, 까마귀 날자 배 떨어졌나, 마음이 착해 차마

통째로 못 쓰고 그 한 부분을, 또는 그것을 살짝 바꾸어 만든 말을 사용한 것으로도 보이는 경우라고 해서 없으란 법 있나? 박훈(공화당) 씨는 "중랑구의 뿌리 있는 일꾼"이 되었고, 이상수(평민당) 씨는 "면목을 대변할 푸른 소나무"였다. 이근봉(한겨레당) 씨는 "새 나무에 물을 주자! 서대문의 곧은 뿌리" 했고, "뿌리 깊은 동작구의 양심"도 있었으니 서청원(민주당) 씨였다. "강남의 아들, 가능성을 소유한 꿈나무"도 있었으니 강봉수(국민당) 씨였고, 성북구의 김정례(민정당) 씨는 "뿌리 깊은 '바른 옹고집'"이었고, 아예 방향을 확 바꾸어 종로구의 정인봉(공화당) 씨는 "썩은 나무를 뿌리 뽑겠습니다" 했다.

지난번 대통령 선거 때에 백기완 입후보자가 내세운 구호로 "가자 백기완과 함께, 민중의 시대로!"가 있었다. 그이가 나타났다 하면 학생 몇 만 명이 모여 영어 회화 공부깨나 했것다. "가자…… 씨이대로우!"라고 꽤 서양화된 소리로 외치던 것이 벌써 잊혔을 턱이 없다. 아니나다를까, 이번 선거에 백기완식 말씨의 후계자들이 쏟아져 나왔다. 중구에서 김중태(민주당) 씨는 "가자 김중태와 함께, 정의의 햇살이 찬연한 자유의 지평으로" 했고, 정대철(평민당) 씨는 "열자! 새 시대를! 정대철과 함께" 했다. 용산구의 김재영(민주당) 씨와 성동구의 이세기(민정당) 씨는 제각기 그냥 짧게 "가자, 밀어주자", "함께 갑시다" 했으니 모방하지 않은 것으로 쳐주자. 그러나 막상 도봉구에서 "민중 후보 백기완 선생의 뜻을 이어 유대운이가 나갑니다"던 그 민중의 당 후보도 가만히 있는 판에, 왜 하필이면 중랑구의 민정당 후보 천명기 씨가 "가자! 민주화 시대로 천명기와 함께!" 하여 백기완 씨의 수제자가 되었을까?

전두환 장군이 선배 군인 박정희 장군의 뒤를 이어 이 나라를 한번 통치

해 볼 요량으로 '새 지도자상' 어쩌고 하는 현수막을 서울의 길거리에 바삐 내다 걸던 팔십년대 초를 기억할 것이다. 그때에 그 '과감한' 군인들이 목소리 좋은 학자들을 텔레비전에 내보내 외치게 하던 소리가 곧 '새 시대'였다. 오늘날까지도 그들의 젖줄을 이어받고 있다 할 민정당이 내보낸 후보들, 이를테면 성동구의 신영균 씨, 서대문구의 강성모 씨, 관악구의 김우연 씨, 또 비록 당이야 다르지만 유신 잔당인지 유신 본당인지는 제쳐 두고 말하더라도 군인 조상 모시기로는 민정당과 마찬가지인 공화당의 강동구 후보 김익중 씨 같은 이들이 내세운 선거 구호에 '새 시대'가 들어 있었던 것은 별로 놀라운 일이 아니라고 하겠다. 그러나 그 사람들에게 대들어 싸운다는 사람들, 이를테면 중구의 김중태(민주당) 씨, 동대문구의 전명환(우리정의당) 씨, 동대문구의 고달준(무소속) 씨, 도봉구의 임정규(민주당) 씨, 양천구의 고순복(사민당) 씨, 구로구의 전수복(한국국민당) 씨, 관악구의 한광옥(평민당) 씨까지 그쪽 사람들 말대로라면, "그 지긋지긋하던 총칼 정치"를 했던 체제의 상징 언어를 구호 속에 집어넣어, 적어도 언어 구사로 말하자면, "다 된 밥에 코 빠뜨렸다" 하는 핀잔을 듣기도 했다.

그런가 하면, 민중의 당 중구 후보 이세춘 씨가 "이제는 민중이 나서야 할 때입니다" 하던 소리는 괜찮게 들려도, '민중' 소리만 크게 해도 잡아가곤 했다 할 공화당의, 아니 그 맥을 이어받은 '신'공화당의 동대문구 후보 김태웅 씨가 "이제 민중이 나서야 할 때입니다" 했던 것은 별로 설득력 있지 않게 들렸다. 그뿐일까? 공화당 얘기가 나온 김에, "새 용산 건설! 도약하는 새 용산 건설" 어쩌고 하던 서정화(민정당) 씨의 구호가 마치 유신 시대의 구청, 도청 이마에 붙었던 근대화 구호를 떠올려 오늘의 통치 세력이 전두환 체제의 다리를 거쳐 박정희 체제와 정신적으로 연결되었다고 소신껏 강조하는 성실었음도 말해 둔다.

유세장에는 흔히 "여당 속의 야당" 어쩌고 하는 소리 더 크게 하는 여당 사람들도 있었다고 하지만, 기록으로 남는 현수막과 포스터에서는 "야당과는 절대로 싸우지 않고 여당 내에서 싸울 뚝심 있는 사람"이라던 양천구의 박범진 씨 말고는 별로 안 보였다. 그러나 자기가 뽑혀야 여당이 바로잡힌다는 인상을 풍기는 말이 여당 후보자의 구호에 더러 있었다. 성북구의 "옹고집 김정례, 뿌리 깊은 '바른 옹고집'"도 그런 옹고집으로 여당 사람이나마 여당과 정부에 바른 소리 하겠다는 느낌을 유권자에게 주고 싶었을 터이다. 마포구의 여당 사람 박주천 씨는 자신이 "민주화의 원동력"이라 했다. 왜 민주화를 위해 가장 모진 역경을 겪고 투쟁해 온 야당 사람의 대열에 끼이지 않았을까고 묻는 사람도 없지 않을 것이다. 그런가 하면 양천구의 그 "뚝심 있는" 여당 사람 박범진 씨는 "여당의 개혁파"라고도 했다. "봐라! 여당이 글러 먹어서 여당 사람도 여당이 개혁되어야 함을 인정한다" 하고 받아넘기는 야당 사람은 없었을까? 구로구의 여당 사람 김기배 씨도 "민주와 함께", 은평구의 여당 후보 오유방 씨는 "진실한 민주화"라는 방을 각각 붙였다. "번지수가 틀렸어. 그러려면 여기 가입해" 하는 야당 사람도 있을 것이다. 그런가 하면 송파구의 여당 사람 조순환 씨는 "바른 말 바른 정치"를 표방했다. 여당 쪽에서 누가 캐고 따지면, "바른 말 야당 쪽에 대고 한다" 해 버리면 그만이겠지만, 그 반대의 인상을 심으려고 그런 구호 내세웠기가 쉽겠다. 그렇게 보면, 그런 표현을 하는 여당 사람들은 여당 쪽에 몸을 담은 것이 켕긴다는 말일까?

포스터의 말이 아예 유권자가 하는 말인 것으로 되어 있는 수도 있었다. 성동구의 공화당 후보 윤백현을 향하여 그 '지지자' 일동은 "백현아, 너만이 참된 일꾼이다" 했다. 그리고 "무소속 입후보 고달준 '선생'"이라고 되어 있기야 했지만, 설마 그것이 그 동대문구 입후보자가 스스로 붙인 칭호라고 실례되게 우겨대서야 될까? 그런가 하면 중랑구의 민주당 후보 박찬 씨에게는 짐작건대 유권자들이 "큰 정치인 박찬, 당신만을 믿습니다" 했다.

마침내 예수교의 말씨도 이번 선거 싸움에 동원되었다. 이를테면 동대문구의 평민당 후보 고광진 씨는 "들어가서 우리가 '소금'의 역할을 해 보자" 했다. 그리고 마포구의 평민당 후보 노승환 씨가 "마포구의 소금" 했다. 그런 깊은 뜻도 모르고, 절에 치성 드리러 가는 노인이 "짜다!" 할까 걱정된다. 서대문구에서는 '소금'뿐이 아니라 '빛'까지도 있었다. 평민당의 임춘원 씨가 "서대문의 빛과 소금" 했으니 말이다. 그런가 하면, 한겨레당의 김성식 씨는 "중랑에 나타난 '다윗'은 누구인가" 하고 물었다. 혹시 이녁이 '다윗' 됨을 암시하였다면, 어떤 이웃 나라 여럿을 정복해 병합하고 서울에 도읍하고 나라를 통일하겠느냐는 물음에는 어찌 대답할지가 궁금하다. 또 하기야 이제는 다들 쓰는 소리이지만, "고난의 십자가를" 지겠다는 이도 평민당 사람이었으니, 강서구의 김재현 씨가 그이다. 한국국민당의 구로구 후보 전수복 씨의 "일어나 빛을 발하라", 또 성북구의 평민당 후보 설훈 씨의 "이제 의로운 자가 말하게 하라"라는 말도 '《성경》 말씀' 같이 들렸다.

"어디 갔다 인제 왔냐?" 하며 다들 반겨 주기를 바랐을 것 아닐까? 그랬기에 종로의 한겨레당 제정구 씨가 그의 지지자들이 말하는 형식으로 "나왔다, 제정구" 했겠다. 양천구의 서병찬(우리정의당) 씨도 그래서 "어제 막 도착했습니다. 양천구민은 저를 부르셨습니다" 했겠다. 서대문의 민주당 후보 김상현 씨도 "십칠 년 만에 돌아오다. 역시 인물이 됐다"라고 했다. 그런가 하면, 동작구의 조용국(우리정의당) 씨는 "이제 막 도착했습니다"라는 보고를 했을뿐더러 "문 좀 열어 주세요"라고 청하기까지 했다.

문 좀 열어 달라는 이는 그이 말고도 또 있었다. 이를테면 "문 좀 열어 주세요. 맑은 샘물 떠 왔습니다" 했던 강남(갑)구의 우리정의당 후보 김상철 씨도 거기에 든다(그러나 설마 그 '맑은 샘물'의 영감을 《샘이깊은물》에서 얻기야 했을까). 또 같은 우리정의당 강남(을)구 후보 김용덕 씨도, 관악구 후보 심덕원 씨도 "문 좀 열어 주세요" 했다. 그런가 하면 '문을 열기'를 내세우기로는 마찬가지였으나 해 달라는 명령형 대신에 "우리와 함께 문을 열읍시다('엽시다'의 비문법적인 표현)" 하며 '청유형'을 썼던 이도 있었으니, 평민당의 송파구 후보 남현식 씨였다. 게다가 역시 같은 우리정의당 사람인 은평구 후보 손가명 씨는 "문을 활짝 열어 주세요"라고 했을뿐더러 "나는 바보"라고까지 했다.

자신을 형식적으로 손가명 씨처럼 격하하여 이득을 보려는 듯한 이들은 또 있었다. 성동구의 민정당 후보는 "'뚝배기' 설영주"였다. 어쩌면 "인왕산 왕바위" 오재관 씨, 곧 서대문구의 우리정의당 후보도 그 갈래에 들지도 모른다. 그리고 사회민주당의 성북구 후보 송영기 씨는 "북악산의 호랑이"로, 민정당의 양천구 후보 박범진 씨는 "언론 호랑이"로 자신을 제각기 지칭했으나, 호랑이가 힘센 줄이야 세상이 다 알지만, 적어도 사람이 아닌 짐승이라는 점에서는 그 갈래에 든다. 그런가 하면 양천구의 무소속 후보 서태종 씨는 "생각하는 돼지"였다.

군사 독재자의 압제 아래에서 겪었다는 쓰라린 박해와 고통이 '상품'인 이들은 오히려 더 수두룩했다. "칠십사년 칠월 십삼일 군사 독재 법정에서 사형 선고!!"는 한겨레당의 노원구 후보 유인태 씨, 같은 당 은평구 후보 이현배 씨의 이력이었다. 평민당의 양천구 후보 양성우 씨는 "십일 년 만의 사면 복권"을 내세웠다. 구로(갑)구의 민주당 후보 김정강 씨는 "유일무이한 위장 취업 제일호"였다. 같은 민주당의 구로(을)구 후보 김종배 씨는 "민정당 정권의 사형수, 두 번 사는 인생"임을 내세웠다. 영등포구의 한겨레당 후보 권혁충 씨는 "정치 규제 십이 년의 사슬을 풀고" 출마했댔다. 같은 한겨레당의 관악구 후보는 "오일칠 고문 형장에서 살아온 정혜원" 씨였다. 또 같은 당의 은평구 후보 송창달 씨는 "오랜 세월 감옥 생활, 잃어버린 청춘 인생"을 서러워했다. 이들과는 행적이 좀 다르지만, 유신 체제 아래에서 이룬 저항의 공적이나 지킨 양심이 '상품'인 이들도 있었으니, "유신 체제의 붕괴를 가져온 문서 〈김형욱 회고록〉을 집필한" 평민당의 강남구 후보 김경재 씨 같은 이들이었다.

무슨 방송 프로를 막 시작하는 아나운서처럼 인사성 밝게 사근사근 말하는 구호도 여럿 있었다. 한겨레당 노원구 후보의 "안녕하세요, 유인태입니다", 강동구 민주당 후보의 "안녕하십니까, 저 이상윤입니다"가 그것들이었다.

어쩌다가 그리되었는지 일부러 그리 표현했는지는 모르지만, 말이 안 되는 소리, 뜻이 알쏭달쏭한 소리들도 있었다. 이를테면, "우리라 부를 수 있는 정치인"인 민주당 송파구 후보 김우석 씨도 있었다. 또 도봉구의 기독성민당 후보 진복기 씨의 포스터 내용이 이 글에 제대로 전해졌다면, 그이는 "말만 하는 보통 사람 물리치고 행과 진실한 거룩 사람 국회로" 했다. 그런가 하면 "가짜 견제, 진짜 민주" 했던 민주당 서초구 후보 김형래 씨의 '가짜'와 '진짜'는 문법 기능마저 서로 달라 앰한 유권자들이 고개를 갸우뚱했다. 그뿐만이 아니다. 포스터에 주민등록증을 복사해 놓고 "이것이 변함 없는 제 신분증입니다" 했던 민정당 중구 후보 장기홍 씨도 그 말의 의도를 얼른 유권자들에게 전달하는 일에서만은 실패했다.

정치 소신 전달에 앞서 우선 친밀감을 '상품'으로 팔아야겠다고 판단한 듯한 이들도 없지 않았다. 이를테면 종로구에서 '잽싸게' 먼저 포스터로 내다 붙인 공화당 후보 정인봉 씨가 자화상을 "용기 있는 '젊은 친구'"로 내세운 것을 들 수 있다. 민정당의 중구 후보 장기홍 씨도 사람들이 믿어 주거나 말거나 "우리 동네 내 친구"였다. 공화당의 권태오 씨도 "용기 있는 관악의 젊은 친구"였다. 양천구의 민주당 후보 탁형춘 씨는 "다정한 이웃", 공화당의 동작구 후보 조준호 씨는 "이웃사촌"이라고 주장했고, 공화당의 영등포구 후보 박상웅 씨는 숫제 애인이 되기나 했다는 듯이 "희망의 나라로 당신과 함께" 했다. 민정당 강남구 후보 정희경 씨는 지배 세력의 충성스런 동참자로서 여당 후보로 출마하게 된 것 자체가 큰 보람이라는 듯이 "경사났다 정희경과 함께", "정답다, 정희경" 했다. 그런 모든 말씨들이 유권자들에게 애교 있게 '아부하는' 것들이라고 치면, 그 극치에 이른 것으로, 그러나 야당, 여당 할 것 없이 정당 총재라면 고개를 살살 흔드는 유권자의 심리를 필경 잘못 파악하고 내세운 것으로, 관악구의 무소속 후보 최병순 씨와 송파구의 무소속 후보 안영명 씨의 "구민을 총재로 모시겠습니다"가 있었다.

허우대가 훨씬 더 큰 여당, 야당이 있었건만, 적어도 구호로만 보자면 '정당성'이랄까가 가장 강해 보이는 정당 후보들은 공화당 사람, 한겨레당 사람들인 듯했다. 군사 독재 세력으로서 이십 년 가까이나 단결해서 집권을 했던 정당의 당원들이니, 공화당 후보들이 두루 여러 곳에서 정당 구호인 듯한 "이당 저당 볼 것 없다, 이번에는 공화당" 하던 것은 어쩌면 당연했다. 그러나 급히 조직되었다 할 한겨레당 사람들이 여기저기서 외돌토리로 따로 놀기는커녕 오히려 "썩은 정치 신물 난다, 새 정치로 갈아 보자"던가 "온겨레가 밀어주자, 양심 세력 일어났다. 이러다간 다 망한다, 한겨레로 뭉쳐 보자"던가 하는, 정당 구호인 듯한 말을 사용하던 것이 크게 눈에 띄었다면 띄었다.

그런 말의 진실성과 호소력의 평가와는 관계없이 말하거니와, 참신한 말, 엉뚱한 말도 나와 사람들의 눈길을 끌었다. 우선 공화당의 동작구 후보 윤용구 씨는 "참다 못해 나왔다" 했다. 그런가 하면 "고양이에게 생선 가게 더 이상 맡길 수 없다"던 이는 평민당의 마포구 후보 노승환 씨였다. 그리고 종류야 좀 다르지만, 서울에 나붙은 가장 씩씩한 선거 포스터 구호로 관악구의 무소속 후보 이영희 씨의 "국민 혈세 착취한 전경환을 처단하라", 평민당 동작구 후보의 "김상균을 앞장세워 떼도둑을 때려 잡자!"를 꼽을 수 있다.

국회의원 선거에도 전문가 시대가 왔나 보더라. 그런 전문가 됨이 당선이나 양심 있는 국회의원 노릇에 무슨 도움이 되는지는 모르지만, 공화당의 마포구 후보 장덕환 씨는 "정치는 정치학 박사에게!!!" 했고, 강서구의 무소속 후보 김수태 씨는 "환경 문화의 선구자"로 자처했고, 서초구의 공화당 후보 한병기 씨는 "세련된 외교관", 성동구의 민주당 후보 박종철 씨는 "서해안 시대의 주역, 중국 문제 전문가", 우리정의당의 동작구 후보 편영우 씨는 스스로 "대 중공 외교의 유일한 개척자", 성동구의 평민당 후보 강금식 씨는 "서민을 위한 경제 전문가"라 했다.

여기까지에서 비록 '무작위' 순서로나마 그 선거 구호가 거론되어 해당 후보자들이 불공평한 대접을 받았다고 섭섭히 생각하는 지지자들이 있다면 안심하길 부탁한다. 오히려 여기까지에서 이름이 거론되지 않은 후보자들의 구호는 더 상업화되고 광고화된 것들이어서 케케묵은 공허한 낱말들이 나열되었을 따름이기 일쑤였음을 밝혀 둔다. 이를테면 고작해야 참일꾼, 선봉장, 선봉, 양심, 용기, 정직, 심판, 자존심, 자부심, 완전, 지조, 신사, 선택,

자유, 주도, 판단, 결단력, 선견지명, 애국, 희망, 정의, 승리, 민의, 실천, 실현, 건설, 사랑, 기수, 봉사, 선언, 깨끗한 정치, 성실, 주역, 긍지, 지성, 지성인, 수문장, 발전, 청렴, 보통 사람, 단일화, 통합, 선구자, 쟁취, 행사, 추방, 겸비, 향상, 민심, 열성, 열정 같은 닳고 닳은 '당연한 말씀'들에 살을 붙여 이리저리 꿰어 맞춘 것들이 구호이기 십상이었으니, 정녕코 그 많은 정치인들에게서, 서울의 선거 포스터에서 따온 이백스무 개 안팎의 흔히 공치사용이기 쉬운 단어들을 빼앗아 버릴 수 있기만 하다면 이 나라도 좀 더 조용해질 수 있는 것은 아닐까? 그러나 빼앗을 수 없기도 하고 빼앗아서는 안 되기도 하는 것이니, 빼앗는 것, 빼앗기는 것 줄이자는 것이 민주주의이기 때문이다. 그래서 헤픈 사용으로 뜻이 공허해진 단어들이 혀끝에 찰떡같이 붙은 정치인들이 판치는 나라, 그런 나라에서는 그만큼 정치가 더럽다.

천구백팔십팔년, 샘이깊은물

4

넓은 세상을 응시하는 혜안

배움

사람은 대개 그가 어렸을 적에 자라면서 먹던 음식을 가장 좋아하는 성싶습니다. 저의 경우에도, 맨 처음 서울에 와서 먹은 하숙집의 김치는 너무나 싱거웠고, 요사이도 저의 집에 와서 음식을 잡수신 분들 가운데에는 저의 집 음식이 너무 짜서 물을 켜는 분들도 있습니다. 저나 남이나 모두 왜 그런 음식에 대해 낯섦을 느끼는지를 생각해 보니, 그 까닭은 주로 어릴 때부터 익힌 습관과, 그 습관을 따르려는 잠재 의식 때문인 것 같습니다. 이렇듯이 어릴 때부터 마음속에 담고 있던 생각이나 행동은, 그가 자라나 성인이 되어도 늘 그 사람의 의식 세계를 지배하는 성싶습니다.

배움은 정신의 음식입니다. 어릴 적부터 올바르게 배워야만, 커서 올바르게 배울 수 있습니다. 또 올이 올바르게 가르칠 수 있습니다. 사회 생활도 조국의 현대화도 다 이 배움과 가르침의 되풀이요, 연속입니다.

부모가 무심코 어린이에게 준 칭찬이나 꾸중이 그 어린이의 장래의 사람됨에 큰 영향을 끼침에 대하여 우리가 말하기는 쉬워도, 이를 마음속에 두고 늘 행동하기는 어렵습니다. 부모가 어린이를 위하여 하고 있다고 생각하는 일들 가운데에는, 알고 보면 어린이를 위해서라기보다는 부모 자신들만을 위하여 하고 있는 일들이 많습니다. 일류 학교에 들여놓기 위하여, 그리고 단순히 학교에서 점수를 더 많이 따게 하기 위하여 어린이에게 강요하는 외우기 공부를 따져 봅시다. 많은 경우에, 자기 집 아들이나 딸들로 하여금 남의 집의 아들이나 딸보다도 공부를 더 잘하게 하려는 원시적인 욕심에서, 그리고 이 어린이가 어렸을 적에 외우기 공부를 잘하면 사회에서도 남보다 더 빨리 성공하겠지 하는 막연한 생각에서, 그렇게 어린이를 길들이는 듯합니다.

그러나 사람의 행복은 다 자라서의 행복이나 죽기 전의 행복뿐만이 아니라, 자라는 과정의 행복을 포함합니다. 성공은, 그리고 참된 의미에서의 성공은 세상이 밖에서 보는 성공이 아니라, 이 행복을 누리는 처지를 얻음일 성싶습니다. 그러면 사람이 죽기 전의 행복을 위하여 삶의 대부분을 불행 속에서 보내야 합니까? 외우기 공부는 바로 이와 같은 뜻에서 불행과 실패의 원인입니다.

가장 중요한 배움은 생각하기 공부입니다. 자라는 과정에서 공부한 것이 기껏 외우는 것이었기에 외운 것을 잊으면 배웠으나마나요, 사회 생활에서 풀어 먹을 것이 적어집니다. 어진 부모는 어린이에게 '생각하기'를 가르쳐야 하고, 어린이로 하여금 스스로의 행복과 성공의 뜻을 가지도록 지도하여야 합니다.

오늘날의 어린이나 학생의 배움은 이십 년이나 십 년 이후 우리 나라의 운명을 결정합니다. 그때 그의 활동 무대는 모든 세계일 것이 뻔합니다. 한 점에서 출발하는 평행하지 않은 두 선이 길게 뻗칠수록 그 거리가 가속적으로 벌어지듯이, 사람의 배움은 시발점에서 '방향 잡기'가 무척 중요합니다.

어릴 적부터 올바른 정신적 음식을 어린이에게 줍시다.

천구백칠십이년, 배움나무

학교를 '사는' 재벌

학교를 사고 판다고 한다. 사립 학교 말이다. 사립 학교는 저마다 학교 법인이라는 형태의 비영리 재단 밑에 있다. 따라서 그 재단의 이사회가 그 최고 의결 기관이다. 그러므로 학교를 사고 판다는 말은 이 이사회를 구성하는 이사 자리의 과반수를 사고 판다는 말이 된다.

비영리 법인의 이사회를 구성하는 이사들이 처음에는 학식과 덕망이 있는 듯해서 문교부 장관의 승인까지 받아 뽑혔지만 나중에 그런 자질이 충분하지 못함이 판명되거나 그밖의 이유로 다른 사람으로 갈리는 것은 있을 수 있겠으나, 그런 사람들의 자리를 돈으로 사고 팔다니 어처구니가 없다.

그러면 실제로 이 판매 행위는 어떻게 이루어질까? 어느 사립 대학이 살림이 잘 안 되어서 돈에 허덕인다고 치자. 그런 경우에 어느 돈 많은 재벌이 '육영 사업에 뜻이 있어서' 그 재단의 빚을 정리할 정도의 돈을 재단에 기부하기로 한다. 그리고 그 대가로 재단의 운영권, 곧 이사회를 자기 사람으로 채울 것을 요구한다. 이처럼 재벌이 운영권을 기부금으로 '사는' 행위까지는, 비록 그것이 조건 없이 기부금을 선뜻 내놓는 행위보다는 훨씬 못하더라도, 재단의 임원들이 기부금을 받고서도 그전처럼 살림을 잘 못해서 그

기부금마저도 날릴까 해서 하는 걱정에서 출발했을지도 모르니, 우선 괜찮다고 봐줘도 된다. 그러나 세상에서 학교를 사고 판다 함은 이 현상만을 두고 하는 말이 아니다. 이처럼 바깥에 나타나는 기부금과 운영권의 교환에 덧붙여서 떠나는 이사진들에게 눈에 안 보이는 '전별금'을 두둑이 주거나, 그중의 누구를 계속해서 눌러앉히더라도 새 사람이 되는 값을 푸짐히 몰래 치러 주는 암거래를 뜻한다. 이것은 꼭 무슨 권리금이나 아파트 프리미엄의 꼬락서니를 닮았다.

그런데 왜 이사회에서는 이런 학교 운영권의 변동을 굳이 사고 파는 상업 행위로 볼까? 비록 재벌이 이사진을 매수해서 운영권을 맡았을망정 그 학교를 한번 제대로 운영해 보려는 갸륵한 뜻에서 그랬을 수도 있을 터인데 말이다. 이것이 흔히 상업 행위로 여겨지는 것은 아무래도 학교의 운영에 안 보이는 많은 이권이 있기 때문이겠다.

지난 구월 이십일과 이십일일에 성균관 대학교에서, 그 재단을 근래에 '인수받은' 삼성 재벌과 그 재단의 상거래가 아리송하고 삼성 재벌이 이 재단의 자주적인 운영에 간섭한다고 해서, 학생들이 들고일어섰다. 처음에는 여러 신문들이 먼 산만 쳐다보고 있는 듯했지만 《주간 시민》만은 자상히 보도를 했다. 마침내 학교에서는 글공부하기에 가장 좋은 이 가을철에 휴교 조치를 하고 말았다(이 휴교 조치로 말미암아 비싼 등록금을 내고도 배움으로부터 강제로 소외된 학생들에게 학교 쪽이 어떤 보상을 할지는 두고 볼 일이다). 딴은 이 학생들의 데모가 오해에서 출발했는지도 모른다. 또는 이 재벌의 행위가 다 합법적인 것이었으나 다만 그것이 성급한 학생의 비위에 거슬렸을 뿐일 수도 있다. 그렇다고 치더라도 이런 학교 법인을 '인수한' 재벌들의 학교관에는 문제가 있다.

웬만한 재벌은 돈이 얼마쯤 벌린 다음에는 꼭 학교를 거느려야 '스타일'이 나는 줄로 아는 성싶다. 그러나 재벌이 육영 사업에 갖는 관심은 갸륵한 일이로되 학교만은 재벌이 떠받들고 거들어야 할 진리 탐구의 기관이지, 그들이 거느려야 할 사업체가 아니다. 그런데 우리 나라 재벌들의 거동을 좀 보아라! 삼성 그룹이나 쌍용 그룹이나 경인 에너지나 신일 그룹이나 진로 그룹이나 무슨 그룹이나를 가릴 것조차도 없이 모두들 그들이 내는 상업 광고와 기업 선전 책자에 그들이 '인수한' 학교를 그들이 소유하는 돈벌이 회사들 틈에 끼워 넣어 선전하는 어설픈 짓을 한다.

그들이 이 학교들을 돈벌이를 위해 '인수했다면' 몰라도, 아직도 많은 사람들이 믿듯이 갸륵한 뜻에서 지원하고 있다면, 학교가 돈벌이의 일부분이라고 오해받기에 꼭 알맞은 그런 일은 옆에서 누가 부추기고 꼬이더라도 하지 않는 것이 바람직하다.

어차피 우수한 인재를 길러 내는 일은 비록 숨어서 하더라도 이내 사람들의 입에 오르내리게 마련이다. 그리고 남의 입을 통해서 이루어지는 이러한 선전이야말로 가장 값지고 효과적인 선전이기도 하다. 그리고 재벌들이 육영 사업이나 학술 발전에 돈을 희사하는 방법은 여러 학교에 장학금이나 연구비를 얼마씩 희사하는 방법이 더욱 바람직한 일이다.

천구백칠십칠년, 뿌리깊은나무

교육적 효과와 여론 조사

나는 근래에 감격스러운 구경을 했다. 대한교련에서 '한자 교육'의 문제를 걸고 학자들을 모셔다가 의견 발표를 하게 했다. 그와 같은 극난의 집회에서 많은 청중이 그토록 깊은 관심 속에서 학자들의 이야기에 귀를 기울이는 것도, 또 이와 같은 찬반의 토론에서 한쪽이 그토록 압도적으로 청중의 지지를 얻는 것도 일찍이 보지 못했다.

한쪽이 그만큼 청중의 열광적인 지지를 얻었던 것은 그 설득력 때문이었다. 따라서 그와 같은 발표회가 발표되는 의견의 의미와 또 그에 대한 청중의 반응을 측정하는 데에 목적이 있었다면, 이 모임은 한글 전용의 필요성을 다졌다고 하겠다.

그런데 웬일인가. 이 모임의 내용을 싣는 신문들의 태도는 거의 예외 없이 딴판이었다. 한 신문인가만을 빼놓고는 거의 모두 한자 부활을 부르짖던 분들의 말씀만을 보도했다. 그것이 정부의 한글 전용 정책에 반대되는 내용이어서 반대하는 태도를 돋보이게 하기 위해서였을까? 정부에서 하는 일이면 옳아도 반대해야만 하는가?

그 모임의 반응에서 한글 전용의 필요성을 다짐받았을 바로 이 대한교련이, 오늘 날짜의 신문 보도에 의하면, 오백 남짓한 일선 교사를 상대로 한 여론 조사 결과에서 팔십이점삼 퍼센트의 초등학교 한자 교육 부활 찬성을 얻어, 초등학교 국어 교과서에 천 가지 기초 한자를 끼워 넣자고 문교부에 건의했단다.

대한교련은 팔십이점삼 퍼센트가 한자 교육 부활에 찬성하는 오백 분의 교사 집단에게 의견을 물었다. 그 오백 분이 우리 나라의 문화적 운명을 결정할 분들이라는 확신은 어디에서 왔을까? 왜 우리 나라의 전체 초등학교 교사들에게는 물어보지 않았을까? 이 오백 분의 선택은 어느 저울에 달아보아도 틀림없을 과학적인 방법에 의해서 이루어졌을까? 그리고 팔십이점삼 퍼센트의 찬성은 특정 대답을 유도할 우려가 있는 질문에 대한 대답으로 이루어지지 않았을까?

무릇 대답은 '무엇'을 묻는 질문에 대한 응답일 뿐만이 아니라, '어떻게'를 묻는 질문에 대한 응답이기도 하기 때문이다.

초등학교 교과서에서 기초 한자 천 자를 가르친다고 하자. 그 천 자로 구성되는 단어들은 한글로 적어도 언뜻 다 아는 단어들이다. 한글로 적어서 기성세대가 알아보기에 힘든 말은 이 단어들이 아니라, 기초 한자에 포함되지 않은 글자로 이루어진 표현들이다.

초등학교 때부터 한자를 가르쳐야 더 큰 교육적 효과를 거둘 수 있다는 말은 무슨 말일까? '학교'라는 말을 '학교'라고도 가르치고 '學校'라고도 겹으로 가르쳐야 교육적인 효과가 빠르다니! 이것은 마치 한 사람의 이름을 두 개 지어 놓고 두 이름을 다 외워야 그 사람을 더 잘 안다고 우기는 것하고 크게 다르지 않다.

초등학교 때부터 한자를 가르쳐야 교육적 효과가 빠른 것이라면 그것은

'한자를 잘 가르치는 효과' 밖에 아무것도 아니다. (세상에 있는 모든 지식은 이른 나이에서부터 가르치는 것이 가장 효과적이라는 것은 이제 무슨 위대한 발견이 아니다.) 귀중한 어린 나이에, 어려운 한자를 가르칠 시간에 다른 것을 가르침이 더 슬기롭겠다. 초등학교를 나오고도 잡지를 못 읽는다면 그것은 한자가 섞여야만 독서물이 눈에 들어온다고 생각하는 사람들이 자라나는 세대의 생각은 하지 않고 자기 본위로 만든 독서물 탓이지, 초등학교 교육의 탓이 아니다.

한자를 배우지 못한 사람이 한자가 섞인 책을 이해하지 못하는 것은 너무나 당연하다. 그렇다고 해서 교육적인 효과가 나쁘다고 해서는 안 된다. 신문이나 잡지가 학교에서 배운 대로 한글로만 적히었던들 한자를 배운 사람이 한자가 섞인 글을 읽는 것보다도 훨씬 더 빨리 이해할 수도 있다.

한글 전용의 문제는 옳고 그름의 문제이기에 앞서서 슬기로움의 문제이다. 신문이나 잡지나 서적은 그 지식 전달이 한글로만 이루어질 때에 더 쉽게, 더 싼값으로, 더 빨리 우리 손에 들어오기 때문이다. 우리에게 당장 불편하더라도 새 세대를 위해서는 이미 실시된 정부의 한글 전용 방침이 중단없이 뻗치었으면 한다.

천구백칠십칠년

교과서와 노름판

요새 서울의 여러 인쇄소는 일감이 넘쳐 야단이 났다. 어찌나 일이 밀리는지 어지간한 연줄이 없이는 문턱에도 들어서지 못한다. 이런 사정이 그 유명한 검인정 교과서 사건하고 관계가 있음을 아는 사람은 드물다.

검인정 교과서 사건이 터지기 전까지는 중-고등학교 교과서가 몇 가지만을 빼놓고는 다 검인정 교과서였다. 출판은 상업 출판사에서 하고 합격은 나라에서 시켜 준 교과서 말이다. 그러나 이 구세대 출판사들이 검인정 교과서 주식 회사라는 배타적인 압력 단체를 만들어, 관리들과 짜고 자기들의 저질 교과서만이 학교에 배포되게 하는 독점권을 확보하여, 창의로운 새 교과서 채택을 실질적으로 방해하면서 땅 짚고 헤엄을 치며 고작 탈세나 하는 재주를 부리다가 크게 들통이 났었다.

문교부는 이 더러운 사건의 불씨가 자유 경쟁의 원칙은 사실상 무시하고 특정 업자들에게만 특권을 주어서 생긴 것임을 외면하고, 검인정 교과서 제도 자체에 탓을 돌려 되도록 많은 교과서를 획일적인 국정 교과서로 만드는 데서 해결책을 찾으려고 했다. 그래서 느닷없이 모든 중학교 교과서를 국정화하기로 하고, 고등학교 교과서도 스물네 가지만 빼놓고는 죄다 국정화하기로 했다.

저자의 이름이 밝혀지지 않은 국정 교과서의 내용이 무책임해지기 쉽다는 것은 훨씬 더 오랜 기간을 통하여 준비된 초등학교 교과서에 나타난 잘못들이 증명한다. 또 교과서를 교육적인 가치 때문에 선택한 것이 아니라 하나밖에 없기 때문에 사용하는 교사의 가르침이 어정쩡할 터임도 이미 세상이 떠들썩하게 얘기한 대로다. 그러나 물은 이미 엎질러졌다. 그러니 문교부에서 계속해서 검인정 제도 밑에 두기로 한 스물네 가지 교과서에 붙은 탈이나 얘기해 보자.

이 새 교과서 제도에 대한 방침은 고작 지난해 칠월에 세워졌을 뿐인데, 검인정 교과서의 검인을 위한 납본일이 올 삼월 삼일이라고 한다. 모든 출판물의 모범이 되어야 할 교과서를 여덟 달 안에 기획에서부터 집필, 인쇄의 과정까지 끝마쳐야만 하게 되었다. 원고가 준비되어 있는 일반 교양 도서라도 정상적인 제작 과정을 거치려면 적어도 두 달은 걸려야 하는 것을 생각하면 이 결정이 얼마나 허황된 것임을 알겠다. 그리고 교과서 집필자는 집필한 교과서의 교사용 지도서까지도 의무적으로 만들게 되어 있으니 일감은 생각하기보다 훨씬 더 많다.

교과서 출판이 돈벌이가 된다고 하여 어중이떠중이 출판사들까지 달려드는 이전의 폐단을 없애겠다는 명분으로 문교부는 이번의 검인정 교과서를 발행하고자 하는 출판사들에게도 심사의 대상이 될 원고를 '인쇄해서' 제본한 견본을 가지고 오게 했다. 싸구려 공판 인쇄도 가능하다고 하지마는 '책'을 매끈하게 만들어 제출하는 것이 심사 위원들의 눈에 더 잘 돋보이리라는 경쟁 심리로 다들 오는 몇 달 안에 조판하고 '인쇄해서' 제출할 것이 뻔하게 됐다. 한 출판사가 한 가지 교과서에 얼추 삼백만 원에서 칠백만 원에 이르기까지 돈을 쓰게 되고, 평균해서 한 가지 과목에 아마도 스물이 넘는 출판사의 견본이 제출되리라고 하니, 그 대부분이 낙방할 것을 생각하면 써먹지도 못할 '책'을 만들기에 들인 수십억의 돈이 노름꾼이 노름판에서 잃는 돈과 같이 될 것도 문제려니와, 그 조판과 인쇄가 아까 말한 국정 교과서의 일감과 함께 온 서울의 인쇄소 기능을 거의 마비시키고 있어서 다른 더 중요한 출판물들의 정상적인 제작을 훼방하고 있는 것은 더 큰 문제다. 이쯤 되면 식자 과정의 능률적인 기계화의 지연으로 식자와 조판의 과정이 세계에서 가장 느리고 원시적인 우리 나라가 아닌 곳에서도 큰 탈이 생기고도 남음 직하다.

문교부는 앞으로 검인정 교과서의 신청을 받을 때에 출판사들로 하여금 돈은 교과서의 내용에 쏟고 심사 견본은 타자기로 찍어 오도록 해서, 그 심사에 합격한 교과서만이 인쇄에 넘겨지도록 해야 하겠다.

그리고 이번에 대량으로 쏟아져 나올 새 국정 교과서의 내용이 그전에 나온 다른 국정 교과서들과는 달리 빈틈없이 빼어난 것이 되기를 바란다. 그러나 여기저기에 의뢰하여 짧은 시간 안에 급히 만드는 것으로 알려진 이 중-고등학교 국정 교과서들이 교육의 내용이나 효과를 봐서 미흡한 것으로 혹시 판명이 나는 경우에는 문교부는 과감하게 새 검인정 교과서들을 유치하여 국정 교과서를 없애거나, 또는 국정 교과서와 경쟁하도록 해야 할 것이다.

천구백칠십팔년, 뿌리깊은나무

컴퓨터와 도깨비불

컴퓨터 화면의 빛글자는 도깨비불을 떠올린다. 동에서 번쩍, 서에서 번쩍 하는 듯하고 하나인 듯하다가 별안간 몇 백 개로 둔갑한다. 장난기가 있어 보이기도 하고 차갑고 매정한 기분이 감돌기도 한다.

이 신식 도깨비불이 요새 흔히 추어올리는 첨단 기술의 산물이다. 소형 컴퓨터가 무더기로 나오자 이 불이 아이들의 공부방, 어른들의 사무실 할 것 없이 널리 번지고 있다. 그 장난기가 놀이를 시켜 주고 그 능률이 일감을 덜어 주기 때문이라고 한다.

이 현대판 도깨비불이 이 나라에 건너와 국문으로 나오는 과정에서 큰 탈이 붙었다. 공병우 박사와 송현 씨의 과학적인 세 벌식 자판은 내팽개치고 한 단추의 자음을 초성과 받침으로 두루 쓰는 비과학적인 두 벌식 자판을 과학기술처에서 컴퓨터 자판으로 내민 뒤로 컴퓨터 생산 업자들 거개가 그것을 컴퓨터의 '타자틀'에 앉혔기 때문에 그 자판에 찍혀 화면에 나오는 받침 있는 빛글자들은 사람의 정신을 적잖이 헛갈리게 하는 혼동을 일으킨다.

곧 글씨가 쓰거나 찍는 대로 동시적으로 나타나기를 기대하는 인간의 본성과는 어긋나게 이 빛글자들은 받침이 있기만 하면 다음 글자의 초성을 찍은 다음에야 제 모습을 드러내는 것이다. 이를테면 '간다'라고 할 때에, '간'을 찍으면 처음에는 엉뚱하게 '가ㄴ'으로 나왔다가 다음에 '다'의 'ㄷ'이 찍혀서야 느닷없이 '간'으로 바로잡힌다. 이 도깨비 장난은 말 그대로 엄청난 불장난이다. 손으로 '간'을 쓸 때에 '가' 밑에 쓰는 'ㄴ'이 엉뚱하게 '가' 곁에 나타나고 딴 자음 글씨를 잇따라 쓴 다음에야 '가' 밑에서 되살아난다고 치면 문자 생활을 하는 우리 국민이 겪어야 할 정신 착란은 엄청날 것이다. 그러면 컴퓨터 화면 앞에서 넋을 팔고 있는 이들이 그런 둔갑 글자 때문에 스스로도 모르는 사이에 정신 착란을 겪고 있지 않다고 누가 장담할 수 있을까.

첨단 산업의 역군들이 우리말과 우리 국민을 무서워할 줄도 좀 알아 하루 빨리 자리를 같이하여, 더 늦기 전에 컴퓨터 빛글자에 붙은 이 도깨비 장난을 몰아낼 궁리를 해야 할 줄로 안다. 여태까지 나온 '한글도 나온다' 같은 컴퓨터 광고는 첨단 산업이 얼마나 국어와 국문을 서자로 홀대해 왔는지를 들통 냈다. 자랑을 제대로 하려면 '영문도 나온다'라고 할 수 있어야 한다.

천구백팔십사년, 동아일보

세계 책 장수와 한국 책 장수

해마다 독일 연방 공화국의 프랑크푸르트에서 '프랑크푸르트 부흐 메세' 라는 행사가 열린다.

우리 나라에 프랑크푸르트 도서 전시회라고 알려진 이 행사는 올해로 벌써 서른한 번째나 열렸다. 전시회라고, 또 한 권의 크기가 별것도 아닌 도서의 전시회라고 하니까 그냥 우리 나라 식으로 여의도 같은 데서 열리는 무슨 큰 규모의 전시회이려니 하고 생각하기 쉬우나, 좀 똑똑히 보려면 몇 달도 부족할 만큼 대단한 행사다.

지난 시월 십일부터 십오일까지 열린 올해의 이 전시회도 참 장관이었다. 부속 건물들은 그만두고라도, 보지 않고는 짐작하기 어려울 만큼 커다란 전시 건물 네 채 안에, 한국을 포함해서 여든 나라의 오천 군데가 넘는 출판사의 책 이백팔십만 가지쯤이 전시되었다.

그런데 놀라운 것은 이 행사가 그 국제성에도 불구하고 근본적으로 독일의 행사라는 것이다. 많은 외국이 참가를 했고, 그 외국 것만 치더라도 엄청나지만, 그것은 전시 건물 네 채 중에서 한 채만을 차지했을 뿐이고 나머지 세 채에는, 종교 서적 전시실에 외국의 종교 서적이 포함된 것같이 예외가 전혀 없는 것은 아니었지만, 모두 독일 서적이 전시되었다. 말하자면 이 거대한 독일의 행사에서 외국 출판사들이 집 한 채를 빌려 국제 전시회를 연 셈인데, 그 국제 부문만도 전시 기간인 엿새 동안에 걸쳐서도 다 잘 보기가 힘들 만큼 컸다는 말이다.

이 전시회는 근본적으로 출판인들과 서적상들의 '도매 시장'이다. 따라서 산매 행위는 철저히 금지되어 있다. 그러나 일반에게도 입장료를 톡톡히 받고 공개를 하는데, 독일 사람들의 책에 대한 관심은 대단했다. 아이들과 학생들에서부터 어른에 이르기까지 많은 사람들이 비켜날 틈이 없을 만큼 날마다 독일 책 전시 건물을 메웠다. 이들의 대부분이 독일 전역에서 모여든 사람들이 아니라 인구가 육십칠만인 프랑크푸르트와 그 근방 사람들일 뿐임을 생각하면, 독일 사람이 책에 탐이 많은 백성임을 쉬이 짐작할 수 있었다.

제오호 건물이 국제 전시장이었다. 이번에 전시된 출판사들의 국적이 여든 가지라는 말은 아까 말했거니와, 그중에서도 쉰두 나라가 이 국제 전시장의 군데군데를 빌려 '국가별 종합 전시장'을 이루었다. 그러나 이것도 좀 모호한 소리여서, 한 나라에서 나온 책을 다 뭉뚱그려서 한 군데에 종합해서 내놓은 소련과 중공과 동유럽 국가들과, 그와 비슷한 전시를 한 조무래기 나라들과, 대한 출판 문화 협회에서 여러 출판사의 책을 모아다가 한 칸에 전시한 한국과 같은 경우가 아니면, 대체로 한 나라의 여러 출판사들이 서로 이웃에 있기는 했어도 독립된 전시실에서 전시를 했다. 미국 같은 나라에서는 오백 군데쯤 되는 출판사들이 따로따로 전시를 했는가 하면, 일본 같은 경우에는 마흔이 넘는 출판사들이 따로 전시를 하고 여남은 출판사들의 책을 모아서 '일본에서 온 책' 전시 칸을 따로 두기도 했다.

수많은 다방과 음식점, 탁아소와 응급실, 소방서와 경찰서와 세관과 기자실, 운송 회사와 꽃집과 미장원과 약방 같은 것을 포함해서 이 전시회의 여러 시설을 다 소개하기는 힘들겠지만, 이 국제 전시 건물에만 해도 은행, 우체국, 전화국, 항공사, 선술집, 판권 대리인 교제처가 있고, 바로 그 다음 건물에 국제 서적상 교제처와 국제 사서 교제처가 있었다.

판권 대리인이란 서양 사람들이 '리터러리 에이전트'라고 부르는 전문 직업인, 곧 글 거간꾼들로서 저술가와 출판사, 또 때때로 출판사와 출판사 사이에서 판권 매매의 중매를 하는 사람들이다. 이들은 이 교제처의 이 자리 저 자리에 모여, 새로 막 나온 저작물에 출판사를 대 주는 흥정, 영국에서 나온 책을 일본말로 번역해서 출판시키는 흥정, 미국 책의 내용을 독일에서 영화로 만드는 흥정 같은 것에 상관되는 세와 금전 거래의 조건들을 귀엣말로 주고받았다. 이런 전문 직업인이 없고 국제 저작권 협회에 끼이지 않은 한국이 이런 방에서 따돌림받는 것은 당연했다. 또 국제 서적상 교제처에서 온 세계의 도서 수출입 업자들이 전시회에서 선을 본 책들을 팔고 사들이고 의논들을 하고, 국제 사서 교제처에서는 도서관 업무와 문서 보관이 전문 직업인 사람들이 모여 전시회에서 본 서적과 자료에 대한 정보를 교환했다.

이 전시회에 책을 내놓은 세계의 출판인들은 바삐 돌아다니면서, '남의 책' 공부를 할 뿐만 아니라 자기 책을 세계에 팔기 위해서 땀을 뻘뻘 흘렸다. 딴 나라 전시실을 죄다 돌아다니면서, 자기 책을 소개하는 책자를 배부하는 것은 말할 나위도 없고, 누가 자기 책을 수입해 갈 낌새만 비치면 만사를 제쳐 놓고 그 책 자랑에 부산했다. 비록 한국 전시 칸이 파리를 날렸을망정 이런 출판인들이 가끔 찾아온 까닭도 이번에 프랑크푸르트에 들른 도서 수입 업체 범한서적의 대표 김윤선 씨의 행방을 수소문하려는 데에 있었다.

공산 국가의 책들이라고 해서 줄잡아서 무시할 수는 없었다. 비록 널찍하게 자리 잡았고 규모가 큰 중국 본토 책들의 전시실이 좀 너절하게 치장되지 않았던 것은 아니지만, 소비에트 공화국 연방, 체코슬로바키아, 폴란드, 유고슬라비아, 알바니아, 루마니아 같은 나라들의 많은 책들은 저마다 말끔하고 현대 감각이 있게 조명되고 꾸며진 전시실에 진열되어 있어서, 읽을 줄을 안다면야 정치 선전투성이인 것을 발견하고 실망할지는 몰라도, 겉보기에는 그럴싸했고 '점원'들도 사근사근해 보였다.

한국 전시실은 가장 좁고 초라한 축에 들었다. 많은 후진국의 '국가별' 전시장만도 못했다. 몇몇 후진국과 소련처럼 국가 원수의 사진 같은 것을 내다 걸지 않았던 나라에 드는 것은 자랑스러웠으나, 영어 책이 서른한 가지이고 나머지는 모두 국어로 된 백십구 가지 책의 선정이 문제라면 문제였다. 문화 공보부 문화과와 해외 공보관과 출판 협회의 관계자들이 지혜를 모아 고른 것이라는데, 그만도 훨씬 더 못할 수도 있었다는 점에서는 큰 공적이겠으나, 전혀 개선의 여지가 없는 것은 아니었다. 우선 여기에 나온 책의 갈래를 눈에 띄는 대로 나누어 보면, 영문판《새마음 운동》,《새마을 운동의 이론과 철학》, 해외 공보관에서 나온 한국 소개 책 같은 국가 시책에 밀착한 책들이 그 한 갈래고, 한국 미술, 한국 건축 같은 것을 글로는 별로 자상히 얘기하지 않고 주로 사진으로 때우는 일본식 '도록'에 방불한 예술 출판물 몇 가지가 또 한 갈래이고, 하나하나가 다 훌륭한 학문의 업적이겠지만 장정이나 제본이 엉성하고 갱지나 중질지에 찍어 볼품없기가 한량없는 이른바 한국학에 관계되는 단행본들이 그 한 갈래이고,《문학사상》,《심상》,《계간 미술》,《한국문학》,《현대문학》처럼 명분 위주로 고른 듯한 문학과 예술 잡지들이 또 한 갈래였다. 전시된 책으로서 이런 갈래에 끼지 않는 것이 전혀 없는 것은 아니었으되, 우선 볼품없는 책들이 꾀죄죄한 전시대에 꽂혀 관객에게 주는 인상이 문제였다.

우리는 여기서 한국이, 아니 한 나라나 그 출판사가 무슨 목적으로 이 행사에 참여하는지를 생각해 봄 직하다. 첫째로, 참가한 나라나 출판사의 출판 문화 수준을 세계에 자랑하기 위함일 것이요, 둘째로, 출품된 이녁의 출판물을 세계에 팔기 위함일 것이다. 따라서 이 행사에 찾아오는 관객은 국가 원수의 사진을 걸어 놓고 싶어하는 일부 전체 국가 관리들에게는 좀 섭섭하게도 어느 나라의 정치 이념에 대한 자료를 얻으려고 하는 사람들이거나, 만국의 언어와 문자에 능통한 학자들이어서 한국말로 된 한국학 서적이 귀중한 자료임을 판별하는 사람들이기보다는, 오히려 첫째로, 지나가다가 발길이 멈추어지면 막연히 '이 나라 책들은 이렇게 생겼구나', '제본과 장정은 이만큼 아름답구나', '이 나라에도 따로 독특하게 생긴 문자가 있었구나', '무슨 소리인지는 모르겠으나 펼쳐 보니 호기심이 생긴다' 라는 정도의 반응을 보일 독일과 그밖의 유럽 관중이요, 둘째로, 전시된 책을 제 나라에서 그대로 수입하거나 제 나라 말로 번역해서 출판하면 장사가 될지를 따지는 여러 나라의 출판인들이라고 봐야 한다. 첫째, 관중의 마음을 사는 전시를 하면 참가자의 출판 문화 수준의 선양이 되고, 둘째, 관중의 흥미를 끌면 참여의 가장 두드러진 실질 이득인 '장사'가 된다고 할 수 있는데, 이 두 목적은 다 중요하다. 그런 점에서 이번에 출품된 한국 서적 중에서는 선진국 수준에 견주어 인쇄가 잘못되어 눈곱이 끼어 있거나 지면 배열이 촌스러웠기는 해도 예술 '도록' 종류쯤이 외국인에게 눈요기의 의미는 있었다. 그밖에는 대부분이 출품자의 기분을 좋게 하는 것은 되었을망정 관객의 관심을 끄는 것은 아니었다고 본다.

바로 이런 점에서 한국의 저술인들이나 출판인들은 커다란 반성을 해야 한다. 첫째로, 천구백칠십팔년만 해도 정부 간행물과 학술 논문을 포함하지 않은 책의 발행 종류가 만 오천백사십구 가지이며, 부수가 자그마치 오천팔백오십삼만 육천오백이십 권에 이르는 많은 출판물을 내놓으면서도, 아직까지도 서구 언어로 번역해 놓으면 떳떳한 상품이 될 만한 책을 못 내놓고 있으며, 그런 시도조차 하고 있지 않음을 반성해야 한다. 이를테면 고려 청자니 조선 백자니 하면서도, 번지르르한 사진책만 쏟아져 나오고 막상 거기에 대한 제대로 된 저작물이라고 할 만한 것으로 영국인 곰퍼츠가 저술하여 영국 페이버 출판사에서 발행한《고려 청자》나《조선 백자》만 한 것이 국내에서 국어로도 나오지 못했음이 설명하는 것은 무엇일까? 둘째로, 싼 책을 통한 지식의 대중 보급이 전혀 정당화되지 않는 것은 아니라고 치더라도, 중요한 내용은 좋고 질긴 종이에 잘 찍고 꾸미고 묶어 값진 책으로 만들어, 책을 소모품으로 치지 않던 우리의 전통을 민중의 마음속에 되심어 줄 책임을 지난 서른 몇 해 동안에 망각해 왔음을 반성해야 할 것이다. 바로 이런 책들이, 국문으로 되어 있어서 비록 외국 사람들이 알아보지 못한다고 치더라도, 국제 전시회에 내놓을 만한 책들, 곧 한 나라의 높은 문화 수준의 증거가 되는 책들이 된다. 올해에 프랑크푸르트에 가져갔던 그 초라한 모습의 한국학 책들은 그런 것들을 선정한 사람들의 의도와는 동떨어지게 고작 몇몇 고향이 그리운 한국 유학생들이 만지작거리기나 했음을 알아 두어야 한다.

한국은 이 전시회에 열다섯 번째로 참여해 왔다. 그러나 지난해까지만 해도 책만 보내 주고 현지에 있는 공보관 주재원이 치다꺼리를 하기가 고작이었다고 한다. 올해는 비록 자비로 갔기는 했어도 출판 문화 협회의 사무국장 이경은 씨가 몸소 와서 독일에 있는 유학생 한 명과 간호사 한 명을 채용하여 '주인 있는 점방'을 차렸던 것이 다행스러웠다. 그러나 우리는 여기에 안심해서는 안 된다. 이번의 행사를 위해서 문예 진흥원에서 이천팔백 마르크를 보조하고 출판 협회의 가난한 살림에서 오십만 원이 나온 모양인데, 정부에서 이 행사를 이왕 지원할 바에야 이번의 한국 전시실이 얼마나 초라했던지를, 또 여기에 내미는 한국의 얼굴이 세계에 얼마나 중요한 영향을 주는지를 의중에 두고 국내에서 집 한 채 짓는 비용쯤은 선뜻 내주었어야 했을 것이다. 생각하기에 따라서는, 잘못 내민 얼굴은 안 내민 얼굴만도 못할 수가 있겠기 때문이다. 딴 나라나 딴 나라의 출판사들처럼 한꺼번에 돈이 좀 많이 들기는 하지만 멋있고 튼튼한 시설을 반항구적으로 만들어 행사가 끝나면 보관했다가 해마다 다시 써먹을 수도 있을 것이다. 또 이경은이 털어놓았듯이, 여러 출판사에서 독립해서 참여해서 그 명함을 국제 시장에 내밀고 당장에 이득은 없다고 하더라도 국제 사업의 기초를 닦기 시작해야 할 것이다.

천구백칠십구년, 뿌리깊은나무

북한 책들이 나왔으나

대학에서 '원서 강독'을 들어 본 세대에 드십니까? 교수가 서양말로 된 책을 들고 읽어 가며 그 내용을 국어로 강의하는 과목이 아니던가요? 훌륭한 강의였지만 저는 그 이름 '원서'에 늘 불만해 했습니다. 번역되거나 해설된 책 말고 서양말 책을 본바닥에서 나온 그대로 읽어 공부한다는 뜻으로 일본 사람들이 사용하던 말을 베껴 썼다고 해서가 아니었습니다. 어쩐지 그 말에서 서양 것을 으뜸으로 치는 문화 사대주의 냄새가 물씬물씬 풍겨서 역겨워 했습니다. 그 말이 국내에서 국어로 저술되어 출판된 책은 부차적이라고 느끼는 문화 종속주의 감성을 학생들의 마음에 배어들게 하는 듯해 그랬습니다.

이마적에는 '원서'에서 살짝 비켜서 '원전'이 된 책들이 나왔습니다. 누가 시작한 일인지는 몰라도, 봇물 터지듯이 쏟아져 나온 북한 책들을 보고 대학에서 원서 강독을 들은 바 있을 이 나라의 언론인들이 그리 부릅니다. 반공 교육을 시키는 사람들이 마음대로 해석하여 쓴 것이 아닌 책, 북한에서 나온 그대로 진실을 소개하는 '진짜' 책이라는 뜻이 그 말에 들어 있을 수 있습니다. 잠재 의식으로는 원서라고 하고 싶었으나 그것들이 서양말 아닌 국어로 된 것이어서 그리 비껴 표현했는지도 모를 일입니다. 어느 쪽 정치 이념이 더 옳거나, 적어도 그 표현만은 문화 사대주의의 연속에서 나온 것이 아니기를 바랄 따름입니다. 남녘과 북녘의 관계야말로 먼저 이 땅에서 사대주의와 종속주의를 씻어 내야 더 빨리 개선될 수 있을 터이기 때문입니다.

여남은 해 전엔가 독재자 마르코스의 독수리 발톱에 쥐인 필리핀의 수도 마닐라에 간 일이 있습니다. 책방에 소련 책, '중공' 책이 수두룩한 것을 보고 깜짝 놀라면서도 한편으로는 부러웠습니다. 속으로 '저런 지독한 독재자도 국민의 독자적인 판단 능력을 믿어 저런 공산주의 나라 책들을 허용하는데, 우리 나라의 독재자는 훨씬 더 높이 교육받은 국민의 판단 능력도 못 믿어 그런 책을 금지하는구나' 했습니다. 똑똑하기로야 아무래도 엇비슷한 짓거리를 했으면서도 하와이에 내빼서나마 배곯지 않고 놀고 있는 마르코스가 더하지, 설마 제 부하의 총에 맞아 푹석 넘어져 피 흘리고 죽은 박정희가 더했겠습니까? 어리석은 제자 어리석은 스승 따를 수밖에 없었던지는 몰라도, 눈치 봐서 국외로 내빼버리지도 못하고 부끄럽게도 요새 추운 백담사에 제 몸을 가두고 벌벌 떨고 있는 전두환 씨와 그 하수인들도 박정희의 그 어리석은 '슬기'를 이어받아, 공산권 책 하면, 아마도 스스로는 한 권도 읽어 볼 틈도 없었을 터이면서도, 마치 단박에 온 국민을 벌겋게 물들일 설득력이 있다고 스스로 믿는다는 듯이 얼씬도 못하게 했습니다.

똑똑한 대통령이라면, 아까 말한 그런 봇물은 폭발해 터지기 전에 스스로 미리 터 주는 이일 터입니다. 그러나 노태우 대통령이 들어선 뒤로도 처음엔 공산권 책 사정이 크게 다르지 않았습니다. 민주화라는 것을 추진한다며 한편으로는 《로동신문》을 보게 하느니 어쩌느니 하면서도 공산권 책, 북한에 대해서는 언급이 한마디도 없었던 걸로 기억합니다. 그러나 금지시켰다

하면 그른 것도 옳은 것으로 보기 쉬운 것이 사람의 심리이거늘, 몇 십 년이 넘게 못 보게 금지시킨 것, 국민들이 어찌 생겼나 궁금해 할 것이 뻔하지 않습니까? 그러자 마침내 '이 기회다' 싶어서 여러 출판인들이 북한 책들을 찍어 내어 팔았고, 정부에서는 그 동안에 한마디도 안 한 걸로 보아 그런 출판을 용납해 온 듯했습니다. 그러다가 뒤늦게 느닷없이 국가 보안법인가를 어겼다고 하여 그 여러 출판인을 잡아가고 그 비싼 돈 들여 찍은 책을 몰수해 가고 하는 모양입니다. 그러나 국가 보안법으로 말하자면 어찌 그 사람들만이 어겨 왔겠습니까? 북한 물건을 수입하여 북한에 돈 보태 주는 재벌들은 신참이니 그만두고라도, 일찍이 칠십년대에 북한에 다녀온 중앙 정보부장 이후락 씨와 그이를 거기에 보낸 박정희가 먼저 어겼을지도 모릅니다.

사정이 그러하니, 설사 그 '원전'이라는 소리가 북한 책을 무턱대고 '으뜸'으로 치는 심리에서 나왔다손 치더라도, 남의 떡이 더 커 보인다는 속담의 슬기를 이해하여 크게 나무랄 것까지는 없는지도 모릅니다. 그러나 그런 '원전'을 출판해 온 출판인들에게 드리고 싶은 질책의 말은 한두 마디가 있습니다.

우선 그이들은 그이들이 출판해 온 '원전'이라는 것이 실제로는 '해적판'임을 인정해야 합니다. 지적 소유권의 인정이 세계적인 출판 윤리로 정립되고 있는 마당에 남도 아닌 북한 형제의 책을 버젓이 베껴 출판하고 인세 챙겨 줄 생각도 안 하고 있음이 뻔합니다. 그러니 이번에 다행히 검찰에 입건인가가 안 되어 앞으로도 계속해서 북한 책 낼 출판인들은 서로 협의라도 하거나 하여 앞으로 송금이나 지급이 가능하게 될 경우에 대비하여 인세 적립 같은 것이라도 해 보는 것이 도리일 줄로 압니다.

또 하나는 그 '원전'의 내용에서 삭제된 부분이 심심찮이 많아 보인다는 것입니다. 이를테면 책 한 권 안에서도 연거푸 나오는 "위대한 수령 김일성 동지께서는 다음과 같이 교시하였다"를 죄다 빼거나 거기에서 '김일성'만 빼거나, 또는 '특정 인물'(짐작건대 '김일성'인 듯하다)을 지칭하는 호칭이 나오면 '당' 또는 '당과 인민' 같은 말로 바꿔 놓은 처사를 두고 하는 말입니다. 남한 땅 안에서 그러지 않으면 무슨 법에 저촉될 것을 두려워하여 그랬다면 또 모르겠습니다만, 그이들은 그 처사가 실제로 어느 쪽에 공헌하는 것이기는커녕 오히려 남한 체제에나 북한 체제에나 크게 실례가 될 수 있음에 유념했어야 할 줄로 압니다. 남한 체제에서 바라보아서는, 이를테면 "위대한 수령 김일성 동지께서는……" 하는 소리가 남한에서 그 책을 읽는 이들의 반공 교육에 오히려 보탬이 된다고 판단하는 수도 있을 수 있겠고, 북한 체제에서 바라보아서는, 한때《뉴욕 타임스》에 주체 사상 광고를 크게 하고, 많은 자본주의 독자들의 머리를 갸우뚱케 하면서도 그것이 북한의 선전에 도움이 된다고 믿었던 듯한 것으로 보더라도, 그 '김일성 수령님'을 존경해서 하는 말의 삭제를 커다란 반역과 배신이 되는 행위로 판단하는 수도 있겠다는 말씀입니다. 그러니 그 처사가 괜한 손질로 쓸데없이 양쪽을 싸잡아 도발하는 행위가 되지나 않는지를 뒤늦게라도 확인해 봄 직하다고 봅니다.

천구백팔십구년, 샘이깊은물

빼앗긴 잡지 이백 몇 십 가지

제육공화국이라던가 '제오점오' 공화국이라던가가 얼굴을 내밀고 나서 제오공화국의 등장으로 억울하게 본 손해를 보상해 줄 대상으로 맨 먼저 신문 보도에 이름이 오른 이들은 계급장 뜯겨 이등병이 된 군인 장성들이었습니다. 세 번째로 연거푸 군인 출신이 대통령이 되었으니, 팔이 안으로 굽어, 전두환 장군 등쌀에 아무리 많은 민간인이 참혹한 손해를 봤더라도, 우선 불쌍한 정승화 씨 같은 이에게 '별' 되돌려 줄 생각을 맨 먼저 한 것이 비록 글렀다손 치더라도 탓하지 않겠습니다.

국회 청문회로 온 나라가 알듯이, 그 뒤로도 전두환 장군과 그 하수인들의 소행으로 말미암아 겪은 손해나 명예 실추의 배상이나 보상을 해 주어야 할 사람들로 여러 집단이 거론되었습니다. 이를테면 '광주 민주 항쟁'으로 군인들의 총칼에 개죽음을 당했거나 평생 병신이 된 이들에게 흡족한 배상이 주어져야 한다고들 합니다. 또 삼청 교육대에 끌고 가 개 패듯이 해서 죽고 골병들고 한 사람들에게도 한 명에 얼마씩 해서 돈으로 빚을 갚는다고 합니다. 그런가 하면 정화 어쩌고 하면서 무더기로 공직자 모가지를 자르고 역시 팔이 안으로 굽어 흔히 군인 출신과 제 고장 사람으로 자리를 채웠던 군사 깡패 소행의 희생자들, 이른바 해직 공무원들도 야당에서는 '해직 공직자 특별 법안'으로, 정부에서는 쫓겨날 때의 월급으로 쳐서 그 동안에 못 받은 봉급의 절반을 지급하겠다던가 하는 소리로 배상인가 보상인가를 해야 할 대상으로 거론되고 있습니다. 그뿐입니까? 제 집안 사정이어서 신문과 방송이 입을 다물고 있지만, 전두환 장군 또는 알아서 기는 그 하수인들의 지시나 그런 지시의 핑계로 무더기로 해직되었던 언론인들의 명예 실추와 손해, 곧 경영학 용어로 말하자면 '기회 손실'을 보상해 주어야 한다는 소리가 높아 청문회에서도 거론되었습니다.

그런 분위기, 어쩌면 노태우 대통령의 정부를 돋보이게 한다 할 꽤 민주주의적인 듯이 보이는 분위기 속에서, 아주 비민주주의적이게도 전두환 장군 때문에 지극히도 억울하게 입은 손해의 배상이 거론되지 않는 처절한 집단이 하나 있습니다. 왜 아주 비민주주의적이냐 하면, 민주주의란 작은 자, 적은 자, 없는 자, 약한 자, 목소리 여린 자, 말재주 모자라는 자, 뭉칠 힘 없어 뿔뿔이 헤어진 자, 체념하고 말하지 않는 자를 우선 보살피자는 주의일텐데, 그 청산유수로 주로 옳은 말만 골라 잘 하는 제육공화국 정부와 국회의 지도자들 입에서 그 기력 없이 고꾸라진 불쌍한 집단의 배상 얘기가 한 마디도 아직 안 나왔기 때문입니다.

그 무지막지한 군사 깡패들의 시퍼런 칼날에 천구백팔십년 칠팔월에 목숨을 잃은 정기 간행물—주로 잡지—이백 몇 십 가지를 두고 하는 말입니다. 그 간행물들을 발행하는 이들은, 더러는 돈이 모자라 어느 달치를 거르기도 하고 더러는 발행 부수가 적어 있으나마나 해 보이기도 했을지언정, 다 생계 수단으로서는 말할 것도 없고 헌법으로 말하자면 언론-출판과 표현의 자유를 행사하려고, 또 좀 더 쉽게 말하자면 이 지구에, 이 나라에 태어난 사람으로서 '사는 보람이 필요해서', 또 '하고 싶은 소리'가 있어서 그 창조 행위를 했다고 봐야 합니다. 이들은 하루아침에 사는 보람을 잃고 혀를 잘렸던 것입니다. 게다가 그 잡지사들은 흔히 그 발행권이 유일한 수입의 원천인 재산권이었습니다. 그 군사 깡패들은 부자들이 운영하는 신문사와 방송국을 빼앗아 가면서는 그대로 명목상의 계산을 해 돈을 넘겨 주었으면서도 이 작고 가난한 잡지들을 무더기로 사로잡아 한입에 털어 넣고 오독오독 씹어 먹으면서는 보상 한 푼 주지 않고 입 싹 닦았습니다. 그래서 법에 호소해 보자는 측도 있었으나, 가난한 처지에 소송 비용도 문제였으려니와 법원 판결마저 집권 세력이 시키는 대로 나는 판에 무슨 소용이 있었겠습니까?

언론 통폐합이 어떻고 하며, 신문과 방송이 떠들썩하게 거론하고 국회 청문회에서도 기나길게 질문 던져 대답 받아 내려고 애쓰지 않더냐고요? 그러나 그 언론 통폐합이라는 화제 자체가 군소 잡지사의 억울한 사정에 앞서서 부자 몇몇의 신문사, 방송국 빼앗긴 사정이 우선 눈에 보이는 이들이 즐겨 쓰는 소리입니다. 그리하여 이른바 제도 언론권에서 기나긴 시리즈로 천구백팔십년 언론 문제를 통폐합의 이름을 걸고 다루면서도 잡지 폐간을 두고는 배상 문제에 대해서는 한마디 언급도 없이 고작 구색이나 맞추려고 폐간 사실을 미흡하게 되짚고 넘어가기에 그쳤습니다. 언론 통폐합을 따지는 국회 청문회라고 해서 크게 달랐겠습니까? 온 국민을 청중으로 하고 진행한 그 기나긴 언론 청문회에서도 그 부자들이 신문사, 방송국 뺏긴 사연, 거대 언론사에서 끗발 날리던 언론인들이 쫓겨난 사연에만 거의 모든 의원이 열을 올렸습니다. 민정당의 임인규 의원이 폐간 잡지 어쩌고 했으나 할 말씀이 모자라 괜히 하는 듯 비쳤고, 평민당의 조세형 의원, 박석무 의원 같은 이들이 잡지 폐간을 두고 진지하게 다그치는 것은 고마웠으나 근본적으로 꾸짖는 데에 그쳤고, 배상이나 보상의 문제에 대해서는 시간이 모자라 그랬는지는 몰라도 아무런 말도 하지 않았습니다.

천구백팔십년의 언론 사태로 말하자면, 재산권을 거의 송두리째로 빼앗긴 이백 몇 십 군데 군소 잡지사의 사연이 가장 처절합니다. 신문이나 방송을 빼앗긴 부자들은 빼앗기고도 그런대로 다들 배불리 살아오고 있겠건만, 이 잡지사들은 거개가 쫄딱 망했거나 뿔뿔이 헤어져 서로 소식조차 모르고 있기가 십상이라고 합니다. 용케 버텨 남아 딴 잡지, 딴 일을 해 오고 있는 경우라도, 하필 이 나라에 태어난 신세를 이를 갈고 저주하고 있기가 예사라고 합니다. 그러니 전두환 장군의 철없는 소행으로 손해를 입은 언론인으로 맨 먼저 명예 회복이나 배상이나 보상으로 마음을 어루만져 주어야 할 분들이 바로 그 힘없는 잡지사 주인들임을 국회와 정부의 지도자들은 이제부터라도 깨닫고 손을 써야 할 줄로 압니다. 그이들에게는 정신적인 배상 말고도, 만일에 그 잡지들이 제각기 그 동안에 계속해서 발행되었던들 거두었을 소득을, 공인 회계사로 하여금 낱낱이 산출해 내게 하거나 하여 응당히 배상해야 할 줄 압니다. 전두환 장군이 이리저리 켕긴 것 많은 기업인들한테서 털었다던 돈 찾아내어 그런 데에 쓰지 무엇 하겠습니까?

민주화 어쩌고들 하지만, 부자들 재산 빼앗긴 것 말고 힘없고 가난한 사람들이 겪는 수탈을 먼저 챙겨 보지 않는 민주화는 하나마나합니다. 새해에는 박석무 의원, 조세형 의원 같은 이들이 훨씬 더 많이 나와서, 강도 꾸짖는 얘기에만 그치지 말고, 또 몇몇 부잣집 도둑 맞은 얘기에 더 많은 정열 쏟지 말고, 그 강도들에게 혼 뺏기고 재화 뺏긴 가난한 언론 업체 이백 몇 십 군데에 빼앗긴 것 되돌려 주는 일을 해내 주시기 바랍니다.

천구백팔십구년, 샘이깊은물

슬기로운 역사

엔사이클로피디어 브리태니커 코리아(엔브코, 지금의 한국 브리태니커 회사) 회사가 태어난 지 벌써 이 년이 넘었습니다. 이 기간 동안에 우리가 이룬 놀라운 성장과 업적은 본사의 위대한 사업의 개척자가 되기로 나서서 뽑힌 수많은 일꾼들이 바쳐 온 헌신 없이는 불가능했을 것입니다. 우리가 이 짧은 세월 안에 이룬 업적은 이 땅의 교육-문화 기업의 역사를 아무리 더듬어 봐도 그 짝을 못 찾으리라고들 합니다. 그리고 우리를 피상적으로만 아는 사람들은 우리의 성공을 단지 안일 무사를 허용하지 않는, 한 역사 깊은 회사의 전통적인 제도에서만 찾으려는 듯합니다마는, 나의 소견에는 어느 제도를 값있게 만드는 것은 그 제도를 움직이는 사람들의 사고와 행동의 방식입니다.

우리의 이 년의 역사는 여러분의 사고방식만큼이나 빛났습니다. 나는 이 점을 진심으로 축하합니다. 그러나 여러분은 아직도 앞으로 해야 할 일이 너무도 많이 남아 있다는 것을 언제나 기억해야 합니다. 여러분 자신과 여러분이 살고 있는 사회의 발전을 위해서 여러분은 더 큰 용기와 자신을 가지고, 그리고 끈기와 협동 정신으로 계속해서 분투해야 합니다.

여러분은 인습에 사로잡혔던 여러분 자신과 여러분의 동료들을 위하여,

우리 나라의 사회 발전에 장애물이 되어 온 권위에 대한 통속적인 관념을 적어도 부분적으로는 수정하였으나, 결과에 대한 정당한 대가를 지불하지 않고 가만히 앉아서 결과만이 손에 닿아 주기를 기다리는 쓸모 없는 공상의 잡초들을 여러분과 여러분 동료들의 마음속에서 계속하여 제거해야 합니다.

여러분은 현명하게도 단순한 요행이나 운이 성공의 열쇠라고 믿는 무리 속에 자신이 끼어들기를 거절했지만, 세상 사람들에 의하여 그토록 그 개념이 왜곡되어 온 요행이나 운이란 것이 다름 아닌 근면과 열심히 일하는 것뿐이란 것을 여러분은 보여 주어야 합니다. 여러분은 성공의 원수라고 무모하게도 비난받는 정직과 성실이 결국은 그 대가를 보상받고야 만다는 것을 증명했습니다.

여러분은 또한 무지와 자신의 생활을 향상시켜 나갈 용기의 부족 때문에 선조들이 밟던 단조로운 생활의 틀에서 헤어나지 못하는 무리 속에서 현명하게도 자신을 해방시켰습니다.

그러나 이것만으로는 부족합니다. 여러분은 그들에게 적극적인 삶과 적극적인 사람의 아름다움, 그리고 무엇보다도 적극적이고 합리적인 사고와 행동으로부터 나오는 수많은 혜택과 특전을 보여 주어야 합니다.

여러분은 궂은 여건을 극복하여 우리가 하고자 하는 일뿐만 아니라 때로는 그 이상을 달성할 수 있는 유능한 인재라는 것을 온 세계의 브리태니커 형제에게 보여 주었습니다. 그러나 여러분은 비록 길은 험하더라도 우리가 남들보다 일을 더 잘할 수 있다는 것을 계속해서 증명하여야 합니다.

비록 여러분은 오늘 일에만 급급하여 내일을 못 내다보는 사람들 틈에서 빠져나왔으나 내일의 더 큰 번영을 누리기 위해서 더욱 열심히 일하지 않으면 안 됩니다. 여러분의 고객에게 인생의 부와 행복이 오직 교육과 지식, 그리고 그것들이 주는 특전으로부터 나올 뿐이라는 것을 확신시켰습니다. 그러나 여러분은 아직도 여러분이 그러한 특전을 가져다주고, 또 그 특전을 함께 나누어야 할 수많은 사람들이 문명의 외곽지에 남아 있다는 사실을 늘 인식해야 합니다.

현명하게도 여러분은 일하기가 싫어서 자신의 능력과 재질을 푸대접하는 평범인의 울타리 안에 갇히기를 거절하였으나, 여러분이 정신적으로나 물질적으로 얻는 보상을 더욱 크게 하기 위해서 더욱 끈질긴 노력을 경주함으로써 여러분의 일에서 느끼는 책임감과 긍지를 더욱 크게 해야 합니다.

우리 회사는 우리 나라의 교육 및 문화 발전에 더욱 크게 이바지하기 위해 실제 자본의 투자를 통해서 우리가 거둔 씨앗을 계속해서 뿌려 나갈 것입니다. 우리 브리태니커는 씨 뿌리기와 거두기의 이러한 계속적인 반복 작용으로 더욱더 번영하리라고 나는 굳게 믿습니다. 우리가 겪은 씨 뿌리기와 거두기의 과정에는 탄식과 분노, 절망과 고독이라는 질병이 우리를 사로잡는 일이 많았습니다. 그러나 여러분은 밖으로 나타난 증상밖에 보지 못하는 돌팔이 의사가 되기를 마다고, 근본적인 원인을 치유하는 슬기로운 의사가 되기를 택했습니다. 우리 사업의 초창기에 여러분이 보여 준 이 지혜는 우리 앞에 놓인 위대한 미래에 이룩될 것이 과연 어떤 것이라는 것을 예언해 주는 웅변적인 계시라고 나는 믿습니다.

엔브코는 엔사이클로피디어 브리태니커 (코리아) 회사와 전 세계 브리태니커 형제들의 더 큰 번영을 위해서 그 출판이 의도됩니다. 엔브코를 통하여 여러분이 여러분의 지식을 넓히고 또한 그 지식을 남에게 알리는 일꾼이 됨이 이를 편집하는 동료들의 간절한 소망입니다.

천구백칠십년, 배움나무, 창간사

도랑을 파기도 하고 보를 막기도 하고

좀 엉뚱해 보이는 이름을 지었습니다. 뜻이 넓을수록 훌륭한 이름으로들 치는 터에, 굳이 대수롭잖은 '나무'를, 더구나 뜻을 더 좁힌 '뿌리깊은나무'를 이 잡지의 이름으로 삼았습니다. 우선 이름부터 작게 내세우려는 뜻에서 그랬습니다. 이 이름은 우리 겨레가 우리말과 우리글로 맨 처음으로 적은 문학 작품인 《용비어천가》의 "불휘기픈남ᄀᆞᆫ……"에서 따왔습니다.

이 땅에서는 '어제'까지도 가을걷이와 보릿고개가 해마다 되풀이되었습니다. 열두 달 다음은 '오늘'과 그다지 다르지 않았고, 아들의 팔자는 아비의 팔자를 닮았었습니다. 아마도 쳇바퀴를 도는 다람쥐의 걸음이 이 땅 사람들이 '어제'까지 일하던 모습일지도 모릅니다. 또 그들은 대체로 '숙명'을 받아들였습니다. '숙명'끼리 서로 아우름이 그들이 생각하던 삶의 슬기였습니다. 따라서 그들은 큰 변화를 바라지 않았습니다.

그러나 역사는 끝까지 그런 쳇바퀴는 아닌 듯합니다. 이제는 '잘살아 보자'고들 해서 사람들이 변화를 많이 받아들입니다. 이른바 개발과 현대화가 온 나라에 번져, 새것이 옛것을 몰아내는 북새통에서 삶의 속도가 빨라지고 있습니다. 마침내 '잘살아 보려고' 받아들인 변화가 적응을 앞지르기도 해서 사람이 남이나 환경과 사귀던 관계가 뒤흔들리기도 합니다. 이 변화 속에서 엇갈리는 가치관들이 한꺼번에 사람들의 마음을 다스립니다. 그러나 개발과 현대화는 우리가 겪어야 할 역사의 요청이라고 하겠습니다. 곧 이것들은 우리에게 모자라던 합리주의의 터득 과정이겠습니다. 그런데 합리주의는 개인주의나 물질주의의 밑거름이어서 그것이 그릇되게 퍼진 나라들에서는 인간성의 회복이 외쳐지기도 합니다.

'잘사는' 것은 넉넉한 살림뿐만이 아니라 마음의 안정도 누리고 사는 것이겠습니다. '어제'까지의 우리가 안정은 있었으되 가난했다면, 오늘의 우리는 물질 가치로는 더 가멸돼 안정이 모자랍니다. 곧 우리가 누리거나 겪어 온 변화는 우리에게 없던 것을 가져다주고 우리에게 있던 것을 빼앗아 가는지도 모릅니다. 그러나 우리가 '잘사는' 일은 헐벗음과 굶주림에서뿐만이 아니라 억울함과 무서움에서도 벗어나는 일입니다.

안정을 지키면서 변화를 맞을 슬기를 주는 저력—그것은 곧 문화입니다. 문화는 한 사회의 사람들이 역사에서 물려받아 함께 누리는 생활 방식의 체계이겠습니다. 그런데 흔히들 문화를 가리켜 '찬란한 역사의 꽃'이라느니 합니다. 또 문화는 태평 세월에나 누리는 호강으로 자주 오해되는 것 같습니다. 이것은 문화의 한 속성으로서 본질을 설명하는 잘못이라고 생각됩니다. 또 이것은 예로부터 토박이 민중이 지닌 마음의 밑바닥에 깔려 내려와서 '어제'의 우리와 오늘의 우리를 이어 온 토박이 문화가 외면되고 남한테서 얻어 와서 실제로 윗사람들이 독차지했던 조선 시대의 고급 문화와 같은 것만이 문화로 받들렸기 때문일지도 모르겠습니다. 그러나 문화는 역사의 꽃이 아니라 그 뿌리입니다. 그리고 정치나 경제는 그 열매이겠습니다. 정치나 경제의 조건이 문화를 살찌우는 일이 있기는 하되, 이는 마치 큰 연장으로 만든 작은 연장이 큰 연장을 고치는 데에 곧잘 쓰임과 비슷할 따름입니다.

《뿌리깊은나무》는 우리 문화의 바탕이 토박이 문화라고 믿습니다. 또 이 토박이 문화가 역사에서 얕잡힌 숨은 가치를 펼치어, 우리의 살갗에 맞닿지 않은 고급 문화의 그늘에서 시들지도 않고 이 시대를 휩쓰는 대중 문화에 치이지도 않으면서 변화가 주는 진보와 조화롭게 만나야만, 우리 문화가 더 싱싱하게 뻗는다고 생각합니다. 또 우리 문화가 그렇게 뻗어야만 우리가 변화 속에서도 안정된 마음과 넉넉한 살림을 함께 누리면서 '잘살게' 된다고 믿습니다. 그리고 무엇보다도 우리 문화가 세계 문화의 한 갈래로서 씩씩하게 자라야 세계 문화가 더욱 발전한다고 생각합니다.

우리 문화는 이 땅에 정착한 토박이 민중이 알타이말의 한 갈래인 우리말로 이 땅의 환경에 걸맞게 빚어 왔습니다. 따라서 우리말과 이 땅의 환경은 문화 발전의 수레인 교육과, 문화의 살결인 예술과 함께 《뿌리깊은나무》가 톺아보려는 관심거리입니다.

조상의 핏줄이 우리 몸을 빚는다면, 그 몸을 다스리는 우리 얼은 우리말이 엮습니다. 그런데도 여러 왕조 시대에 걸쳐서 받들리던 중국말과 일제 시대에 우격다짐으로 주어진 일본말의 영향은, 멀리는 세종 임금이 한글의 창제로, 또 가까이는 개화기 선구자들이 《독립신문》의 발행과 같은 운동으로 그토록 가꾸려고 힘썼던 토박이말과 그 짜임새를 얼마쯤은 짓누르거나 갉아먹었습니다. 요즈음 사람들이 흔히 심각한 글이라면 무턱대고 읽기를 꺼리는 탓이 거기에 있을지도 모릅니다. 따라서 《뿌리깊은나무》는 그 안에 실리는 글들을 되도록 우리말과 그 짜임새에 맞추어서 지식 전달의 수단이 지식 전달 자체를 가로막는 일이 없도록 힘쓰려고 합니다. 또 우리말과 그 짜임새를 되살려 새로운 시대에 알맞은 말로 발전시키고자 하는 분들의 일에 보탬이 되려고 합니다.

환경은 문화의 집입니다. 사람과 환경은 긴 세월에 걸쳐서 서로 사귀고 겨루어서 균형을 이루어 왔습니다. 그런데 개발과 현대화는 이 환경의 변화를 요구합니다. '더 잘살려는' 사람에게서 변화를 겪은 환경은 공해와 같은 보복으로 사람을 '더 못살게' 하기도 합니다. 또 대중 문화의 거센 물결이 이 땅을 휩쓸어 우리의 환경을 바꾸고 있습니다. 《뿌리깊은나무》는 이러한 환경의 변화가 자연의 균형을 잘 지키면서 이루어져야 한다고 믿습니다.

그러므로 《뿌리깊은나무》는 이 나라의 자연과 생태와 대중 문화를 가까이 살피려고 합니다.

우리 나라는 이웃 나라의 멍에를 벗고 서른 해를 보내는 동안에, 남녘과 북녘의 분단 속에서나마 눈부신 학문의 발전을 이루었습니다. 그러나 이 학문의 업적이 잘 삭여져서 토박이 민중의 피와 살이 되지는 못했던 듯합니다. 이것은 교육이 질보다는 양에 기울어졌기 때문이며 '생각하는' 공부보다는 '외우는' 공부에 치우쳤기 때문이라고 합니다. 《뿌리깊은나무》는 이 땅의 교육이 '생각하는' 공부를 시키는 일을 힘껏 거들고 학문과 토박이 민중 사이에 있는 틈을 좁히도록 힘쓰겠습니다.

중국의 고급 문화에 휩싸였던 조선 시대에도 토박이 예술이 있었습니다. 나라를 남에게 앗긴 시절에도 이 땅의 흙내음과 겨레의 얼을 잊지 않았던 예술이 있었습니다. 해방이 되고서 오늘에 이르는 사이에 속된 바깥 바람이 일고 상업주의가 번졌을망정 이 땅과 이 시대의 아들과 딸임을 자랑스럽게 여기면서 어엿한 예술인이 된 사람들도 있습니다. 《뿌리깊은나무》는 바로 이런 예술을 뭇사람에게 접붙이려고 합니다.

이러한 포부들이 한꺼번에 다 이루어질 수는 없는 줄로 압니다. 잡지의 편집은 아마도 영원한 시행착오일 수도 있음을 이 《뿌리깊은나무》에 대를 물리고 떠나는《배움나무》를 펴내면서 배웠습니다.

이러한 잡지의 구실은 작으나마 창조이겠습니다. 창조는 역사의 물줄기에 휘말려들지 않고 도랑을 파기도 하고 보를 막기도 해서 그 흐름에 조금이라도 새로움을 주는 일이겠습니다. 《뿌리깊은나무》는 그 이름대로 오래디 오랜 전통에 깊이 뿌리를 내리면서도 바로 이런 새로움의 가지를 뻗는 잡지가 되고자 합니다.

천구백칠십육년, 뿌리깊은나무 , 창간사

어려움과 수준의 혼동

역사의 물줄기에 휘말려들지 않고 도랑을 파기도 하고 보를 막기도 해서 그 흐름에 조금이라도 새로움을 주는 창조의 일을 문화 쪽에서 거들겠다는 좀 당돌한 소리를 외치면서 태어났던《뿌리깊은나무》가 이제 첫돌을 맞았습니다.

《뿌리깊은나무》는 지난 한 해의 짧은 역사에서도 한국 문화의 커다란 변화를 보았습니다. 이 문화의 양달에서는 우리글을 제자리에 앉힌 역사의 본부인 한글 학회에 집을 지어 주려고 전국의 어른들과 아이들이 쌈지를 털어 백 원짜리, 오백 원짜리를 보내는 갸륵한 손길을 보았으려니와, 그 응달에서는 겉으로 성한 듯하면서도 속으로 시든 출판계의 사정을 보았습니다.

이제 막 한 살을 먹은《뿌리깊은나무》는 스스로 이 출판 문화의 한 일손이라는 점에서—특히 지난 한 해의—출판 문화를 돌이켜 보고자 합니다.

전파 매체의 보급과 함께 종이에 지식을 담은 원시적인 정보 전달 수단인 책의 구실이 점차로 줄어들리라던 현대 문명 비평가들의 예언은 이제 완전히 그른 것으로 나타났습니다. 우리 나라에서도 지난해에, 그토록 많이 새로 쏟아져 나온 잡지와 만화를 빼놓고도, 자그마치 만 삼천 가지 책들이 발행되었다고 합니다. 이것은 참 놀라운 기록입니다. 미국에 비겨 땅의 넓이가 구십분의 일, 인구가 칠분의 일, 국민 총생산이 한 백분의 일쯤밖에 안 되는 이 나라에서 미국에서 발행된 책의 절반에 가까운 가짓수가 쏟아져 나왔다니 꽤 대견스럽기까지 합니다.

그러나 바로 이 현상 뒤에 우리 나라 출판 문화의 걱정거리가 도사리고 있음을 눈여겨볼 필요가 있습니다. 이 걱정거리란 다름이 아닌 출판물의 질입니다.

우선 '덤핑' 출판이라는 것이 얘기돼야 하겠습니다. 덤핑 출판은 나라 안에서 출판된 책을 표절하거나 허락 없이 베껴서 출판하거나, 나라 밖에서 출판된 책을 날치기로 책임 없이 번역시켜 출판하는 행위를 일컫습니다. 바로 이런 덤핑 행위가 이제까지 출판물의 질을 관찰해 온 여론의 주된 걱정거리였습니다.

그러나 이런 여론의 출판물 관찰은 흔히 '수박 겉 핥기'였음이 지적되어야 하겠습니다. 우리는 이처럼 질이 낮은 출판물들의 속성을 따지기에 앞서, 그 뒤에 숨은 가장 중요한 본질을 꿰뚫어 보아야 합니다. 몇몇 출판인들이 출판업 속에서 느끼는 사명감도 그 뜻이 사회에 이바지함에 있다면, 이 본질의 이해로 뒷받침되지 않으면 있으나마나일 듯합니다.

흔히 출판인의 사명감은 내용의 수준이 높은 책을 펴내려는 그의 의도로써 가늠됩니다. 그러나 내용의 수준이라는 것이 내용의 어려움하고 이 나라에서처럼 많이 혼동되는 곳은 드물 듯합니다. 민중의 언어로 된 〈심청전〉의 뜻은 쉬워서 수준이 낮고 중국의 언어로 된 사서 삼경의 가르침은 어려워서 수준이 높다고 치던 왕조 시대의 인습과, 근본적으로 학문의 언어와 민중의 언어를 갈라놓고 국민의 사고 체계에 겹구조를 심던 일제 시대 교육의 인습이 오늘에까지도 많은 출판인의 의식 속에 박혀 있어서 그런지는 몰라도, 오늘의 출판계는 읽기에 어려운 책이 바로 수준이 높은 책이라는 그릇된 생각에 사로잡혀 있는 듯합니다. 그래서 돈벌이를 위해서는 쉽고 질이 낮은 책을 만들어야 하고, 사명감을 위해서는 어렵고 수준이 높다고 생각되는 책을 만들어야 한다는 생각이 퍼져 있는 듯합니다.

그러면 이 어려운 책들의 일반적인 허울과 본색은 무엇일까요? 이른바 '어려운 책'에는 두 종류가 있습니다. 그 하나는 정말 내용이 어려워서 아무리 쉬운 말로 되어 있어도 그 분야의 예비 지식을 가지고 있지 않은 일반 독자는 알아듣기가 힘든 특정한 분야의 학술 서적이나 전문 서적이요, 다른 하나는 내용은 어렵지 않은데 다만 그 내용을 담은 낱말이 어렵거나, 짜임새가 서툴거나 잘못되어서 어렵게 여겨지는 책입니다.

보통 사람의 이해 범위를 벗어나는 학문의 수준이 있음을 부인하고 싶은 생각은 없습니다. 또 그러한 수준의 책이 필요하다는 것도 부인하지 않습니다. 그러나 오늘까지 이 땅에서 출판되어 온 책들 가운데서 얼마만큼이 정말로 수준이 높아서 민중이 가까이할 수 없는 것들이고 얼마만큼이 다만 높은 수준을 겉치레로 꾸민 것인지를 눈여겨볼 때에, 우리는 뒷것이 앞것보다 훨씬 더 많다는 사실을 발견하고 놀라게 됩니다. 이런 책들은 흔히 '학' 자나 '론' 자나 '적' 자로 대표되는 그럴싸한 학문 냄새의 말투성이입니다. 또 이런 책의 줄거리 속에는 일본말의 직역이 들어와 한국말 행세를 하면서 한국말의 짜임새까지 그르치는 일이 적지 않습니다. 또 이런 책 속에서는 흔히 모호한 내용이 심오한 내용 시늉을 합니다. 지난 한 해 동안에 출판된 만삼천 가지 책들에서 이런 허울만 좋은 책들을 한쪽으로 제쳐 놓으면 과연 얼마쯤의 책이 책다운 책으로 가려질까 궁금합니다.

수준이 높은 책이 수준이 낮은 책보다 덜 팔리는 현상은 다른 나라에도 있지만, 좋은 책의 보급이 우리 나라의 경우에서처럼 언어의 겹구조 때문에 훼방을 받는 예는 드물겠습니다. 이 겹구조가 하도 뚜렷하기 때문에, 때로는 이 땅의 지식인들이 그들의 '학식'을 그들끼리만의 것으로 생각하여 민중을 지식으로부터 따돌림으로써 그들만이 누리는 특권으로 보존하려는 학식 귀족주의에 물들지 않았나 걱정이 됩니다.

책이 수준이 높아도 민중의 언어에 더 접근하기만 하면 더 팔릴 수 있음은 수준이 높은 '쉬운' 소설책의 수요가 큰 것이 증명하고도 남습니다. 책의 구실이 그 내용의 기록성뿐만이 아니라 그것이 나타내는 지식과 지혜의 전달에 있다면, 오늘날에 이 나라 문화 형성의 무거운 짐을 지고 있는 출판인들이 이제부터라도 깨달아야 할 것이 책의 어려움과 그 수준은 흔히 서로 다르다는 것일 듯합니다. 많은 출판인들에게 이 둘을 가려 보는 눈이 있을 때에, 이제까지 지루하고 고통스러운 과정을 통해서만 이해되던 많은, 높은 수준의 지식과 정보를 독자들이 쉽고 즐거운 것으로 받아들일 수가 있겠습니다.

바로 여기에 오늘의 출판사들이 그 편집 기능을 강화해야 할 까닭이 있습니다. 출판사의 편집은 저자나 필자나 역자에게서 원고를 받아다가 지면 처리나 하고 그대로 인쇄에 넘기는 일이 아니라, 지식과 정보를 섬기고 신성화하려는 작업보다 그것을 즐겁고 삶에 유용한 것으로 만드는 작업이 훨씬 더 값지다는 믿음 아래서, 원고를 분석하고 비판하는 눈으로 미리 읽어 저자나 필자나 역자의 눈에는 너무 가까이 있어서 안 보였던 원고의 흠을 그들과 의논하여 가려내서, 독자가 참된 뜻에서 '편집된' 책을 읽도록 거드는 일이어야 합니다.

《뿌리깊은나무》는 지난 열두 달 동안에 출판 문화를 이런 눈으로 살펴보고 그 흠에서 적어도 스스로만은 벗어나 보려고 애써 왔습니다. 또 바로 이런 마음이 다른 문화 현상을 톺아보는 일에도 가다듬어지도록 힘써 왔습니다. 앞으로 오는 열두 달 동안에도 이런 자세가 지켜지도록 애쓰겠습니다.

천구백칠십칠년, 뿌리깊은나무, 창간 일주년 기념사

사람의 잡지

《샘이깊은물》을 냅니다.

천구백칠십육년 삼월에 이제는 폐간된 월간 문화 잡지《뿌리깊은나무》를 선보이며 그 창간사에서 '좀 엉뚱해 보이는 이름'을 지었다는 말씀을 사뢰었습니다. 그러나 오늘에야 비로소 나오는 새 문화 잡지《샘이깊은물》은 이름이 엉뚱하지는 않습니다. 두 이름이 다 한반도 사람이 이녁 말을 적는 글자를 만들어 맨 처음으로 낸 책《용비어천가》의 들머리에 나란히 버티고 서 있는 구절에서 따온 것임을 지금쯤은 다들 얼른 알아보시기 때문입니다. 그리고《뿌리깊은나무》사람들이 만일에 새 잡지를 낸다면 그 이름은 기필코 '샘이깊은물'이 될 것이라고 내다보신 이들이 이미 많았기 때문이기도 합니다.

이 새 잡지가 '오늘에야 비로소' 나옵니다만, 사실은 저희들은《샘이깊은물》을《뿌리깊은나무》가 나오던 시절에도 내고 싶어했으나 그럴 사정이 있어서 못 냈던 것입니다. 그러다가 천구백팔십년 팔월부터《뿌리깊은나무》자체가 폐간되었습니다. 그러나 저희 편집진은 헤어지지 않고 똘똘 뭉쳐 남아 그 동안에 종합 인문 지리지《한국의 발견》의 편찬과 발간을 어렵게나마 끝냈습니다. 그리고 새로 가다듬은 마음으로 붓을 들어 이 오래 묵은 꿈을 드디어 실현하게 된 것입니다.

저희가《샘이깊은물》로 하고자 하는 일은《뿌리깊은나무》를 내던 여러 해 전과 크게 다를 바가 없습니다. 다만 그 일을 하고자 하는 까닭만은 저희들이 시련이라면 시련을 겪고 성숙이라면 성숙을 누린 지난 여러 해를 보낸 오늘날에 저희의 눈에 오히려 좀 더 뚜렷이 보인다고 사뢸 수 있을 듯합니다.

잡지 하나가 세상의 모든 일을 다 할 수는 없습니다. 또 다 하려다가는 본디 하기로 나선 일 자체를 흐려지게 하기 십상입니다. 저희는 다달이《뿌리깊은나무》를 엮어 내면서, 다루지 않을 것을 가려내는 일을, 다룰 것을 결정하는 일 못지않게 중요히 여겼습니다. 잡지의 성격을 단단히 지키는 일이 독자를 가장 잘 섬기는 일이라고 쳤기 때문입니다. 그러나 비록 저희가 다루고 있는 일은 아니지만 저희의 눈에 저희가 다루고 있는 일만큼 중요한 잡지의 과제로 비치는 것이 늘 하나 있었습니다.

그 과제는 이러한 것입니다. 곧 어제와 오늘과 내일의 가정과 사회, 그리고 그것들의 어우름을 깊이 파고들어 탐색하고 관찰하는 일입니다. 이 일을 마침내《샘이깊은물》이 하기로 나선 것입니다.

가정은 사회의 근본 단위입니다. 그 단위의 타당성 위에 어머니와 아버지, 지어미와 지아비, 딸과 아들, 아우와 언니가 있으며, 그런 단위들이 모이거나 서로 부딪쳐 더 좋은 사회도 되고 덜 좋은 사회도 됩니다. 그러나 다들 잘 아시듯이 칠팔십년대에 들어 그런 가정의 뜻도 사회의 뜻도 급속히 달라져 왔습니다. 학자들은 그것이 산업 사회와 탈 산업 사회가 어차피 몰고 오게 되어 있는 변화 때문이라고 합니다.

무릇 변화는 그 자체의 흔들림 없는 속성으로 말미암아 흔히 이미 있는 전통과 가치관의 와해를 몰고 옵니다. 그리고 그런 와해의 물결은 가정과 사회에 이르러 예리한 심리의 갈등을 일으킵니다. 《샘이깊은물》이 가정과 사회를 살피면서 특히 변화와 전통을 눈여겨볼 터임도 바로 그 때문입니다.

지난 역사와 다가오는 역사를 서로 만나게 하는 것이 전통이라면, 변화는 그 둘을 서로 갈라서게 하는 것이라고 할 수 있을지도 모르겠습니다. 그 만남도 갈라섬도 사람이 사람답게 사는 일에 이로워야만 우리에게 중요한 줄로 압니다. 그리하여 저희는 전통을 내세울 때에도, 변화를 촉구할 때에도 늘 사람의 사람다운 세상살이를 염두에 두겠습니다.

가정과 사회의 문제는 마침내는 사람의 문제로 귀결됩니다. 따라서 가정과 사회의 전통과 변화는 사람의 전통과 변화를 뜻합니다. 저희들이 여자와 남자의 문제, 학생과 사회인의 문제, 아이와 어른의 문제를 자주 다룰 터임도 그 때문입니다.

《샘이깊은물》이 다룰 화제들은 작아 보이나마 깊이가 있는 화제들입니다. 《뿌리깊은나무》가 하던 일이 '넓은 세상'을 바라보는 일이라면, 《샘이깊은물》이 하는 일은 '등잔 밑'을 살펴보는 일이라고도 할 수 있겠습니다. 가정도 사회도, 또 그것들의 어우름도 가까운 데서 출발하기 때문입니다. 그러니 이 '등잔 밑'은 넓은 세상에 못지않게 흥미로운 관찰의 과녁이 될 줄로 믿습니다.

가정이 《샘이깊은물》이 탐색하는 주요 대상에 들고, 실제로 여자들이 많은 가정의 핵심이 되므로, 자연히 이 문화 잡지는 남자들이 더 많이 읽던 《뿌리깊은나무》와는 달리 여자들이 더 많이 읽게 될 터입니다. 현대 사회의 가정이 반드시 부모와 부부와 자식으로 이루어진 전통 가정인 것은 아닐 바에야 많은 여자들이, 함께 살거나 얹혀살거나 혼자 살거나, 현대 가정의 핵심으로서 또는 그런 핵심이 언젠가는 될 사람으로서 이 잡지의 내용에 유별난 관심을 보이는 것은 당연합니다. 그러나 《뿌리깊은나무》가 '사람'의 잡지였지 '남성'의 잡지가 아니었듯이, 이 문화 잡지도 이른바 '여성지'가 아니라 '사람의 잡지'입니다. 따라서 '사람이 사람답게 사는 일'에 관심이 있는 남자들도 탐독할 잡지입니다.

끝으로, 사뢸 말씀이 한마디 더 있습니다. 이 문화 잡지는《뿌리깊은나무》대신에 나온 잡지가 결코 아닙니다. 되풀이하거니와 오히려《샘이깊은물》은《뿌리깊은나무》가 하지 않았던 새 일을 하러 나온 잡지입니다. 그러나《뿌리깊은나무》가 사라지면서 남긴 텅 빈 마음을 아직도 채우지 못하셨다면, 그 마음이 풍요로운 보람으로 채워질 때까지 우선《샘이깊은물》을 받아 주시기를 간절히 바랍니다.

천구백팔십사년, 샘이깊은물, 창간사

· **천구백삼십육년 구월 이십팔일**

전남 보성군 벌교읍 고읍리 지곡 부락에서 아버지 청주 한씨 귀섭과 어머니 옥천 조씨 이남 사이에서 이남 이녀 중 장남으로 태어나다.

· **천구백사십삼년~천구백칠십삼년**

벌교남 초등학교, 순천 중학교, 광주 고등학교, 서울 대학교 법과 대학, 서울 대학교 신문 대학원 들을 졸업하다.

· **천구백육십팔년~천구백팔십오년**

한국 브리태니커 회사 대표 이사를 역임하다.

· **천구백칠십년~천구백칠십육년**

월간 《배움나무》를 발행하다.

· **천구백칠십육년~천구백팔십년**

월간 종합지 《뿌리깊은나무》를 창간하고 발행-편집인을 역임하다. 천구백팔십년 이른바 신군부에 의해 《뿌리깊은나무》가 강제 폐간되다.

· **천구백팔십사년~천구백구십칠년**

월간 《샘이깊은물》을 창간하고 발행-편집인을 역임하다.

· **천구백칠십삼년~천구백팔십칠년**

우리 나라 전통 음악에 대한 이해와 보급을 위해 정기 판소리 감상회를 백 회 개최하다(한국 브리태니커 회사 및 뿌리깊은나무 주최). 《뿌리깊은나무 판소리 전집》, 《뿌리깊은나무 팔도 소리 전집》, 《뿌리깊은나무 산조 선집》, 《뿌리깊은나무 한반도의 슬픈 소리》, 《해남 강강술래》, 《뿌리깊은나무 판소리 다섯 마당》, 《뿌리깊은나무 조선 소리 선집》 들을 출간하거나 출반하다.

· **천구백팔십이년~천구백구십일년**

종합 인문 지리지 《한국의 발견》(전 열한 권), 《뿌리깊은나무 민중 자서전》(전 스무 권) 들을 발간하다.

· **천구백칠십일년~천구백팔십칠년**

재단법인 언어 교육 이사장, 외솔회 회원, 한글 학회 회원, 한글 문화 협회 회원, 한글 박물관회 이사 들을 역임하다.

· **천구백칠십사년**

한글 학회 공로상을 받다.

· **천구백팔십삼년**

《한국의 발견》이 제일회 '오늘의 책'으로 선정되다.

· **천구백팔십사년**

《한국의 발견》으로 한국일보 한국 출판 문화상을 수상하다. 《뿌리깊은나무 판소리 전집》으로 케이비에스 국악 대상을 수상하다.

· **천구백구십일년**

《뿌리깊은나무 민중 자서전》으로 한국일보 한국 출판 문화상을 수상하다.

· **천구백구십칠년**

월간지 《샘이깊은물》로 한국 간행물 윤리 위원회의 제팔회 간행물 윤리상(출판 부문)을 수상하다.

· **천구백구십칠년 이월 삼일(음력 십이월 이십육일)**

숙환으로 세상을 떠나다. 전남 보성군 벌교읍 고읍리 지곡 부락 뒷산 선영 아래에 안장되다.

· **이천년 사월 이십구일**

대한민국 보관 문화 훈장이 추서되다.

뿌리깊은나무의 생각

지은이 | 한창기
엮은이 | 윤구병 김형윤 설호정

1판 1쇄 발행일 2007년 10월 8일
1판 4쇄 발행일 2008년 11월 24일

발행인 | 김학원
편집인 | 한필훈 선완규
경영인 | 이상용
기획 | 최세정 홍승호 황서현 유소영 유은경 박태근
디자인 | 송법성
마케팅 | 하석진 김창규
저자 · 독자 서비스 | 조다영(humanist@humanistbooks.com)
스캔 · 출력 | 이희수 com.
용지 | 화인페이퍼
인쇄 | 청아문화사
제본 | 정민제본

발행처 | (주)휴머니스트 출판그룹
출판등록 | 제313-2007-000007호(2007년 1월 5일)
주소 | (121-869) 서울시 마포구 연남동 564-40
전화 | 02-335-4422 팩스 | 02-334-3427
홈페이지 | www.humanistbooks.com

ISBN 978-89-5862-200-0 03100
ISBN 978-89-5862-203-1 03100(세트)

만든 사람들

기획 | 선완규(swk2001@humanistbooks.com)
책임 편집 | 김수영 문해순 박숙희
디자인 | 민진기디자인